语言历史论丛（第九辑）

Papers on Languages and History

Volume 9

四川师范大学汉语研究所
中国·成都·2016
The Linguistic Institute, Sichuan Normal University
Chengdu, China, 2016

巴蜀书社

四川师范大学汉语研究所

《语言历史论丛》(第九辑)

主　编　周及徐　**副主编**　袁雪梅

目　录

汉语及其亲属语言语音演变中的元音大推移 …… 郑张尚芳（1）
语言地理学学科及其在中国的发展 ……………… 张维佳（12）

比较词义四题 …………………………………… 黄树先（46）
转注和古今字 …………………………………… 刘志成（56）
论汉字本义 ……………………………… 钟如雄　胡　娟（79）
论《真诰》在中古汉语词汇研究中的价值 …… 周作明　曹利华（98）
《跻春台》方俗词例释 ………………………… 黄建宁（115）

近代成都话舌尖前音和舌尖后音声母分布研究 … 袁雪梅（128）
成都俗语本字 24 例 …………………………… 周及徐（144）

逻辑语义学视野下汉语意合性问题探索 ………… 刘海燕（157）

论语气词“吧”的主观性 ………………………… 何文彬（177）
从集合论看“除了”句式 ………………………… 陈　颖（205）
“T_1＋（的）＋T_2”结构的语义内涵分析 ………… 段京雨（218）

四川遂宁话韵尾-n变-i现象 ………………………… 张　强（236）
川北巴中、剑阁等地话部分知系字读齦音与
　川西南自贡、西昌话之对比 ……………………… 杨　波（243）
四川长宁话音系及其声学特征 ……………………… 何治春（257）
四川南充礼乐乡音系特点 …………………………… 李　敏（275）

《蜀碧》注释 ……………………… 王欣璐注释　周及徐审校（287）

CONTENTS

Vowel Shift in Phonetic Evolution of Chinese and Its Relative Languages ················ *ZhengZhang Shangfang* (1)
Linguistic Geography and Its Progress in China ···*Zhang Weijia* (12)

Comparison of the Meaning of Four Groups of Words ·· *Huang Shuxian* (46)
Mutually Explanatory and Successively Characters ·· *Liu Zhicheng* (56)
Original Meaning of Chinese Characters ·································· *Zhong Ruxiong*, *Hu Juan* (79)
Value of *Zhen Gao* in Mid-ancient Chinese Word Research ·································· *Zhou Zuoming Cao Lihua* (98)
Explanations of Vulgar Words in Ji Chun Tai ·· *Huang Jianning* (115)

Study on Distribution of Alveolar and Retroflex

in Modern Chengdu Speech ……………… *Yuan Xuemei* (128)
24 Examples of Original Characters of Colloquial Words in Chengdu Speech ………………………… *Zhou Jixu* (144)

Study on Chinese Parataxis through Logical Semantics …………………………………………………… *Liu Haiyan* (157)
Subjectivity of Particle "吧［pa^4］" …………… *He Wenbin* (177)
Syntactical Structure "除了 A，B+VP" Based on Set Theory ……………………………………… *Chen Ying* (205)
Semantic Connotation of "T_1+（的）+T_2" …………………………………………………… *Duan Jingyu* (218)

Phenomenon of coda －n ＞ -i in the Suining Speech in Sichuan Province ………………………… *Zhang Qiang* (236)
Comparison of Alveolars between the Six Dialects in Northern Sichuan and Two Dialects in Southwestern Sichuan ……………………………… *Yang Bo* (243)
Phonologic System and Phonetic Characteristics of Changning Speech in Sichuan Province …… *He Zhichun* (257)
Phonetic System and the Characteristics of Liyue Speech in Nanchong City, Sichuan ……………………… *Li Min* (275)

Annotation of *SHUBI* (Record of the Slaughter in Sichuan in the end of Ming Dynasty) ………… *Annotation*: *Wang Xinlu*; *Examination*: *Zhou Jixu* (287)

汉语及其亲属语言语音演变中的元音大推移①

郑张尚芳②

摘　要　本文介绍了汉语及其亲属语言从上古汉语到现代汉语元音的大推移及高顶分裂现象，跟英语的元音大推移的过程和变化机制都很相似，此元音高化规律的应用对汉语语音史的重建很有意义。

关键词　语音演变；汉语亲属语；元音推移

在印欧语言中英语及其亲属语言语音史上存在著名的元音大推移。而且古英语发生过两次，第一次是长低元音后高化，如古盎格鲁·萨克逊语的长 a 到 12 世纪变成长 o，[a>o]：如 fā>

① 本文在 2002 年 8 月温州师院“历史语言学研讨会”宣讲。

② 作者简介：郑张尚芳，中国社会科学院语言研究所研究员。

foe ［foː］敌人，hām > home ［hoːm］房子，stān > stone ［stoːn］石头；第二次还有前高化，中古英语的长 a 到 15 世纪中期以后变成长 e，［a>e］：如 nāme>［næːm］>［nɛːm］>［neːm］直到现代>［neim］名字（此时之后的借词也如此变化，如 place 的 a 也读［ei］）。前高化的链式推移是［æː>eː>iː］如 eest>east 东方、see>sea 海，［eː>iː］如 we 我们、grēne>green 绿；后高化的链式推移是［ɔː>oː>ou］如 stone，［oː>uː］如 to 往、spōn>spoon 匙。不能再上移的古英语的长高元音则分裂为复元音，［iː>əi>ai］如 mȳn>mine 我的（还可看 I、fly、time），［uː>əu>au］如 hūs>house 房子、mūs>mouse 老鼠；第一次后高化形成的 oː 也复化为 ou 如 foe［fou］。德语的 Win> Wein［Vain］酒、Hus>Haus 房子，也是同样的变化。这类复化所以发生在长元音，岑麒祥先生曾加解释，因为主元音后半都有一个逐渐减弱的紧张，长元音最后部分较短弱，开口度较小，故易变出 oː>ou，eː>ei，在 uː、iː 后发更小的 u、i 时前一部分会起异化而变成 ou、ei 以至 au、ai[1]P162。

在汉语语音史上同样发生过元音大推移，首先也是在长元音发生的。这种现象在开尾韵尤其发达。因为元音在进入音节结构后，其地位有开放和受限之别，开音节的元音为开放元音或自由元音，闭音节的为封闭元音或受限元音。有韵尾封闭制约的“受限元音”，相对稳定，发展较慢，容易保持原来音位或只发生很小的位移，有的甚至从古至今几乎没有变化，例如古 an 寒、aŋ 唐、aw 豪（就汉语说，元音前的垫介音对长元音也有一定的封闭限制作用，如麻韵（r-）a 也长期不变）；无韵尾制约的“开放元音”，则犹如无缰之马，故发展较快，容易演变为别的音位；

有的转移相当大，从古至今可说面目全非，例如古鱼韵 *a>y。亲属语言中凡辅音韵尾消失而致开尾韵发达的语言，如彝语、白语、土家语、普米语、苗语、布努语、畲语等也都有过同样现象。所以它们的元音变化也都很厉害，内部差异很大，而藏、缅、景颇、嘉戎、勉瑶、侗、泰等塞鼻音辅音尾都保持较好的语言，其元音变化则都比较小。下面我们先讨论汉语的，再说亲属语言中的元音大推移的表现。

一　汉语的元音推移

语言中最基本的元音是元音三角：低元音 a，前高 i、后高 u。确定不同时代的音韵体系也要看这些元音当时表示什么韵尤其是低元音表示什么韵来定的。高本汉曾定上古汉语歌部为 a 而鱼部为 o[2]，但这实际是较晚的汉以下的格局，现在各家都信从汪荣宝汉梵译音的考订所定（魏晋以上鱼模之字皆读 a，唐宋以上歌戈之字皆读 a），改鱼部为 a，而上古歌部则改为 ar 或 al>ai（魏晋以后变 a）。从鱼阳两部对转由内部构拟也可以肯定上古鱼为 a，从藏文"鱼 nja、五 lnga、吾 nga、无 ma、苦 kha、狐 wa、咀 za，语 ngag、女 njag、武 dmag（战士）mag（壻，字从士从胥，本指才士：《淮南·览冥》注"江淮间谓士曰武"）（部分上声字带-g 系对汉语上声古-q 尾）"，缅文"鱼 nga、ngaah、五 ngaah、吾 ngaa、无 ma（不）、苦 khaah、虎 klaah>kjaah、狐 -vaa、咀 caah、辅 paah（颊）、武-mak（婿）"等一批汉语古鱼部字都作 a 元音，也可证这一重拟是合理的。

根据我们的研究，上古一二四等为长元音（并含麻齐海韵三等字），三等为短元音（郑张 1987、Starostin 1989）。前者发展快，至中古大都高化甚至复化分裂，后者发展慢，并在中古增生 ɯ—ɨ—i 介音。虽然汉字不拼音，但中古前后期都有周边语言的对音材料，古汉越语最早，日本吴音代表南北朝，日本汉音及朝鲜、越南汉字音，吐蕃对音代表唐代，都可比证。下面分述上古开尾韵部的长短音分布及高化情况。鱼部各韵的长短分布如下：

长——模 aa、麻2 r-aa、麻3 j-aa

短——鱼 a、虞合 wa、支（戲）r-a

除声母带后垫音 r、j 的字中古保留不变或随后前高化之外，模鱼虞都后高化。模韵“五吾苦狐”在唐代藏文对音，越南、朝鲜、日本汉音等都读 o 韵，表现了 a 已高化为 o（宋以下才向 u 发展，厦门读 ɔ 是滞留在 a>ɔ>o>u 的最早阶段）。鱼韵则表现三个层次，越南的古汉越音为 ɯa：如“距 kɯa6、锯 kɯa、禦 ŋɯa2（防）、馭 ŋɯa6（马）、许 hɯa5*（允）、鑪 rɯa3、驴 lɯa2、馀 lɯa、疏梳 sɯa、序 tɯa6、蛆 tɯa3、贮 ʈɯa5，斧 bɯa>bua5、舞 mɯa>mua5”，这是汉魏层次。ɯa 继续高化>六朝 iʌ>早唐 ɨɤ>晚唐 ɯ。鱼韵朝鲜读 ə、日本吴音读 o、汉音读 io，都是 iʌ/ɨɤ 的反映。鱼韵从古都是开口，不是合口韵，高本汉拟 ĭwo 是误解了日本材料。日本古代的 o 有甲 o 和乙 ö 两类，从《古事记》、《万叶集》、《日本书纪》用汉字表示的假名可见，模韵字偶用豪侯冬字代，是甲 o，而鱼韵则和之哈登蒸同用，是乙 ö，平山久雄先生拟为 ĭə[3]，但既然是一类 o，音应更近 ɤ 些（梅祖麟 1979 即拟 iɤ[4]）。ɤ 更容易高化为 ɯ，汉越语 ɯ、汕头 ɯ 都应是它的反映。唐五代吐蕃对音鱼韵标 u 或 i[5]，“於如诸与”等两标 u、i，跟之韵“疑”

有 Hgu、Hgi 两读相似，“汝所”更有 i、e、u 三种记音，中间音值也只能是 ɯ 。虞韵标 u 则无游移。《韵镜》列鱼为开口，邵雍《声音图》列鱼为“闢”（开），以对模（虞）之翕（合），也说明唐宋之交鱼已发展为 ɯ，其后与虞并为近代 iu 和现代 y，那是高化到顶后进一步的发展了。

上古的侯部 *o（与东部 oŋ 对转）各韵的长短音分布是：

长——侯 oo 、肴（㷅类）r-oo

短——虞 o

一等侯韵吴音朝鲜皆为 u，汉音为 ou，越南为 ɐu，连起来正反映 o>əu>ɐu 的高化分裂过程。二等肴韵字很少，只有刍声符的，但连“㷅”后来也写作炒了，汉音为 ou，越南为 au，都复化，吴音 iou，朝鲜 io 的介音是 r-的演变，参看下面幽部肴韵的说明。三等虞韵则只增介音变 ɨu>近代 iu>现代 y，有的方言和鱼韵一起进一步变舌尖元音 ʮ（温州东郊永强“珠拘”和“诸居”都读 tsʮ[6]）。

上古后高为幽部的主体 u（与冬部 uŋ 对转，幽部还包括 ɯw，iw），其长短音分布是：

长——豪（皓类）uu、肴（巧类）r-uu

短——尤 u、幽 r-u

一等字因为处于最高点，容易分裂复化，吴音汉音皆为 ou，越南为 au，复化后都跟原有的宵部 *aw 合并。朝鲜读 o 有两种可能，一是语音系统没有复元音 au，只能用近似的单元音替代，一是发生了 au>ɔ>o 单化过程，闽语从福州到厦门就有这一变化。二等在吴音 iou 和朝鲜 io 出现 i 介音，这是古 r 垫音通过

>ɣ>j 来的，跟主元音本身无关。粤方言肴韵 au 跟一等豪韵 ou 不混而较开，像更早走了一步。三等尤韵字，越南 ɯu 是增生介音的初期状态，吴音及朝鲜读 u 或 iu，汉音读 iuu，是切韵至唐 ɨu 的反映，很明显重叠 u 表明主元音是 u。幽韵朝日都近尤韵，但越南“幼谬”读 ɐu 则跟侯韵的分裂平行。

上面说过低元音的前高化发生在鱼部的麻韵部分，这和 r-介音的影响有关。中古麻韵可能不是一般的 a 而是偏向 æ 的，所以“粑把蟆蓦葭枷家价嫁牙芽衙下罅鸦哑车”在白语都反映为 ɛ 韵，在吴音及今闽南话则为更高化的 e，如“加 ke 牙 ge 茶 de/te 马 me/be”。

上古的支部 *e 脂部 *i 各韵的长短分布如下，中古支脂的重纽三等标为 B：

长——齐（鸡类）ee、佳 r-ee

短——支 e、支 B r-e

——齐（计类）ii、皆 r-ii

——脂 i、脂 B r-i

四等跟一等互补，是一等的前元音部分，所以前元音 e、i 的长音中古都归四等齐韵，其中自然已包含了 e>i 的高化过程。齐韵中古列入蟹摄、汉音 ei、吴音 ai 都说明中古已经产生高顶点分裂复化（越南读 e 则有两种可能：i 和 e 低化合并，或 ai 再单化为 e）。陆志韦、李荣等先生早已考明四等字本身是前元音原来没有 i 介音，朝鲜读 iei 则反映了中唐以后所有四等增生 i 介音的 e>ie 音变的事实，唐五代藏文对音齐韵多作 ei、但翳 jei，溪 khjai，都已有 i 介音。现代北方虽然 iei 再单化为 i，福州鸡

kie是e>ie，粤语、客家kai则跟吴音一样是ai，闽南还进一步变oi。二等佳皆韵除吴音为e外，汉音、越南、朝鲜对音都已复化为ai（朝鲜今音又单化为ɛ，还有些读iei是二等介音影响的反映）。三等都并为i，但朝鲜B类字作ɯi，ɯ自然是r>ɣ>ɰ的反映，奇怪的是齿音字读ɐ，有点像今西南吴语这类字的ɿ ɐ变，但时间似乎太晚了点，待解（要和越南精组字读tɯ合观）。越南唇音在i前舌齿化，但B类无此现象，那是r-的隔离作用。

跟支脂部演变相近，上古还有一个之部，元音是偏央的后高元音ɯ，其长短分布是：

长——咍ɯɯ、皆（骸类）r-ɯɯ

短——之ɯ、脂B（丕类）r-ɯɯ

咍韵在域外对音中基本都是复化的ai，粤语、客家多数为ɔi，中古咍韵域外人听起来像ai，但既区别于泰韵ai，又靠近ɔi，应该是ʌi。从台语所借地支“亥”的方言推移变化正好可以看出其复化为ai的过程，如布依语：

三都板考gɯ4——惠水羊场kaɯ4——独山水岩kai4

地支中很巧还有古之部三等的“子巳”二字，这三地“巳”字都说sɯ3，荔波朝阳说rɯ3，就都不复化，但“子”荔波虽也作zɯ3不复化，惠水、独山却跟“亥”字那样复化：

三都板考tsɯ3——惠水羊场tsaɯ3——独山水岩tsai3

这也不奇怪，因为汉语的“子”其实也有洪细二读，不过洪音后来另写作“崽”罢了。泰文字母表有ai和aɯ，现在也都混读为ai了。二等皆韵大致跟支脂部二等的变化相似，但“豺”

吴音 zai，朝鲜 sɯi 特别些。三等之韵域外多对 i，但朝鲜喉牙声母字读 ɯi，这有两种可能，一是表示元音是像 ɯ 的 i 即［ɨ］，一是之韵的喉牙声母字本有 r 介音。之支脂三部的三等 B 类唇音字的 r-在域外音中没有反映形式，但在《蒙古字韵》“碑陂皮被披糜、悲眉美、鄙丕备”都变为 ue［uei］韵，其中 u-介音就是从 r-转化来的。

统括上古到中古的开尾韵的元音变化，可以看到古汉语长元音高化、高元音分裂复化的过程，跟英语的元音大推移的过程和变化机制都很相似，不过英语有人认为是高元音分裂引起拉链变化，而汉语歌部汉代以降的单化 al＞ai＞æ＞a，与鱼部竞争低元音的位子并取胜，更有可能是推链变化。温州方言 ɛ（永强：摆、乐清：板）—a（城区：摆板、永强：板）、—ɔ（瑞安：板、永强：榜）—o（瑞安：榜把），就反映了类似的推移（参郑张 1983：115，118）。

长元音高化复化破坏了原来的长短对立，一些没有对立的短元音也变长了，在南方，一些方言的三四等字不走前增介音的北式复化道路的，也会像一等那样复化，所以粤语、闽南话的“九”都读 kau，潮州“狸”、温州永强“（猫）狸”都读 lai。

下面是元音高化推移和高顶分裂的示意图：

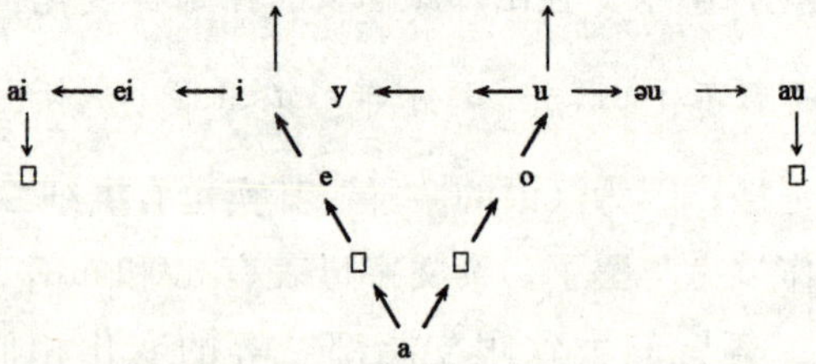

二 亲属语言的元音推移

前面说到汉语上古读最低元音的鱼部字藏文缅文多还说 a，而在缅彝语支的语言里很多已出现后高化，如“五”缅语 ŋa-浪速 ŋɔ-载瓦 ŋo，“苦”缅语 kha-浪速 khɔ-载瓦 kho，“咀（吃）”缅语 sa-浪速 tsɔ-载瓦 tso，“虎”（古缅 klaa）波拉 la-浪速 lɔ-载瓦 lo。彝语则像汉语那样从 a-ɯ 高化的各个阶段都出现：

	巍山	撒尼	南华	武定	喜德	纳西语
五	ŋɑ	ŋɒ	ŋo	ŋu	ŋɯ	(ŋua)
咀	dzɑ	dzɒ	dzo	dzu	dzɯ	dzɿ
鱼	ʔɑ	ŋɒ	ŋo	ŋu	hɯ	ȵi-

同语支的土家语有些变化以前令人费解，如“虎”称 li，现在可知，实际是高化到 ɯ 再像纳西那样前化来的。试比较另外一些藏缅文 a 元音词“饭（咀的名词化，藏 za、bza）、肉（藏 sja）、盐（藏 tshwa）、虎”的变化：

	巍山	撒尼	南华	武定	喜德	土家	普米
饭	dzɑ	tsɒ	dzo	dzu	dzɑ	tsi,(南)dzi	dzi
肉	xɑ	xɒ	xo	xu	ʂɯ	si	ʃɤ
盐	tshɑ	tshɒ	tsho	tshu	tshɯ	(南)asi	tshi
虎	lɑ	lɒ	lo	lu	lɑ	li	ɣo

表里喜德“饭虎”都还读 ɑ 韵，没有高化，那是发展上常有的滞留现象（犹如汉语的“他那阿大”没有高化那样）。同样，土家上表的词已读 i 了，而南部“五”ŋɨ“鱼”si-ŋɨ 还在 ɯ>i

前的 ɨ 阶段，北部“五”uũ“鱼”sũ则还在更早点的 u 阶段。说明语言发展是不平衡的。有意思的是普米语也有相似的变化，它的“饭盐”都已读 i 同土家（还有藏文“月”zla 它也读 ɬi），“肉”则同喜德，“虎”则同南华，都还滞留在高化链的中间，成为没走到终点的中断的变化。道孚语吃 dzi、獐 zli、鼻子 sni（藏文都是 a）、斧 lvi（嘉戎-rpa）。

白语是汉语的同语族语言，发展更与汉语相似，古鱼部今读“布湖露”o、“补苦刳狐壶土炉”u、“夫踞雨五鱼女书”v、“浦斧墓著”ɯ，共时系统内沉积的历史层次也反映了类似的高化过程。可比较温州“去渠（他）许（那）”今读 i 韵，但明代外迁的蒲门话还读 ɯ。

苗语“月借蒜”大致跟汉语 *a“夕假葫”对当，其变化也相仿佛，据王辅世（1995），其古音构拟为 a[7]：

	高坡	七百弄	三江	石门	宗地
月	l̥ɑ5	ɬ o5	lu5	l̥i5	lɨb
借	qɑ3		ku3	qɯ3	hǏa
蒜	qɑ2			ɢɦɯ	hɪ2

对于研究这些元音变化强烈的语言来说，元音高化规律的应用对其语音史的重建是很有意义的。

参考文献：

［1］岑麒祥．语音学概论［M］．北京：科学出版社，1959．

［2］高本汉．中国音韵学研究·方言字汇［M］．赵元任等译．北京：商务印书馆，1948 再版，1995 缩印．

[3] 平山久雄. 中古汉语鱼韵的音值 [J]. 中国语文，1995（5）.

[4] 梅祖麟. The Etymology of the Aspect Marker tsi in the Wu Dialect [M]. JCL7-1，1979 .

[5] 罗常培. 唐五代西北方音 [M]. 史语所单刊甲种之十二，1933.

[6] 郑张尚芳. 温州方言歌韵读音的分化和历史层次 [J]. 语言研究，1983（2）.

[7] 郑张尚芳. 上古韵母系统的四等、介音、声调的发源问题. 温州师范学院学报，1987（4）.

[8] Starostin，S. A. 古代汉语音系的构拟. Moscow，Nauka.

[9] 王辅世，毛宗武. 苗瑶语音构拟 [M]. 北京：中国社会科学出版社，1995.

Vowel Shift in Phonetic Evolution of Chinese and Its Relative Languages

（Language Institution of Chinese Academy of Social Science）

ZhengZhang Shangfang

Abstract：This article introduced the phenomenon of the vowel shift and further raising of Chinese and its relative language from the Old Chinese to the Modern Chinese，which is similar to the Great Vowel Shift of English in process and mechanism of change. The application of the law of vowel raising is of great importance for the reconstruction of the Chinese history phonological.

Key words：sound change；Chinese and relative languages；vowel shift

语言地理学学科及其在中国的发展①

张维佳②

摘　要　本文从分歧的语言观的分析入手，通过梳理语言地理学的产生及其在中国发展历程，阐述其学科性质和它与相关学科的关系。

关键词　语言地理学；语言地图；汉语方言；交叉学科

自19世纪历史语言学诞生起，活的语言材料便逐渐进入了语言学家的研究视野。历史语言学家将现实语言的地理关系和结构关系放在历史坐标中考察，采用比较和历史的方法重建语言的发展谱系，拟测出印欧语系、汉藏语系、阿尔泰语系、南亚语系

① 本文受中央高校基本科研业务专项资金资助，项目编号：15YJ050002。

② 作者简介：张维佳，北京语言大学教授、博士生导师、语言政策与标准研究所所长，主要研究方向：语言地理学、方言学与语音史、社会语言学、语言规划学等。

等的原始形式。地理语言学家着眼于语言要素的地理传播，将语言要素特征以地图形式显示出来，并从自然地理和人文地理等方面诠释其传播方式、路径、方向等问题。近年来，关注方言历史层次的学者更是将语言间的生态环境、接触方式、历史源流、结构差异等因素结合在一起，研究语言及其要素扩散的时间层次和演化规律。可以这么说，大凡重视活的语言的学者，无不关注不同语言在地理上呈现出的特点及其原因。因此，地理语言学是现代语言学的一个重要组成部分。

一　语言与地理：语言地理学的学科性质

如何认识语言地理学？学术界并没有完全达成共识。分歧主要表现在两个方面：其一，语言地理学跟方言学在研究对象、研究方法、研究目标等方面是否一致；其二，语言地理学的学科定位如何？

（一）关于第一个分歧：来自外部——语言地理学跟方言学在研究对象、研究方法、研究目标等方面是否一致

学术界一般认为，语言地理学是普通语言学的一支，它专门研究语言特征在地理上的分布，并通过绘制地图以显示这种分布，在此基础上从自然地理和人文地理角度解释方言结构特征和差异产生的由来；它重视将某语言的地理特征和该语言的历史发展及其所传载的文化发展联系起来，研究某一地区的语音、语法和词汇在类型上的相关程度，并在此基础上归纳语言或方言的类型，探索语言变迁的痕迹。其目的是研究语言的历史。

这种观点集中地反映在著名语言地理学家、比利时学者贺登

崧（W. Grootaers，1943，2003，P11）著述中，他在《汉语语言地理学》[1]一书中写道：

（1）慎重遴选少量语音、词汇以及语言片段（syntagm），到较多的地点进行调查，记录下其发音。

（2）每个调查项目制作成一张地图。这时，对语言资料不作任何修改，以实际记录到的形式表示出来。

（3）把词及其所指对象联系起来，也就是要研究词汇中所反映出来的物质的和精神的文化现象。

（4）对地图进行解释。对于语言学者来说，这是最重要的工作，这是要以上述三项工作为前提的。语言地图的作用是为语言（方言）间作比较、为语言演变的历史研究提供可靠的材料。由此，我们能够确定语言的和文化的地理界线，也能够进而研究语言和文化相互影响的问题。

贺登崧这段话，是西方语言地理学的经典理论①。其核心就是，用地图标注的方式描写方言的空间差异，从自然地理和人文地理角度解释方言差异产生的由来。其研究的重点是，方言词在地理上的分布和传播。

廖秋忠（1988）结合汉语方言调查与研究的实际，认为语言地理学的主要工作，“一是记录某些方言的特殊成分或结构；二是对个别方言做出局部或全面的描写；三是调查一种语言在整个或局部地区的一些差异；四是划分方言区；五是说明语言内部差异产生的原因和过程”。语言地理学的主要研究方法是第三种工

① 贺登崧的父亲 Ludovic Grootaers（1885－1956），是比利时方言地理学家，曾创立鲁汶大学方言地理学研究所。贺登崧从青年时代起就从其父受方言地理学的熏陶，其后，专门研究了日叶龙（JulesGilliéron，1856－1926）创立的方言地理学。

作的方法。跟西方语言地理学相比，这个定义重于调查方言间的差异，而轻于解释方言间差异产生的由来。廖秋忠的观点其实概括了中国近半个世纪汉语方言调查和研究的总的基调。

另一种观点认为，语言地理学是历史语言学的一个分支，或者从本质上将它等同于历史语言学。在首届中国地理语言学国际学术研讨会（北京，2010）上，项梦冰发表了“贺登崧事件”的大会发言，指出贺登崧神父所谓“语言地理学”是一种狭隘的语言地理学，“一方面使得他对汉语语言学研究现状的理解带上了太过强烈的个人色彩，另一方面也使得他所倡导的方法影响不大，至今仍是‘曲高和寡’，只有少数学者在做这方面的研究”。他认为，贺登崧倡导的西方语言地理学有如下几大弊端：

1. 未能准确理解语言地理学调查研究对象的广泛性和系统性。语言分语音、词汇、语法三个方面，每个方面都气象万千，这绝对不仅仅是调查少量的词汇就可以解决问题的。虽然他说过很精彩的话，“如果对各地方的方言没有做过系统的调查工作，方言的比较研究，就缺乏一种稳固的基础”，但他的后话是“这种调查最主要的对象，就是口语里的活的词汇，及其与词汇所表示的事物的关系，换句话说，就是应该注意语言和它所反映的物质的和精神的文明”。

2. 把语言地理学与语音定理对立起来，走的是“每一个词都有自己历史”的路。我们更愿意相信帕默尔的立场：“语音变化是有规律的，只是在缓冲地带常出现混乱现象。但是这样的事实并不能打破新语法学派提出的关于语音定理的不可违背性的定理。因为他们也曾估计到了方言之间有可能相互混合、相互借用，从而使语音定理出现某些明显的例外情况。语言地理学所做的工作只不过证明了这种相互借用的次数之多，程度之深，远远超出我们的意料之外。在这个问题上，只要引用一位杰出的语言地理学家的话就够了：'我们不相信，新语法学派用严谨的方法建造起来的牢固大厦会遭到语言地理学的严重破坏'。"[2]108

3. 过分强调对方言地图的解释而未能对方言地图的珍贵价值予以充分的理解和肯定。这一点直接影响到何谓"语言地理学"的理解。贺登崧神父的一个基本观念是："绘制一个区域的方言地图，最基本的目的，并不是在于罗列这个地方的方言材料，如果仅是如此，那么，一本方言字典就可以解决一切，用几万个词汇也就可以明白一个区域的方言蕴藏了"。我们更愿意接受布龙菲尔德的有关立场："那么我们现在从事方言研究，就有了三种主要方式。最老的是词汇研究。方言词典最初只搜罗那些不同于标准语用法的形式和意义。这样的准则当然是不对头的。我们今天盼望一部地方方言的词典，包罗非标准言语中所有通用的词，记音严格正确，释义审慎仔细。编一本全省或全区的方言词典是一件巨大得多的工作计划，它应该给每个地点的言语类型做出音位系统，所以跟音位学的研究是分不开的。我们盼望有个地理区域中每个通行形式的描述，但是这个描述没有比利用一幅地图的形式更好的了。"[3]406 "除了为一个单独的地方方言做全面的有系统的描写外，分布地图就是最清楚最紧凑的叙述形式了。"[3]407 基于这样的立场，我们把成规模的、带有明确比较目的的方言地图，即使它还不带解释或不带很多解释，都归入到汉语语言地理学的范畴里。

在项梦冰看来，贺登崧神父只是将语言地理学的词汇研究引入中国学术界，认为"贺登崧神父的研究成果至今还是这个领域的典范，值得认真学习。但就语言地理学的角度看，则并非事实”。这是因为：“《湖北方言调查报告》（商务印书馆，1948）是汉语语言地理学的首次实践，之后杨时逢先生整理出版的云南、湖南、四川方言调查报告仍然延续了这个传统。这种迥异于贺登崧神父做法的汉语方言语言地理学实际上一直不绝如缕”，他所举的附有方言地图的著作有：《昌黎方言志》《苏州方言地图集》《山东方音地图集》《中国语言地图集》

项梦冰的观点其实传承了布龙菲尔德、帕默尔等倡导的历史比较和描写方法，属于历史语言学的范畴。主张方言研究要重视语言系统性，注意语言语音、词汇、语法结构系统及其之间的关系，而语言地图只是起辅助性的作用。

两种观点的分歧主要表现在以下几个方面：

第一，学科归属不同。前者是普通语言学的分支，后者是历史语言学的分支。

第二，研究范式不同。前者如实记录活的口语，不加任何归纳；后者重视结构系统的归纳和描写。前者重解释，后者重描写。

第三，研究目标不同。前者指向地域文化的变迁，后者指向语言结构系统的演变；

第四，地图价值不同。前者以地图为本体研究，后者以地图为辅助形式。

汉语方言较之以印欧语其他方言更为复杂。对它的调查研究，应该遵循语言地理学的一般理论，并结合历史语言学研究思路，在占有大量第一手材料的基础上，通过地图标注的方式展示语言结构差异在地理上的分布，进而从语言之间的结构关系、语言与自然和人文地理的关系、语言结构成分演进的历史层次等方面来解释方言空间差异及传播方式、路径等问题。

（二）关于第二个分歧：来自内部——语言地图学、地理语言学、语言地理学

语言地理学在海内外学术界有不同的术语界定，其中反映了人们对这个学科的不同认识。笔者于 2008 年 12 月曾就该学科的名称请教过日本语言地理学家岩田礼教授，他说：还是叫语言地理学或方言地理学的好。并用他老师贺登崧神父话解释说：语言地理学是有关语言的地理学。但在中国国内有两种称法：一是“地理语言学”，（曹志耘），一是“语言（或方言）地理学”（贺登崧、岩田礼、石汝杰、张维佳、项梦冰）。

曹志耘教授在《地理语言学及其在中国的发展》一文中对该学科在海内外学术界的定位做过考察。他首先对术语名称做了梳理，几个比较接近的术语有：

dialectology　方言学【对地域方言的系统研究被不同地称作方言学、方言地理学或语言地理学。[4]】

geographical linguistics　地理语言学

【按地域分布研究语言和方言有时统称为地理语言学，但方言学和地域语言学这两个名称更为常用。[4]157】

areal linguistics　地域语言学

【……研究不同“地域”的语言特点——分析它们的歧异形式和历史渊源——叫做地域语言学（areal linguistics）。[4]】

geolinguistics　地缘语言学

【语言学的一个分支，研究全世界语言的地理分布，同时参照语言的政治、经济、文化地位。按狭义理解，语言学用这个名称指一种理论和方法，即将语言地理学、城市方言学和人类地理

学的发现结合起来作有社会语言学意义的方言学研究，特别是用语言学变项这一概念考察新兴形式在某一地理区域内的扩散。[4]】

linguistic geography　语言地理学

dialect geography　语言地理学

【……对各种形式的方言，但主要是对地域方言的系统研究称为方言学（dialectology），或语言地理学，或方言地理学（dialect geography）。[4]】

曹志耘教授认为："在西方学科体系中，"方言学一地理语言学一地域语言学一语言地理学一方言地理学"这几个术语的含义非常接近，甚至可以互相换用。"在英语文献里，"linguistic geography"最为常用，其次为"geographical linguistics"；而在汉语文献里，"方言学"一枝独秀，其他术语均很少使用①。

在中国现行的《学科分类与代码》（GB/T13745－92，国家技术监督局1992年11月1日发布）中，"语言地理学"是与普

① 曹志耘于2003年12月31日利用Google在因特网搜索到的有关术语的出现次数（搜索中文术语时，为了避免混入日语材料，搜索范围限制在简体中文网页，并令其不包括标点符号）

排序	英文术语	出现次数	中文术语	出现次数
1	linguistic geography（语言地理学）	188000	方言学	2470
2	geographical linguistics（地理语言学）	81000	语言地理学	169
3	dialect geography（方言地理学）	46600	方言地理学	47
4	dialectology（方言学）	29100	地理语言学	45
5	areal linguistics（地域语言学）	6050	地域语言学	2
6	geolinguistics（地缘语言学）	1470	地缘语言学	0

在英语文献里，"dialectology"与"linguistic geography"的使用次数之比约为1∶6；在汉语文献里，"方言学"与"语言地理学"的使用次数之比约为15∶1。如果把"dialectology"、"方言学"作为一类，把其余的"linguistic geography"、"语言地理学"等各5个含义更为相近的术语作为一类，那么在英语文献里，二者的使用次数之比约为1∶11，在汉语文献里则约为9∶1，两个数据几乎相反。

通语言学、比较语言学、社会语言学、心理语言学、应用语言学等并列的二级学科，“方言学”是位于“普通语言学”下面的三级学科，“汉语方言”是位于“汉语研究”下面的三级学科。

曹志耘教授认为[5]：西方的“语言地理学（linguistic geography）”跟中国的“方言学”大体对应。“如果仅仅是叫法上的差异，西方用‘linguistic geography’等，我国用‘方言学’，亦无不可”。但“这两种术语实际上已经代表了两种不同的研究倾向”。“出于技术方面的考虑，本文以下统一使用‘地理语言学’的名称”。

我们认为：“语言地理学”与“地理语言学”的纠结，不是名词术语之争，而是认识和研究范式之间的分歧，这可能还是沿袭了“新语法学派”和传统语言地理学、赵元任之历史语言学和贺登崧之汉语方言地理学、项梦冰之汉语方言学和岩田礼之汉语方言地理解释之间的分歧和争论。

地理语言学＝描写方言学≈历史语言学

1. 重视方言结构系统的描写。

2. 以特征差异的地理分布显示方言之间的结构流变。索绪尔说：“地理差别只有通过时间上的投射，才能完全从图表上表现出来。”“地理差异只是演化事实的（特别）应用，必须全部包含在演化事实之中。”[6]24—25

3. 通过特征的聚合找出方言的分界线，试图区分不同的方言区域。“每一种革新会非常自然地拥有人们所称的自身的区域，也就是说，将发生在一定的地域范围。”[6]27

4. 语言观：语言的地理差异实际上反映的是同一语言历史分化的结果，因此“伴随地理连续性的演化，被视为正常的和基本的情况”[6]27。

语言地理学

1. 重视方言原本形式的描写。

2. 以特征集的聚向分布构建方言的地理模型。

3. 将地理学与历史语言学、民俗学结合在一起，从自然和人文地理（社会发展、族群迁徙、人口变化等）来解释方言特征差异及其空间流变。

4. 语言观：语言的地理差异实际上反映的是不同语言接触的结果，因此“每个词都有自己的历史”（齐列龙）。

二　语言地理学与相关学科的关系

语言地理学建立在语言学、地理学、地图学、社会学、文化学和历史学等学科平台上的方言学。它的跨学科性质就决定着，自从诞生那日起它就在其他学科中寻找支持。

现代语言地理学是为了寻找方言边界和验证“新语法学派”语音演变的假说而发展起来的，它与历史语言学有着不可分割的关系。关于音变规律的实现方式，“新语法学派”在对日耳曼语的研究中提出了独到的见解，认为：语音变化是渐进的，连续的，而变化在词汇中的反映却是突然的，离散的①；提出音变规律以语音为转移，没有例外。“新语法学派”的绝对化的论断很

① 斯卫特（Henry Sweet）举例说：从［i］变成［ai］（即英语高元音［i］的复元音化）要经过很多中间的过渡阶段：［iː］［ɪi］［ei］［ɛi］［ɛ̈i］［ai］，这里没有同时发生的变化，只有连续发生的变化。（H. Sweet，History of English Sounds 1888，Oxford）

快就被语言地理学家发现破绽①，他们针对“语音规律无例外”的假说提出“每一个词都有它自己的历史”②。其实，代表历史语言学最高成果的“新语法学派”的理论跟语言地理学的思想是互补的，并非完全对立。它们之间完全可以结合起来研究方言空间差异产生的由来和方言结构演变的普遍性模式。历史语言学将个体方言的空间差异放在具有同源关系的原始共同语的视野中研究，得到了更加带有普遍性的方言演变规律③。而语言地理学在解释方言差异及其传播过程时，也要考虑各个方言之间的历史关系，尤其是对方言要素竞争与演变的分析，必须考虑方言异质同源的事实，运用比较的方法，将方言的共时差异放在历时坐标中衡量。

这里，对中国陕西和山西一带方言指示代词三分现象的解释，是具有典型意义的。标注在方言地图上，这种现象跟周边方言有很大差别。对这种方言差异的解释，必须将空间扩散理论和历史演变理论结合起来才是科学的。如果将二分系统跟三分系统结合在一起来观察，我们可以发现一个有趣的现象。在地理上，“这”“那”二分系统多分布在山西北部和东南部地区，跟毗邻的具有同样特征的内蒙和河南等地方言连成一片；“这”“兀”二分系统多分布在由山西中部到西南的广大地区，跟毗邻的具有同样

① 温克的研究表明，高地德语和低地德语在莱茵河地区并没有一个明显的界线，词的演变不是突变的。

② 日列龙、马里奥·罗克《语音幻想》（Mirages Phonetiques）指出：语言的每一个特点差不多都有自己的地理上的分布，提出“每一个词都有它自己的历史”。

③ 因为“调查的结果可以表示在地图上面，每张地图只表示一件事实”。“我们第一次有了一整套可以拿来直接作比较的材料，分布在所研究的整个区域上，并且摆得清清楚楚”，梅耶才盛赞“用地理方法得到的结果是很惊人的”[7]54。

特征的陕西关中和河南陕县等地方言连成一片；而三分系统多分布在山西中部一线，多跟“这”“兀”二分系统犬牙交错。在结构上，三分系统是二分式Ⅰ和二分式Ⅱ的结合和延伸。在结合中，近指“这”因是二分系统两种类型的共同成分，被保留在三分系统的同一功能位置上，远指“那”和“兀”，是二分系统两种类型的不同成分，当语言需要指代在空间、时间或心理上有稍远和更远差异的事物时，现成的两种类型成分就会进入三分系统的不同功能位置上。由此，我们对指示代词三分系统的来源有一个初步结论，这就是，它来自于不同方言二分系统的叠加。①

许多语言学家认为，语言地理学的研究后来否定了“语音规律无例外”的假说，证实了与之相对的波浪说②。其实，这是一个历史的“误会”。语言地理学有利于解释语言演变的一些例外现象，历史语言学为语言地理学视角的“同源异质”系统的研究

① 张维佳发现，从方言地理上看，晋语三分系统的方言是由两种类型的二分系统方言包围着。北部和东南部地区方言是二分式Ⅰ，南部和西南地区方言是二分式Ⅱ。如果沿着这个格局向更远的外围方言透视，北部是内蒙古晋语，西北部是陕北北部晋语，东北是河北晋语，东南是河南晋语，其指示代词系统都是二分Ⅰ；西部和西南部是陕北的南部晋语和关中话，其指示代词系统多是三分式，也有是二分式Ⅱ和二分式Ⅲ。除晋中、晋西南和关中以外，其它方言基本是二分式Ⅰ，汾河片一些方言和关中片的丹凤、长武、千阳、陇县，至今还是二分Ⅱ。可见，三分式应是本地二分式Ⅱ与周边二分式Ⅰ的叠加。至于二分式Ⅲ，它反映了方言异源系统叠加的过程。张氏还研究了三分式远指代词“兀”的历史来源，认为它来自于指示代词“个”。据此，把这一方言现象向远出延伸，山西晋语和中原官话汾河片、关中片的“兀”系代词又与吴语、湘语、赣语、客家话、粤语的“个”系代词一脉相承，它们和“那”系代词是同源异流。至于三分系统内“兀”系和“那”系的功能位置，不同方言有不同表现。山西晋语“那”及其变读形式为中指，“兀”及其变读形式为远指，关中话则相反。[11]

② 施密特（J. Schmidt）认为，原始印欧语还是一个整体的时候就存在着方言分歧，各方言的特点犹如石子投入池塘后形成的波浪那样扩散开去，从而使后来的不同语族、语支呈现出很多相互交叉的共同特点。

提供一个可比较的时间尺度。二者互补的、相互促进的。

对方言地理的解释，必然会牵涉到不同方言一组形式之间的关联模式。所以，语言地理学跟结构方言学（structural dialectology）关系密切。汉语方言长期以来受共同语的制约，尤其是中古以来，《切韵》及其后的正统韵书对中国方言产生一定的牵引作用，汉语方言（闽语及少数南方方言除外）与共同语之间，汉语不同方言结构之间都存在一定的对应规律。方言地理研究必须建立在对不同方言结构系统的描写上，方言地图所展现的实际上是方言结构要素的对应或对立分布。日本学者岩田礼曾从方言结构出发解释了江苏、安徽两省亲属称谓形式的地理分布特点，根据伯叔父和伯叔母的称谓形式，亲属称谓系统分为Ⅰ型（北方型）、Ⅱ型（江淮型）、Ⅲ型（南方型），并构拟了汉语古代称谓系统。他的研究是语言地理学和结构方言学结合的典范①。中国学者在半个多世纪里，对汉语单点方言作了大量描写工作，方言的共时结构和与古代共同语结构的对应关系已经基本理清。这些都是今天进行方言地理综合研究的基础。

在方言地理中，方言之间的差异或者方言要素之间的替换总是先从一定的言语社团中出现并逐渐蔓延开来，年龄、性别、身份、文化程度等变量都会参与言语社团的方言变迁。所以，语言地理学必须借用一些社会语言学的方法，这是这个学科发展的一个重要方向。各种社会因素，诸如社会地位、教育程度等也与人

① 岩田礼师从贺登崧神父，著有《江苏・安徽两省における亲属称谓形式の地理的分布と古称谓体系の再构》（尾崎雄二郎、平田昌司主编《汉语史の诸问题》，京都大学人文科学研究所，1988，东京）、《中国江苏安徽上海两省一市境内亲属称谓词的地理分布》（《开篇》单刊，好文出版，1989，东京）。

们言语的差异有对应关系，有时还决定方言演变的扩散方向。汉语方言存在的“文读”和“白读”、“新派”和“老派”言语形式的对立，实际上就是社会文化因素对方言演变施加影响的印记。在方言地图上，同言线具体到某一变量上是清晰的，但具体的地区却是模糊的。在山西闻喜县声调分布图中，声调类型呈多中心的趋势，这种格局就跟言语社团的年龄和文化程度有关①。

对一些方言差异，单从语言本身很难找到它们的由来，语言地理学常常从政治、文化等方面寻找原因。这是语言地理学的经典作家经常采用的方法。政治边界和地理障碍常常限制语言演变的扩散和不同方言的相互影响。语言学史上著名的莱茵扇就与政治行政区域的划分一致②，在法国中南部相间地横亘一些同言线，将法语分割为“奥依语”（北部）和“奥克语”（南部），这种南北的方言差别跟一些重大的社会和文化差异一致。汉语方言区划跟历史行政区划也有密切关系，这种密切关系有两个显著特征，一是以府（二级政区）为单位，内部方言一般都有较大的一致性，这种例子各省都有反映；二是方言区划和历史行政区划在许多地方实际上是重合的。在这方面，周振鹤、游汝杰两位教授

① 徐通锵调查发现，闻喜县在声调上是一个多中心的方言区，有三种类型：城关话、河底话、东镇话。同一个字在不同的发音人中可以念不同的声调；甚至同一个人在不同时间也可以念成不同的声调。这种种状况不能不造成语言共时状态的纷乱。究其原因，跟发音人的年龄有关。城关话来自浊声母的字（阳平字）窜入去声的最多，窜入阴平、上声的字较少。从老、中、青三代的差异来看，青年人话语中阳平窜入去声的比例大大增加，而窜入阴平和上声的字却有下降的趋势，这显然是受东镇话的影响。[8]236-241

② 可参看布龙菲尔德《语言论》。[3]428-429

(1986，P64－80）有专门研究[10]①。两地政治、文化地位高低不同又经常决定着方言演变的扩散方向。汉语上海话，曾接受了三个扩散波的冲刷，这都跟这三波基础方言政治文化地位有关。明代，在今上海所隶属的松江府，嘉兴话最为人所器重，也最带权威性。到了清代，嘉兴话的权威地位让位给苏州话，今天上海话的权威地位是由于江浙文化名流入主上海后在民国时期才逐步确立起来的②。山西闻喜县城关镇声调出现纷乱现象，城关话来自浊声母的字（原阳平字）窜入去声的最多，窜入阴平、上声的字较少。从老、中、青三代的差异来看，青年人话语中阳平窜入去声的比例大大增加，而窜入阴平和上声的字却有下降的趋势，这显然是受权威方言东镇话的影响③。

语言地理学常常要关注移民史和交通史。居民迁徙会将一种方言带到与原居地没有地缘接触的地方，在封闭状态下的移民生活肯定会与原居住地有很大不同，方言差异也由此产生。语言地理学家非常重视用正史和牒谱记载的先民迁徙活动来研究方言的扩散情况④，他们发现移民给方言扩散带来的影响形态主要有：移民方言取代土著方言、移民放弃旧地方言改用新地方言、旧地

① 周振鹤、游汝杰在《方言与中国文化》一书中，从“现代方言区划和历史行政地理”、“汉语方言分区的历史行政地理分析法”等方面，探讨了方言差异产生的社会政治和文化因素。

② 周振鹤、游汝杰以“权威方言和政区中心变易的关系”为题，专门讨论过今上海地区权威方言的形成过程。

③ 据徐通锵研究，东镇话声调的调类归字跟北方话系统比较一致，是权威方言，主要表现为阳上归去；城关话阳上和阳入归阳平，是本地土语。现在，一些人，尤其是青年人按照权威方言的声调归类，将原读入阳平的阳上和阳入改读为去声。

④ 罗常培就用了一些牒谱材料，寻觅客家人迁徙的踪迹，并由此讨论客赣方言的关系。(见罗常培《语言与文化》附录三：“从客家迁徙的踪迹论客赣方言的关系”)

方言和新地方言融合、移民方言深处土著方言之中、移民的原方言在新居地演变成新方言等等[①]。古代居民活动或者溯河而上（或沿河而下），或者穿山谷而过，或者依山而居。因为古代的迁徙活动是沿着古代的交通线进行的，古代交通地理对方言差异的形成和方言空间扩散起到了一定作用。历代进入福建的居民都是沿河流上下的，或者先在海滨河口建立据点，然后向内地向中上游推进，或者由上游向下游逐步推进，最终扩散到整个流域。现代闽语的六个小片其实可以归为两个大片，闽东、闽南、莆仙三个小片归为东南沿海区，闽北、闽中和闽西北三个小片归为西北地区。这两大片的分界也恰好与晋代晋安郡和建安郡的分界相重合。这种现象的产生跟历史交通地理密切相关。从海路迁入的北方居民，在海滨建立了一系列城池后，沿河谷向内地推进，形成东南区方言；从浙江和江西陆路越过仙霞岭、武夷山进入福建的居民，在闽江支流上游各流域建立城池，形成西北区方言[②]。因此，语言地理学家对古代移民活动及其路径所投入的关注是其他任何语言学家所不能比拟的。

语言地理学是一种语言学思想，这种思想跟其他语言学理论不同的是，它需要现代地理学、地图学及其技术的支持。方言地

① 根据周振鹤、游汝杰的研究，西晋永嘉丧乱之后，北方移民的方言取代了江南宁镇地区原有的吴方言，是移民方言取代土著方言的例子；除广东博罗等四县畲族还说苗瑶语族的畲语外，大部分地区的畲族人都改说汉语客家话，这是移民放弃旧地方言改用新地方言例子；杭州话是旧地北方方言和新地吴方言融合的产物，具有“半官话”的性质；散布在哈萨克斯坦和吉尔吉斯斯坦的东干族深处其他民族文化包围之中，但仍然保留这原居地汉语西北方言；客家话形成就是移民的原方言在新居地演变成新方言的典范。

② 周振鹤、游汝杰在《方言与中国文化》中设“方言地理和交通地理”专节讨论。

理研究实现的形式是方言地图，地图投影和比例尺的选择、地图记注和符号使用的科学性，都是语言地理学所关心的问题。近些年来，随着地理信息系统的普及，方言地理信息的采集、管理、分析、查询、制图等工作有了一个新的平台。不久的将来，方言地理信息可以实现异地网上传输和处理。所以，地理信息系统的理论和技术必将激活语言地理学这个语言学传统学科，使她重显活力和风采。

无庸质疑，语言地理学跟社会学、文化学、历史学、地理学和地图学等学科有密切关系，具有跨学科的特点。但我们还必须清楚地认识到，语言地理学还是以方言研究为本体的一门语言学学科。认识不到这一点，就会将语言地理学与其他学科搅在一起，最终将她导入歧途。轰轰烈烈的语言地理学半个世纪前在中国的遭遇就说明了这一点。

三　语言地理学：来自西方的“舶来品”

语言地理学有一个形成发展的过程，通过对这个过程的回顾，语言地理学的形成背景、研究对象和方法、工作程序以及对语言学的贡献就会清楚地展限出来。

（一）方言地理学的产生

语言地理学对有同源关系但又走向不同发展方向的印欧诸语言的研究是行之有效的，它最初形成于对“新语法学派”理论的反思。19 世纪 70 年代，虽然“新语法学派”对语音发展规律的研究取得了辉煌的成就，“语音规律无例外”的论断被奉为语言学界的圭臬。但是，人们还是发现，在标准语中还存在一些不规则的的成分，而这些成分是异质语言混合而成的。正像布龙菲尔德在介绍语言地理学产生时所说的：历史比较法“假设母体语言的内部一致和突然的明确的分裂，同时又会揭露一批多余的形式，那是按照这个假设所不能解释的。比如，印欧语领域内许多错综的大规模的同语线，给我们显示了印欧语系的诸分支并不是由内部绝对一致的母体突然分裂而产生的。”“我们不妨说，母体在分裂以前就有了方言的分化，或者说，分裂以后姊妹语群彼此间仍然保持接触互相往来；两种说法都等于说，在某些方面已经出现了分歧的各区域或各区域的不同部分可以仍然发生共同的变化。因此，继续不断的变化的结果就在整个领域上形成了错综的同言线网。”[3]404 要研究这些异质成分，只有把视角放在地处偏僻的乡村方言。因此，语言地理学的创立是语言学家对“新语法学派”语言观反思的结果。

“这场方言调查运动的种子最早播在德国，果实却结在法国。”[2]104 语言地理学肇始于德国，其中影响最大的是温克(Georg Wenker，1852—1911）的德语方言调查与研究。温克是“新语法学派”的热心支持者，他进行德语调查的目的，就是要根据“语音规则无例外”的假说来确定高地德语和低地德语的边界线。他向莱茵河地区的所有小学教师寄去了一份包括大约三百个词组成的四十个短句，请他们用各自的方言翻译出这些句子，并用通行的字母标写出来。1881 年绘制了第一组方言地图，共 6 张，包括 30 个调查项目。他的研究表明，高地德语和低地德语在莱茵河地区并没有一个明显的界线。当他将相同特点的方言点在地图上连成一条线，马上就发现音变的规律在语词上的反映是，几个同言线相间地呈扇形由东向西在莱茵河东约 40 公里的地方展开。这组同言线向西一直穿过荷兰，将高地德语和低地德语分开。这些词的读音反映了印欧语中清爆破音在这些方言中演变的不同途径。在低地德语中，这些音仍旧是爆破音（p，t，k）；但在高地德语中，它们大体上变成了擦音。如："村庄"在北部发［dorp］，南部发［dorf］；"那"是［dat］与［das］相对；在北部，"做"和"我"分别发［makən］和［ik］，而不是［maxən］和［iç］①。同言线束为什么在穿越德国大部分地区时比较密集，但到莱茵河流域却向不同方向展开，形成一个折叠扇的形状呢？为什么在莱茵河畔的科隆附近有的人既会说高地德语的［iç］和［maxən］，也会说低地德语的［dorp］和［dat］呢？语言学家开始对"新语法学派"论断的权威性产生了怀疑。他们纷纷从社会历史的角度解释这些不一致的语言特征。布龙菲尔德（1933，1980 中译本，P428－429）认为，本拉特线"大致相当于从前贝尔格（Berg，在莱茵河以东）和云立希（Jülich，在莱茵河以西）二区领土的北界"，"禺尔丁根线紧紧挨着北部疆界，一面是拿破仑以前的云立希与贝尔格二公国，1789 年取消了的，另一面是科隆选区。就在禺尔丁根北面，卡尔登豪森镇（Kaldenhaosen）被禺尔丁根线切开了，西区说［ex］，而东区说［ek］；据考查，我们知道直到 1789 年为止，镇的西部属于科隆（天主教）选区，而东部属于牟尔斯（Mörs）郡（新教）。地图上还有两条岔向西南的同语线。一条线代表'村庄'［dorp-dorf］一词北部读［p］与南部读［f］相对；这条线大致相当于

① 区分 ik 和 ich 的同言线是从禺尔丁根村的背面横渡莱茵河，这条线叫禺尔丁根线（Ürdingen line）；区分 maken 和 machen 的同言线是从本拉特镇的北边横渡莱茵河，这条线叫本拉特线（Benrath line）。

1789年的南部疆界，一面是云立希、科隆和贝尔格，另一面是特雷夫选区（Treves）。在往南去在‘那’[dat-das] 这个词里，北面读 [t] 与南面读 [s] 相对的同语线份岔开去，而这条线又大致符合从前特雷夫的选区和大主教管区的南面分界线”，“这一切都表明语言特征的分布依赖于社会条件”。

温克研究的意义，在于开辟了一条从社会变迁的历史来解释复杂方言变异的路子，以弥补“新语法学派”理论的不足。当然，由于记音人的审音能力不强，调查项目单一①，调查结果还有一些值得商榷的地方。但是，温克的研究，的确开启了语言研究的新的方向。

（二）语言地理学的发展

继温克之后，在语言地理学方言有重要影响的是《法国语言地图》的编纂者日叶龙（Jules Gilliéron，1856—1926）。日叶龙继承了他的老师舒哈尔德（Hugo Schuchardt）的语言学思想②，把调查重点放在词汇方面。他筛选了两千多个词和词组，严格确定了每一个词的内涵意义和限制条件。他首先培训了辨音能力极强的埃德蒙（Edmond），并让他去法国各地及邻国的法语区的639个方言点调查收集材料。1902年到1910年间，他负责编纂了《法国语言地图》（共13册）。在他的地图中，几乎每个语言特点都有自己的同言线，据此，他提出了“每一个词都有自己的历史”的著名口号。在他看来，语言中既然只有词的历史，“方

① 温克的调查项目偏重于词的语音方面，词的形态变异方面的调查项目较少。

② 舒哈尔德坚决反对“新语法学派”的“语音演变无例外”的观点，认为词与物有密切的联系，要研究词就必须研究物，要研究语言就要研究语言赖依存在的社会环境，词和物都各有自己的历史。

言”、“土语”之类的概念也有没有存在的必要[①]。日叶龙的观点对后来的语言地理学影响深远，从事汉语语言地理学的贺登崧就直接接受了他的思想。

《法国语言地图》的主要特征是一束束同言线由东向西贯穿于法国，将这个国家划分成两个主要的方言区，即“奥依语”（北部）和“奥克语”（南部）。地图显示了7个词项的同言线，它们基本没有重叠，相间地横亘在法国中南部。这种南北的方言差别跟一些重大的社会和文化差异相一致。在这束同言线南部（大致从普罗旺斯地区开始），农作物采取传统的两年一次（与3年一次相对）的轮作方法。这个地区的法律制度也不同，它借鉴了罗马传统的成文法典，一直持续到19世纪早期。该地区的建筑风格迥异，屋顶一般是平的，与北部高耸垂直不同。语言跟文化特征的一致性表明，语言地理学将语言研究看作是构成社会历史研究的一个重要组成部分。

20世纪以后，各国大规模的方言调查基本都是以日叶龙的方法为基础加以取舍，语言地理学有了长足进步。

1950年到1961年间，哈罗德·奥顿（1899－1975）和尤金·迪斯（1893－1956）对英格兰313个点进行调查，主要方法是通过调查表获取关于语音、词汇、形态和句法特征的资料，也用录音磁带录制了非正式的对话。调查表包括1300多个问题，

① 日叶龙在《语音词源学的破产》（La faillite de L'étymologie phonétique, 1919）“我们的想法，……足以摧毁被称之为土语的着一虚假的语言单位，这个概念指的不过是某个市镇的人或甚至某一群人忠实地保留了拉丁语的遗产而已……这就迫使我们抛弃作为科学活动基础的土语……从而把对词的研究同对土语的研究对立起来。”（这里根据B. Malmberg，1979）

内容有农作物、动物、家务、天气和社会活动等方面，调查表的回答用国际音标转写，共记录下来40.4万项资料。根据这些资料，他们合作撰写了《英语方言调查》一书。1962年至1971年之间，他们调查的基本材料得到公布，出版了一个序卷和四个分卷。在此基础上，1977年出版了《英格兰语言地图》，其中包括对选出的一部分材料的解释。

20世纪60年代，艾伦·R·托马斯主持了威尔士180个方言调查。这次调查的选点标准是要与这个地区的自然地理和主要交通有关，采用邮寄调查表的方式，用威尔士语和英语提问了500多个问题，这些问题大多是关于家庭、农村和农作物所用词汇。根据这些方言材料，1973年出版了《威尔士语言地图》，主要讨论了约400项地方词的地理分布，在基础上勾画出威尔士土话的主要区域。

为绘制美国和加拿大语言地图所做的方言调查开始于1931年，由汉斯·库拉斯主持。1949年出版了《美国东部地图》，地图所包括的调查区域为大西洋沿岸各州，从缅因州到乔治亚州、宾夕法尼亚州、西弗吉尼亚州和俄亥俄州东部。方言调查者几乎走遍了这些州内的每一个县，在每个县采访两个人——一位是上过学的老一代人，另一位是具有一定教育程度的中产阶级成员。在较大城市中，也采访具有更丰富文化背景的人。所有受试者都是本地人，基本没有离开过这一地区。采访者在每位发音合作者身上花10到15个小时，处理3.1万个习惯用法。1200多人接受了采访，获得了关于大约400个有关家庭和农业用语的地方表达的资料。

在东方的语言地理学发展中，日本学者一直走在前列。自上个世纪30年代民俗学家柳田国男的《蜗牛考》出版以来，日本的语言地理学发展迅速，形成了以贺登嵩（比利时）、柴田武、德川宗贤和岩田礼、平田昌司、太田斋、远藤光晓等两代学者为代表的研究群体。他们不仅深入田野，展开了近半个世纪的日本语言地理学和汉语方言地理学的调查研究，出版了《日本语言地图集》《汉语方言地图集》等一系列重要成果，而且在理论方法上也有许多探索。柴田武《语言地理学方法》就是这一系列调查与研究后的有关语言地理学方法论的思考。

语言地理学是传统方言学的一个重要组成部分。它是在发现“语音规律无例外”论断的漏洞后而作为“新语法学派”的对立面产生的，所以，在语言研究中，早期的语言地理学家往往容易走向极端，使研究仅仅处在共时平面上，一旦接触到对语言历史演变解释，常常捉襟见肘，漏洞凸显。早期语言地理学的缺陷表现在以下几个方面：

1. 调查方式单一，调查数据欠准确。因为调查人是临时培训的，有的调查人和被调查人为同一人，调查采取邮寄的方式，所以调查数据准确性值得怀疑。

2. 调查项目单一，语言分区欠准确。一般以词汇调查为中心，语音、形态、句法等项目的调查相对要弱一些，缺乏这几个方面的内容方言空间关系不易理清。

3. 方言差异的解释缺乏历史观。这在对具有同源关系的语言（或方言）的研究中表现得尤为突出。如贺登崧的汉语方言研究。

这也正是语言地理学在受到来自历史语言学和结构主义语言学挑战以后，发展缓慢的一个重要原因。在21世纪，语言地理学应该发挥它的作用。"它所面临的重大课题是提出一个较为全面的语言演变的模式来解释方言间的差异、这些差异的分布情况以及方言演变的可能方向等等。解决这个问题，需要结合社会语言学对方言点的深入研究，以及人文地理学对人和物的迁徙传播的研究。另外，语言地理学也应多多调查方言在句法上的差异并加以解释。"①

四　语言地理学在中国

语言地理学在中国的发展可谓是一波三折。步历史语言学之后，贺登崧神父把语言地理学引入中国，为汉语方言学注入了新的活力。20 世纪 40 年代，汉语语言地理学的确曾有过"星火"之举，但最终未形成"燎原"之势。其原因，发人深思。汉语语言地理学的发展值得探讨。

回顾汉语方言地理研究的历史，可以追溯到汉代。扬雄《方言》就是从词的地域来源上解释汉语方言词的语义特征的，许慎《说文解字》也指出过 191 条方言特征词，其中所反映的方言区域或地点共 68 个。后人通过对这些材料的研究，得出汉代 12 个方言区的结论②。梁人颜之推和隋唐之际的陆德明、陆法言也都

① 廖秋忠《中国大百科全书·语言文字》"方言地理学"条目。

② 林语堂根据《方言》所引地名的分合推测汉代方言可分为 12 个区域，即秦晋、郑韩周、梁西楚、齐鲁、赵魏之西北、魏卫宋、陈郑之东郊、楚之中部、东期与徐、吴扬越、楚（荆楚）、南楚、西秦、燕代。刘君惠等以《方言》中词语的地域分布情况为主，综合历史人文方面的其他资料，将汉代方言区概括为：秦晋方言区、郑韩周方言区、赵魏方言区、卫宋方言区、齐鲁方言区、东齐海岱方言区、北燕朝鲜方言区、楚方言区、南楚方言区、南越方言区、吴越方言区等。周振鹤、游汝杰也作有《汉代方言区划拟测图》。

曾研究过各地方言的读音差异和特点。陆德明指出隋代汉语的南北差异："楚夏声异，南北语殊"，"方言差别，固自不同，河北江南，最为钜异，或失在浮浅，或滞于沉浊"①。陆法言也指出了"吴楚则时伤清浅，燕赵则多伤重浊"的方音差异，并揭示了"南染吴越，北杂夷虏"② 的文化和方言接触的事实。颜之推曾探讨了汉语南北方言差异产生的原因，分析道："南方水土和柔，其音清举而切诣，失在浮浅，其辞多鄙俗；北方山川深厚，其音沈浊而鈋钝，得其质直，其词多古语。"③ 宋代邵雍则结合发音生理及习惯来解释汉语方音的地区差别，"音非有异同，人有异同，人非有异同，方有异同，谓风土殊而呼吸异故也。东方之音在齿舌，南方之音在唇舌，西方之音在腭舌，北方之音在喉舌。便于喉者，不利于唇，便于齿者，不利于腭……"④ 由此可见，古人很早就注意到了方言空间差异跟空间自然地理和人文地理之间的关系。

但中国古代有关方言地理的研究还称不上语言地理学。它没有调查数据，只有直观感觉；没有地图标注，只有大体的范围指定；没有科学的解释，只有只言片语的抽象分析。汉语语言地理学跟 20 世纪初西方语言学思想的传入有关。语言地理学的思想是经过两个途径传入中国的，其一是历史语言学途径，传入者是高本汉及追寻他思想的原中央研究院历史语言研究所的学者们；其二是语言地理学途径，传入者是贺登崧及辅仁大学方言地理研

① 陆德明《经典释文·序》。
② 陆法言《切韵·序》。
③ 颜之推《颜氏家训·音辞篇》。
④ 邵雍《皇极经世书》。

究室的学者们。奇怪的是，两个途径并行发展，两方学者互相对立。这可能是酿成中国语言地理学刚形成就萎缩的一个重要原因。

高本汉《中国音韵学研究》的出版，将西方历史语言学引入中国的同时，也将语言学家的视野引向了复杂的汉语方言[①]。其后，以赵元任、罗常培为代表的原中央研究院历史语言研究所的学者开始了对汉语方言的大规模调查工作[②]，出版了像《现代吴语的研究》、《钟祥方言记》、《湖北方言调查报告》、《厦门音系》、《临川音系》等一大批著作[③]。这些调查研究的目的是为汉语古音研究提供佐证，所以，调查比较重视方言语音系统，重视方言音系跟《切韵》音系之间的对应关系。从出版的著作来看，其中也有少数方言地图，但多为方言特征简图。

在历史方言学开展得如火如荼的时候，贺登崧神父将语言地理学又引入了中国。1939 年他来中国传教，1941 年 7 月到大同西册田村，在那里他开展了一系列汉语语言地理学的研究。他的《语言地理学的方法》和《晋东北的一条方言边界线》先后发表，

---

① 高本汉通过对汉语 33 种方言和域外汉字音材料的研究，构拟了汉语中古音系统，为汉语现代音韵学之父。

② 1927 年清华学校组织了对吴语的调查，随后在中央研究院历史语言研究所的倡导和组织下进行过多次规模较大的方言调查：1928～1929 年两广方言的调查，1933 年陕南方言的调查，1934 年徽州方言的调查，1935 年春江西方言的调查，1935 年秋湖南方言的调查，1936 年湖北方言的调查，1940 年春云南方言的调查，1940 年秋四川方言的调查。

③ 赵元任从 1927 年起从事方言研究工作，调查过吴语、粤语、徽州话和江西、湖南、湖北三省的方言，发表过很多调查报告和专题论文。如：《现代吴语的研究》(1928)、《中国方言中爆发音的种类》(1935)、《钟祥方言记》(1939)、《湖北方言调查报告》(1948)、《中山方音》(1948)、《台山语料》(1951) 等。罗常培调查了为高本汉所忽略的汉语东南方言，著有《厦门音系》(1930)、《临川音系》(1940) 等，此外还调查皖南方言来补充高本汉的不足。

引起了中国语言学界的强烈反响，其主旨后来用中文以《中国语言学及民俗学之地理的研究》为题发表在《燕京学报》上。他提倡在中国采用语言地理学的理论，并对当时汉语方言的研究方法提出批评。辅仁大学研究生、著名学者王辅世在贺登崧的指导下，对察哈尔宣化方言进行了调查，写了《宣化方言地图》（1949—1950），这是迄今为止中国学者的唯一一本语言地理学专著。

值得思考的是，贺登崧紧随高本汉之后将语言地理学引入中国语言学，有关汉语和中国民俗方面的研究论文他也发表了数十篇，他为中国汉语方言研究方法的改革大声疾呼，但他的语言地理学思想却一直没有引起当时中国语言学的重视，他的汉语语言地理学还是近些年才由日本被介绍到中国①。这个原因是值得探讨的。

石汝杰教授把半个世纪前中国语言地理学的遭遇，归结为："中国传统的治学方式重文不重言，即重古典，不重口语。在贺登崧进入华北地区开始调查研究时，高本汉的《中国音韵学研究》早已出版了，高的理论迎合了这一传统，得以在中国语言学界大行其道。这样，贺的理论就明显地处于'劣势'了。而且他的著作一般用法文和英文写作，加上当时时局等其他原因，现在很多汉语学者已经不知道他的名字了，可以说在中国贺登崧已经被遗忘了"②。除了上面原因外，语言地理学理论方法本身也有值得检讨的地方。汉语语言地理学的理论缺陷是：

---

① 岩田礼编译出版的《论中国方言地理学》（1994，好文出版社，东京），其中搜集了贺登崧关于汉语方言的论著；贺登崧《汉语方言地理学》（中译本，上海教育出版社，2003）由岩田礼、石汝杰介绍到中国；王辅世《宣化方言地图》（日本东京外大亚非研究所出版，1994）。

② 《汉语方言地理学·后记》。

1. 过分夸大文言与口语的距离，将方言口语看成是没有同源关系的异质系统。

2. 忽视方言结构差异，尤其是语音结构的差异。

3. 方言比较视野较小，且所关注的方言之间一致性较强。

4. 继承了早期语言地理学的传统，置历史语言学为语言地理学的对立面。

另外，历史语言学在汉语方言的研究中也注意吸收语言地理学的一些理论方法，抑制了贺登崧的语言地理学。周法高在《论中国语言学》（香港中文大学出版社 1980，P40）曾说："贺登崧曾对山西北部和察哈尔南部的方言进行过调查而写成'中国语言学及民俗学之地理的研究'（华裔学志，1943，1945），注重方言地理和民俗学方面。他批评史语所派太注重音律（phonetic law），而忽视了活的语言。为了回答贺登崧的批评，董同龢在1948年发表了《华阳凉水井客家话记音》（史语所集刊第19本），赵元任在1951年发表了'台山语料'，董同龢在1960年发表了'四个闽南方言'，都是记录长篇的对话和故事的。"

20世纪50年代以后，随着推广普通话工作的展开，方言与普通话的关系成为学术界关心的焦点，汉语语言地理学更是无人问津了，连贺登崧的嫡传王辅世先生也转而研究少数民族语言。

当然，半个多世纪以来，中国方言学界也注意采用地图的方式描写方言差别，许多专著都附有方言地图。据陈章太、詹伯慧、伍巍（2001）和曹志耘（2002）的统计，它们有三大类38套。（1）方言分布地图主要有：《中华民国新地图·语言区域图》（1934，上海申报馆）、《中国分省地图·语言区域图》（1939—1948，上海申报馆）、《中国的语言和方言·语言和方言简图》

（1936—1937，李方桂）、《中国的语言和方言·语言和方言简图》（1943，赵元任）、《中国语言地图集》（1988，中国社会科学院和澳大利亚人文科学院合编，香港朗文出版（远东）有限公司）；（2）方言特征地图主要有：《湖北方言调查报告》附图66幅（1948，赵元任，商务印书馆）、《关中方音调查报告》附图23幅（1954，白涤洲著，喻世长整理，中国科学院）、Linguistic geography of the 宣化 Hsuan-hua region（察哈尔 Chahar Province）附图10幅（1958，贺登崧，《［台湾］“中央研究院”历史语言研究所集刊》29上）、《昌黎方言志》附图12幅（1960，河北省昌黎县县志编纂委员会、中国科学院语言研究所，科学出版社）、《江苏省合上海市方言概况》附图43幅（1960，江苏省上海市方言调查指导组，江苏人民出版社）、《云南方言调查报告》附图65幅（1969，杨时逢，［台湾］“中央研究院”历史语言研究所）、《湖南方言调查报告》附图53幅（1974，杨时逢，［台湾］“中央研究院”历史语言研究所）、《四川方言调查报告》附图47幅（1984，杨时逢，［台湾］“中央研究院”历史语言研究所）、《珠江三角洲方言综述》附图42幅（1990，詹伯慧、张日昇，广东人民出版社）、《当代吴语研究》附图50幅（1992，钱乃荣，上海教育出版社）、《山西方言调查报告》附图50幅（1993，侯精一、温端政，山西高校联合出版社）、《山东省志·方言志》附图25幅（1993，山东人民出版社）、《粤北十县市方言调查报告》（1994，詹伯慧、张日昇，暨南大学出版社）、《普通话基础方言基本词汇集》附图63幅（1996，陈章太、李行健，语文出版社）、《粤西十县市方言调查报告》附图68幅（1998，詹伯慧、张日昇，暨南大学出版社）、《江苏省志·方言志》附图

55 幅（1998，鲍明炜，南京大学出版社）、《客赣方言比较研究》附图 36 幅（1999，刘纶鑫，中国社会科学出版社）、《山东方言研究》附图 24 幅（2001，钱曾怡，齐鲁书社）；（3）方言特征地图集主要有：《宣化方言地图》64 个地点，15 个项目，34 幅地图（1950，王辅世，日本国立亚非语言文化研究所 1994 年版）、《苏州方言地图集》263 个点，51 幅地图（1981，叶祥苓，日本龙溪书社）、《汉语方言地图（稿）》280 个点，18 个项目，24 幅地图（1992，岩田礼等，在日本以"研究成果报告书"形式出版）、《汉语方言地图集》470 个点，38 个项目，88 幅地图（1995，平田昌司等，在日本以"研究成果报告书"形式出版）、《汉语方言地图集（稿）》（第 3 集）650 个点，33 个项目，97 幅地图（1999，远藤光晓等，在日本以"研究成果报告书"形式出版）。但是，这些方言地图只有描写，没有解读。"如果画出的地图不能让我们得到历史考察的新结论的话，那只能算是在地图上列出的词汇对照表"①，不是语言地理学。可以这么说，半个世纪以来，汉语语言地理学并没有开展起来。

近些年来，随着汉语方言调查深入，方言成片比较、方言历史关系以及方言接触方式等方面的研究日益受到语言学界的重视，人们又在咀嚼半个世纪以前的语言地理学，并试图将其理论和方法与历史语言学和结构方言学很好的结合起来用于汉语方言的研究之中。日本学者岩田礼发表《江苏·安徽两省における亲属称谓形式の地理的分布と古称谓体系の再构》、《中国江苏安徽上海两省一市境内亲属称谓词的地理分布》等研究报告，丁邦

① 石汝杰《汉语方言地理学·后记》。

新、潘悟云教授领导主持了东南方言历史关系和历史层次的研究，李如龙教授主持了汉语方言特征词的研究，曹志耘教授主持了《汉语方言地图集》的调查与研究，出版一批重要成果，如：《语言地理信息系统》（潘悟云）、《汉语方言地图集》（曹志耘）、《江淮官话与吴语边界的方言地理学研究》（Richard Van Ness Simmons、石汝杰、顾黔）、《汉语方言地理学——入门与实践》（项梦冰）[9]等。因此，汉语语言地理学有着广阔的前景。

振兴汉语语言地理学，有很多迫在眉睫的问题应该解决：

第一，如何将语言地理学理论与历史比较的方法结合起来。在方言语音方面，既要充分利用汉语历史文献材料，尤其在音韵方面，可以利用《广韵》系统来整理方言音系，理清方言语音的发展演变脉络，又要重视活在民众口中的言语成分（石汝杰，2003）。在解释方言的历史演变中，注意同源异质系统间的结构叠加和历史层次。

第二，在方言词汇研究中如何将俗源词从正词中分离出来，探讨语音演变的历史层次和词义演化的心理机制。方言词词义会随着词的语音形式的变化而变化，其表现形式就是俗源词。语言地理学研究必须探索俗源词的正词，并研究它们产生的语言结构和社会心理机制。①

① 贺登崧在解释宣化方言“蝙蝠”的读音演变时，就混淆了俗源词和正词的关系。宣化念［$i\varepsilon^{4}$ $pi\varepsilon^{3}$ $xu\text{œ}r^{3}$］，写成“夜蝙蝠”，热河念［$i\varepsilon n^{4}$］～，察哈尔长城以北念［$i\varepsilon^{4}$］～，写成“盐蝙蝠”。其实，后者是俗源词。因为在晋语许多方言“夜”和“盐”同声韵，不同调。“盐”受“夜”语音牵引，人们联想到“老鼠吃了厨房里储藏的咸菜（盐菜），到夜里就会变成蝙蝠”。（贺登崧语）另外，大同地区，“蚂蚁”念［ma piɛ fœr］，大同西南的朔县读［ma pi fœr］，贺登崧和桥本万太郎都认为是“蚂蝙蝠儿”。按：“蚍蜉”受“蚂蚁”影响读成“蚂蚍蜉儿”，因为，西北方言“蚍”，读声符成［pi^{e}］或［pie］。“蚂蝙蝠儿”是个俗源词。

第三，在方言语音研究中如何用方言特征的地理扩散来解释方言结构的地理扩散。方言特征在地理上的分布不一定是非常集中的，尤其是通过语词形式所反映的语音特征。可能的情况有三种：(1) 同言线形成均匀的几束，把方言 A 结构和方言 B 结构分开；(2) 同言线交叉于一个地区，A 和 B 之间没有明确的界线；(3) 在较大的规模上可以看到，同言线在中心区域 A 和 B 之间构成一个过渡区。第二、三种情况反映了不同方言结构的叠加，语言地理学应该能解释不同方言结构要素在地理上扩散的原因，以及不同方言结构空间扩散的前景。

第四，在做好方言地图的描写工作的基础上如何绘制解释性地图。如果只将方言差异标注在地图上，那只是一个地图上的语音或词汇清单，只是做了方言要素的分类工作，不算是语言地理学研究。在语言地理学研究中，方言地图应是方言世界的一种模型，是研究人员根据对自然世界和方言世界的认识，用概括和简化的可视化形式客观反映方言差异与地域特征（自然的和非自然的）之间关系的一种结构。读者通过对方言地图符号的理解，建立起地图所表示的方言世界的空间模型。在这个空间模型中，人们所获得的，不仅仅是一个地区在同一时间里的方言共时现象，而且还可以有这个地区方言之间的空间联系（即邻近性、包含性、叠置性、相对距离、从属关系）、历时联系（即接触关系、借用关系、演变关系）及其与自然和社会方面的联系（即与自然地理、经济交通、历史政区、文化传播、人口迁移等的关系）等方面的信息。近年来，随着地理信息系统的普及，方言地图的绘制工作有了一个很好的技术平台，方言空间关系和历史联系可以通过地图符号自动生成和叠加。这些都是语言地理学健康发展的技术保证。

日本语言家柴田武在为《汉语语言地理学》作序时对语言地理学在中国乃至东亚的发展有一个展望：

在朝鲜和韩国，语言地理学也将会推广开来。届时，埋藏在我心里的一个期盼也可能实现了，即规划起一个包括中国、朝鲜半岛、日本列岛在内的远东（即东亚）地区的语言地理学。在欧洲已经展开了全欧规模的语言地理学调查，这样的方言地图也正在逐步发表。能与此抗衡的就是远东地区的方言地图。

参考文献：

[1] 贺登崧. 汉语语言地理学［M］. 石汝杰，岩田礼译. 上海：上海教育出版社，2003.

[2] 帕默尔. 语言学概论［M］. 中文版. 北京：商务印书馆，1983.

[3] 布龙菲尔德. 语言论［M］. 袁家骅，赵开世，甘世福译. 北京：商务印书馆，1980.

[4] 戴维·克里斯特尔. 剑桥语言百科全书［M］. 方晶等译. 北京：中国社会科学出版社，1995.

[5] 曹志耘. 老枝新芽：中国地理语言学研究展望［J］. 语言教学与研究，2002（3）.

[6] 索绪尔. 语言学教程［M］. 长沙：湖南教育出版社，2001.

[7] 梅耶. 历史语言学中的比较方法［M］. 北京：科学出版社，1957.

[8] 徐通锵. 历史语言学［M］. 北京：商务印书馆，1996.

[9] 项梦冰，曹晖. 汉语方言地理学——入门与实践［M］. 北京：中国文史出版社，2005.

[10] 周振鹤，游汝杰. 方言与中国文化［M］. 上海：上海人民出版

社，1986.

[11] 张维佳. 山西晋语指示代词三分系统的来源 [J]. 中国语文，2005 (5).

（北京语言大学语言科学院　北京 100083）

Linguistic Geography and Its Progress in China

Zhang Weijia

(Beijing Language and Culture University, Institution of Chinese Language Policy and Standard)

Abstract: This article starts from analyzing the divergent linguistic concepts by illustrating the emergence of linguistic geography and its development in China, and elaborate its subject nature and relationship with other related subjects.

Key words: linguistic geography; language map; Chinese dialects; interdiscipline

比较词义四题

黄树先[①]

摘　要　跨语言的词义比较有助于我们梳理汉语词义发展，深入理解词义发展演变的规律。本文采用比较词义的方法，对汉语四组九个词条词语的语义发展展开讨论。

关键词　语言比较；汉语藏语；词义演变

研究汉语，探讨汉藏语系语言，都应该从核心词入手。我们主张在整理汉语文献的基础上，进行跨语言的词义比较，一些原本不容易理解，争议颇多的问题，都可以找到新的线索，寻求新的解释。本文对汉语四组词义的发展进行解释。

① 作者简介：黄树先，首都师范大学文学院教授。

一 器官与分泌物

人体的器官，各有其功能，也能排出不同的分泌物，如鼻子可以分泌出鼻涕。器官跟其分泌物，在语言里可以共用一个语言形式。拙著《比较词义探索》202条“鼻子与鼻涕”对这一语言现象有详细的说明（黄树先，2012）。

其他重要的人体器官，其排出物也可以跟器官共用一个词语。我们以汉语为中心，对这一语言现象梳理如下。

1. 耳与耳垢

汉语耳朵跟耳屎有关联，语言里可以用一个词来表示：“耳子”，官话、闽语指耳朵，中原官话指耳屎，胶辽官话指耳光；“耳心”，西南官话耳孔，晋语指耳屎（许宝华，1999）。耳朵与耳屎用一个词表示，亦见于其他语言：突厥语 qulaq“耳”，蒙古语 xulax“耳垢”（斯钦朝克图，2004）。

2. 臀与粪

不少自然语言里，臀部与粪便是同一个来源，如意大利语 popo“大便；臀部”。藏文 gzhang“肛门”，bshang“屎”，gshang gci“大小便”（张川济，2009：43）。

我们再来看汉语的情况，“臀”，《说文》作“屍”，重文从骨，后世通作“臀”。“壂”指黑土，从“殿”得声，字或作“黮”。疑亦与粪便有关。粪便跟土壤的关系，见《比较词义探索》。

汉语“屎”*hli/，有两个读音：式视切*hli/，粪便；又喜夷切*hri，是呻吟的意思。臀部跟呻吟的语义关联，我们将在下一节集中讨论。

文献里还有“脲”，指臀部，《玉篇》：“脲，别臀名。”喜夷切，跟“屎”字的又音同音，亦可窥见臀与粪的关系。文献里，“屎”又别作“屄”，见《玉篇》，表明当臀部讲的“脲”字，确实有可能跟“屎”就是同一个来源。

3. 臀与屁

跟“臀”平行的词义发展是“屁”，当臀部讲的“屁”来自大腿义。在自然语言里，腿可婉指阴部，亦可指称臀部。土耳其语 kiç“臀部；脚，腿”。《说文》：“髀，股外也。”今称“屁”“屁股”，字作“屁”，参见杨树达先生《长沙方言续考》（《积微居小学金石论丛》）。伍铁平先生说，英语的 thigh，古荷兰语的 thio“大腿”，与之同源的古爱尔兰语 tōn，却是臀部（伍铁平，1994）。

汉语“屁”兼指臀部、臭气。西班牙语 pedo“屁”，pedorrero“多屁的人；接连放屁；紧身裤”。

4. 生殖器与小便

自然语言里，生殖器跟小便可以共用一个词：英语 pee“小便”，pee-pee“尿尿；小便；阴茎”。西班牙语 garcha“阴茎，小便”，pilila“阴茎，小便”。葡萄牙语 pipi“男性或女性小孩的生殖器；尿”。

汉语“私”指私处，《飞燕外传》：“早有私病，不近妇人。”也可当小便讲，《左传》襄公十五年：“师慧过宋朝，将私焉。”

现代汉语“小便”一词，“指男子的外生殖器，也指女子的阴门”（《现代汉语词典》第六版），北京官话“小便”，男性生殖器（委婉语）（许宝华，1999）。

汉语“鸟”的读音是个迷，上古读音各家有不同的看法（邢公畹、李玉），包拟古拿藏语 mchil（*m-thyil）“小鸟”对应汉语的“鸟”*ntil，并认为“鸟”的官话读音本来应是 tiao³，以 n-代替原来的 t-，有人解释是为了避免跟一个亵词同音。比较简单的解释是，藏缅语的鼻音前缀同化作词根声母，以后复辅音 nt-再简化作 n-。这个假设如果成立的话，那么官话的读音就是比较古老的，因为它所保存的鼻音前缀在其他方言中已经消失了（Bodman，1980/1995：166）。

包拟古的看法值得重视。我们似乎可以给包拟古提供一个内部的材料：汉语“鸟”是男性生殖器，声母是 *n-，音 *nɯɯwʔ，小便是“溺”*njewɢ，这两个词原本就是同一个来源。

二　身体部位与挨打及呻吟

5. 臀部、打屁股及呻吟

上文讲到，“脲”是臀部，“屎”“屄”是粪便，“屎”又当呻吟讲。

《大雅·板》：“民之方殿屎。”传：“殿屎，呻吟也。”《释文》：“殿，《说文》作唸。屎，《说文》作吚。”《尔雅·释训》：“殿屎，呻也。”郭注：“呻吟之声。”据《释文》，“殿屎”又别作“歈吙”“殿/心脲”，王先谦说“并俗字”（《诗三家义集疏》）。

马瑞辰说，《说文》引《诗》作“唸吚”者，正字；《诗》及《尔雅》作“殿屎”者，假借字也。此说未可据为典要。

“殿”是呻吟声，可能跟臀部、打屁股等意思有密切的联系。《说文》：“殿，击声也。从殳，屍声。”段注：“此字本义未见，假借为宫殿字。又假借为军后曰殿。”宫殿以及殿后两个意思，在自然语言里，或者跟臀部有关系，详见《比较词义探索》“臀部与居住”条。法语臀部与后面也是一个词，如 derrière“后部，后面，背后；臀部”。

“臀”字，《说文》作“屍”，重文从骨作“臀”。打屁股的“簓”字，亦从殿声。《说文》：“簓，榜也。从竹，殿声。”段注：“史、汉多言榜笞、榜箠，《殳部》曰：殿，击也。”杨树达先生说，从殿，所榜之体也（《释簓》，《积微居小学金石论丛》）。字或作“臀”，见《集韵·魂韵》。

从上面的文献可以看出：“臀”是屁股，“簓”为打屁股，“殿”是击打声音。以笞代劓刖，始于汉代，说详赵翼《陔馀丛考》“笞臀”条。

其他自然语言，屁股跟打屁股也可以是同一个词。韩语“屁股，臀部；笞刑”。葡萄牙语 nádega“臀部”，nadegada“打屁股；用屁股撞”。英语 butt“屁股；撞击”。

上文讲到，“脲”，喜夷切，指臀部，见《玉篇》；又当粪便讲，字通作“屎”，参见上文“臀与屎”条。“屎”，有式视、喜夷二切。后一读音当呻吟讲，《大雅·板》：“民之方殿屎。”传：“殿屎，呻吟也。”这个词义的发展，就像“臀”是屁股，“臀”是打屁股，而“殿”是敲打屁股时发出的呻吟声。西部苗文 nzhangs“臀部”，nzhangx“哼，呻吟”（鲜松奎《新苗汉词典》），跟汉语的语义演变似乎是一样的。

从我们上面的分析，可以推断，《大雅·板》的“民之方殿屎”，“殿”和“屎”是呻吟声，可能均跟敲打屁股有关系。

6. 肢体、殴伤及呻吟

其他身体部位，殴打、伤痕，及呻吟声也可以用同一个词，如“痏”，有殴伤、瘢痕、痛声三个意思，这三个意思均跟当右手讲的“又”（右）有关系，详见拙文《疾病名与身体部位名》“肢体与殴伤条”。

三　“咁”“媣”来源

7. 吃喝与食物、饮料

吃喝可以跟食物、饮料共用一个语言形式，如汉语“食”指食物，也可以当吃喝讲；“饭”字本是动词，后来指饭菜。英语 bite“咬；食物”；eat“吃”，eats“食物”。“饮”有喝、饮料两个意思。“啜”，《说文》：“啜，尝也。从口，叕声。一曰喙也。”又指羹汁，《史记·张仪列传》：“进热啜。”索隐：“谓热而啜之，是羹也。”英语 lip“舔食（液质）食物，贪婪地吃（喝）；淡饮料”。西班牙语 beber“饮，喝；喝酒；饮料”。塞尔维亚克罗地亚语 píće“喝，饮料”。印尼语 minum“饮，喝”，minuman“饮料”。

8. 吮吸与母奶

小孩子吮吸母乳，吮吸与奶就可以是一个词。我们先看汉语方言的例子。“咂”是动词，东北官话、北京官话、西南官话“咂咂”，指妇女的乳房，东北官话、北京官话还指乳汁，奶水（许宝华，1999）。现代汉语“奶”，作动词当喂奶讲，如说“奶孩子”。

古汉语的例子，“嗛”，《集韵·衔韵》乎监切：“嗛，《说文》：口有所衔也。或作咁。”“咁”又指乳，《玉篇》乎甘切：“咁，乳也。”“媣”指老年妇女，见《晋书·会稽王道子传》。“媣”从甘声而读武酣切，郑张先生说，古音应是 *m-ɢaam（郑张尚芳，2003）。乳房跟奶奶有关系，可比较汉语的“奶”。

藏语 nu-ma“乳房”，藏拉语 nu“奶”，缅语 nuí，卢舍依语 hnu-te“乳房，奶”。藏缅语 *nuw（白保罗，1972：419）。藏缅语的 *nuw“奶”，跟汉语“乳”有同源关系，参见拙著《汉语身体词探索》。汉语“乳”字有乳房、吃奶等意思，《左传》宣公四年：“邳夫人使弃诸梦中，虎乳之。”此谓哺乳。可作乳房讲，《史记·仓公列传》：“果为疽发乳上。”又指乳汁。藏文 nu，是乳房，也指吃奶、哺乳，或作 nu-nus-nus，mnun。张川济先生说，这几个词都是同族词（张川济，2009：105）。

葡萄牙语 chucha“吮吸；乳房，奶头；食物，食品”。景颇语 chyu［tʃu̠ʔ$_{55}$］“乳房；奶，乳；嘬（奶）：chyu chyu 吃奶”。均可以跟汉语“咁”比较。

四　“膰”与肝

9. 烤与肝

食物要经过烹炸煎煮，方能成为可口美食。汉语“胥”“燔”是熟肉，其得名于“蒸”“燔”，还有“炙”，既指炙烤，也指烤肉。英语 cook，动词，“烹调，煮”；派生出来的 cookie，指“家常小甜饼”，在苏格兰则指“普通小饼”。参见拙文《食物名探源》。

汉语“膰”字，指熟肉，也当“肝”讲，《玉篇》：“膰，肝也。"① 作肝讲的"膰"，可能来自烧烤的"燔"，可以比较俄语相同的语义联系：俄语 лечнь"肝"，由动词 лечь"烤，煎"构成（王丽媛，2013）。"膰"字在先秦指祭祀用的熟肉，来自动词"煮"。"燔"是烧烤，烧烤好了的肉也叫"燔"，字或作"膰"。俄语 лечнь 指肝，方言里也指烤肉，均来自动词，其词义发展轨迹跟汉语完全一样。

汉语"肝"，传统认为来自"榦"，"于五行属木，故其体状有枝榦，凡物以木为榦也"（《释名·释形体》）。肝并不像树干。"肝"之得名，是否跟表示烧烤的"乾"等有关，待考。

参考文献：

[1] 黄树先. 食物名探源 [J]. 民族语文，2010 (5).

[2] 黄树先. 比较词义探索 [M]. 成都：巴蜀书社，2012.

[3] 黄树先. 疾病名与身体部位名 [J]. 古汉语研究，2013 (3).

[4] 李玉说. "鸟"字的上古音声母及其词义变化 [J]，古汉语研究，1991 (3).

[5] 马瑞辰. 毛诗传笺通释 [M]. 北京：中华书局，1989.

[6] 苏宝荣 . 汉语复合词结构义对构词语素意义的影响 [J]. 语文研究，2013.

[7] 斯钦朝克图 . 阿尔泰语系诸语言的人体部位名称及其比较研究 [J]. 民族语文，2004 (2) .

[8] 王丽媛. 俄语身体词研究 [D]. 华中科技大学，2013.

[9] 王先谦. 诗三家义集疏 [M]. 北京：中华书局，1987.

---

① 《玉篇》："膰，扶袁切，膰肝也。""肝"上疑衍一"膰"字。《汉语大字典》引正无"膰"字。

[10] 伍铁平. 比较词源学及其对语言教学的语义［J］. 百科知识，1994（5）.

[11] 伍铁平. 比较词源研究［M. 上海：上海外语教育出版社，2011.

[12] 鲜松奎. 新苗汉词典（西部方言）［M］. 成都：四川民族出版社，2000.

[13] 杨树达. 长沙方言续考//积微居小学金石论丛［M］. 增订本. 北京：中华书局，1983.

[14] 杨树达. 释籑//积微居小学金石论丛［M］. 增订本. 北京：中华书局，1983.

[15] 许宝华，宫田一郎. 汉语方言大词典［M］. 北京：中华书局，1999.

[16] 张川济. 藏语词族研究——古代藏族如何丰富发展他们的词汇［M］. 北京：社会科学文献出版社，2009.

[17] 赵翼. 陔馀丛考//赵翼全集［M］. 第2册. 南京：凤凰出版社，2009.

[18] 郑张尚芳. 上古音系［M］. 上海：上海教育出版社，2003.

[19] N. C. Bodman（包拟古）. 原始汉语与汉藏语［M］. 潘悟云等译. 北京：中华书局，1995.

[20] P. K. Benedict（白保罗）. 汉藏语概论［M］. 北京：商务印书馆，1972.

（首都师范大学文学院　北京 100089；
华中科技大学国学研究院　武汉 430074）

Comparison of the Meaning of Four Groups of Words

Huang Shuxian

(Capital Normal University)

Abstract: Cross-language comparison helps us to understand the law of meaning development of words in Chinese better. This article has adopted the method to comparison of the meaning of a word in different languages, and discussed semantic development of the four groups of words.

Key words: Language comparison; Chinese-tibetan; development of meaning of word

转注和古今字

刘志成[①]

摘　要　转注一书魏晋、唐、宋、元、明少有言之中的者，因为他们都脱离了班固所指明的六书皆“造字之本也”的关键方向。直至清代学者方有人理解转注之真谛。古今字历史上也有争论。本文兼论转注造字法和古今字的关系，尚无人论及。

关键词　汉字，转注；古今字

什么是转注？魏晋、唐、宋、元、明少有言之中的者，因为他们都脱离了班固所指明的六书皆“造字之本也”的关键方向。直至清代学者方有人理解转注之真谛。古今字历史上也有争论。至于转注造字法和古今字的关系，尚无人论及，本文一并探讨。

---

① 作者简介：刘志成，四川师范大学文理学院教授。

一 转 注

(一)义训派的研究

1. 互训为转注说

有清一代，对转注一“书”的解说，影响最大的莫过于戴震、段玉裁师徒二人，主张互训为转注。戴震多处论述转注，以《答江慎修先生论小学书》说得最为明确：“震谓考、老二字属谐声、会意者，字之体；引之言转注者，字之用。转注之云，古人以其语言立为名类，通以今人语言，犹云互训云尔。转相为注，互相为训，古今语也。”段玉裁在《说文解字·叙》的注释中进一步阐述：“建类一首，谓分立其义之类而一其首，如《尔雅释诂》第一条说始是也。同意相受，谓无虑诸字意旨略同，义可互受相灌注而归于一首，如初、哉、首、基、肇、祖、元、胎、俶、落、权舆，其义或近或远，皆可互相训释而同谓之始，是也。”戴、段的“首”，不是指的部首，而是一组同义词的解释字。他们能紧紧扣住许慎的转注释义八个字来发挥，其说在有清一代影响很大。桂馥《说文解字义证》卷四十九称戴氏之说“可不复疑也”；洪亮吉《六书转注录》罗列大量同义相训的资料以为戴、段之说的佐证；张度《说文解字索引》：“国朝经学大盛，戴氏东原之说，究属通论。”陈庆镛《六书转注录序》、胡琨《六书假借转注说》等均尊戴氏。

互训说将转注从六书为汉字结构中析出，六书“四体二用”成了有清以来的主流学说。它简明易懂，界限分明，在汉语训诂实践中功劳不小。但是东原先生否定转注是造字之本，违背了汉代经学家的原意，影响了汉字滋生规律的研究，也影响了汉字和训诂关系的深入研究。

2. 同部互训为转注

此说的源头可以追述到唐人，贾公彦《周礼·地官·保氏》疏："转注者，考老之类是也。建类一首，文意相受，左右相注，故名转注。"

清王筠《说文释例》："同在一部，是谓建类一首；其训互通，是谓同意相受。至明白矣。"

曹仁虎《转注古义考》、王金城《转注本义考》与王筠之说大同小异，只不过是详细分析了考老二字的关系而已。王金城甚至指"考"乃转注之正字，"老"乃因"考"而连及之也。此说过矣，许慎六书共举六对12个字，其他五书均无"连及之"例，何此书有"连及之"？许瀚《转注举例》、刘昌龄《说文转注假借说》亦类似。民国时期的刘师培《转注说》，新中国成立以后的梁东汉《汉字的结构及其流变》、高亨《文字形义学概论》，甚至是20世纪80年代初版的杨伍铭《文字学》，都坚持此说。

"同部"比起戴、段互训说，范围大为缩小，其理解的"一首"为部首，已经能和许慎之意相近了。但是他们将"同意"理解为意义相同，而"相受"则成了是因为方俗不同造成的语音差异原因，仍然与许慎之意南辕北辙。

3. 同部属字为转注

南唐徐锴《说文解字系传》卷一："转注者，建类一首，同意相受，谓老只别名有耆，有耋，有寿，有耄，又孝子养老是也。一首谓此孝等字皆取类于老，则皆从老。"

清江声《六书说》："则《说文解字》一书，凡分五百四十部，其分部即建类也；其始一终亥，五百四十部之首即所谓一首也。下云‘凡某之属皆从某’，即同意相受也。此皆转注之说也。”

孔广居《说文质疑？论转注》、夏析《六书转注说》、钱坫《说文斠诠》、许宗彦《六书转注说》、陈澧《书江艮庭六书说后》等均同意江声意见。

此说不值得一驳。如此，则《说文》一书无字不是转注，六书变成一书了。

4. 字义引申为转注

清江永《与戴震书》：“本义外，辗转引申为他义，或变音，或不变音，皆为 转注。”朱骏声《说文通训定声·六书爻例》：“转者，转移迁徙之谓；注者，挹彼注兹之谓。许君当曰：体不改造，引意相受，令、长是也。”朱骏声大胆突破许说，勇气可嘉，其书在汉语词彙研究上颇有价值。民国时期王荣宝《转注说》、吴锦章《六书类纂》亦称引申为转注。但是总的说来影响并不大。

以上诸说，以戴震、段玉裁师徒二人影响最大，至今尚有大学教材为之张目，均以为确论。其四二分类，前四书是汉字结构，而转注所造之字，从静态来看，结果仍然要归入前四书。故其四二分类，并不影响训诂学的形训分析，故一直为多数学者所接受。至于同部同义，亦为清人重要的转注说之一，但影响远不如互训说。

同部属字、字义引申、形体转变等说，其谬明显，亦无训诂方法的价值。

（二）音训派的研究

从汉字的语音上来研究，始于宋代。宋张有《复古编》：“转注者，辗转其声，注释他字之用也，如其、无、少、长之类。”以多音字以声别义为转注。郑樵以变音别义为转注，明赵宧光以声旁与谐声字同音者为转注。

而真正从音理上阐述最深刻的是章太炎先生，其《国故论衡·转注假借说》：“何谓建类一首？类谓声类，首谓语基。考、老同在幽部，其义互相容受，其非小变，按形体成枝，别审语言同本株，虽制殊文，其实公族也。”太炎先生以为，转注就是同源字。从音的角度研究转注，太炎先生达到了很高的境界。太炎先生以为转注是造字法，实在是高人一筹。至于是否祭酒的原意，那已经是另一回事了。

（三）形训派的研究

1. 添加形旁造字为转注

郭庆藩《许书转注说》：“庆藩以为欲通转注之字，必精求许君取例之意。所谓建类者，立一字以为类也；一首者，字形之相同者也；同意相受者，数位同意转相承受也。其例有三：一曰举部首之字与其部得声之字为转注也；二曰举一部为纲，而以其得声之字互为转注也；三曰举一部得声之字而以分见异部得声之字为转注也。”并举例字酉酒、小少、空穹、不丕等。简言之，郭氏以形体有孳乳关系者为转注。

郑知同《六书浅说》称：“先征君子尹公（按郑珍）作转注考，此书尚未刊行，手泽俱存，愿公同好。”“转注者，传注也。古传、转两字相通。转注与假借对文，皆以叠字名之。盖当文字少时，一字有数字之用，久之患其无别，于字义主分何事，即以何字注之。试举《说文》示、王两部为例。如《示部》斋训‘戒洁也，从示齐省声’，禷训‘以事类祭天神也，从示类声’，

《玉部》玠训‘大珪也，从王介声’，《周书》曰：‘称奉介圭。’瑁训‘诸侯执玉朝天子，天子执玉以冒之，似犁冠。’《周礼》曰：‘天子执瑁四寸。’从玉冒，冒亦声。’此等字寻常视之，只是形声，推究其原，齐、类、介、冒，即其本文。考诸经典，止作齐戒，止作类于上帝，止作戒圭，止作同冒。其加示、加玉为之偏旁，皆注也。核诸真形声字，如球、琳、瑯玕等，成字时为形声两旁并作，单举求、林、良干，则非此用矣。可知形声字以形旁为主，一形可造若干字，但各以形旁配之。转注大相别，字以声旁为主，一字分为若干用，但各以形旁注之。转注与形声，事正相反，而实相成。盖其字造成后，即与形声无别。许君作书，以形为主，五百四十部首，皆立形旁以统诸字。即转注字，亦不能不统归之形声，但于注中言从某，某亦声，以为识别，如瑁字注是；或经止言某声，如斋、禷字注是。其实非形声，亦非会意也。”“凡古经典子史所用字，多无偏旁，而《说文》中遍有偏旁者不胜指屈，其字皆转注也。故自先秦以上，转注与形声并行，两类字各居其半。”郭、郑二人对转注的阐述与今人的研究基本相合。

清末的饶炯《文字存真》，看法与郭、郑大致相同。

民国时期黄季刚先生说：“转注者，所以恣文字之孳乳；假借者，所以节文字之孳乳。又弟之一字，义为次第，而孝弟之弟，古无二文，后世加以偏旁，乃有悌字。此转注之例也。”

当代对转注研究下功夫最深的是孙雍长的《转注论》，分析细密，例证严谨。

2. 形体转变为转注

清吴善述《六书约言·序》：“或转其形体以取义，别成一字，谓之转注。”将“转”理解成汉字的形体翻转，包括正反、倒正等形体。此说继承于唐裴务齐《切韻序》、元戴侗《六书故》。此类汉字有的是造字方法，有的是楷化后的笔画，而吴善述所举中有的是臆测，如以为“考”字左回，“老”字右转之类。实是脱离许慎的八字真言的梦魇之语。

（四）转注释义

什么是转注？清人郭庆藩的解释近是：“所谓建类者，立一字以为类也；一首者，字形之相同者也；同意相受者，数位同意转相承受也。”类，本义是种类，引申为象形，《淮南子》高诱注：“类，形象也。”应该与“比类合谊”的类意义相同。包指“独体为文”、“合体为字”，“建类”就是举象形、指事、会意、形声中的一个字。“一首”，就是增加一个部首，换句话说，就是添加一个形旁产生了后起字。“同意”就是同一个字的意义，包括本义、引申义及少数假借义，即学者所称古时一个字形兼职过多，“相受”是说为了汉字能精确地记录汉语的意义，而将其中的某个义项授（受、授古今字）给添加“一首”的后起字。这个造字过程就是转注。

我们再看看许慎转注定义所举的例字考、老。从甲骨文看，二字形体差别并不大，都像一长发老人的形状，手中所拄一杖，考字形多，老字少。到金文时代，考字下面是“丂”形，老字下面呈“匕”形。从音韻上观察，古音同属幽部，考是溪母，老是来母。二字意义上有时通用，有时又有差异，老字多用为职官名，而考字多用为亲属称谓。考、老二字可能是一字之分化。

六书的解说，共例举十二个字，每一书都举了两个字，其含意都是指这两个字就是该造字方法所造出来的字，无一例外，

“考、老是也”很简单，是说考、老二字就是转注造字法造出来的字。

我们看看《说文》的解说。“考，老也，从老省，丂声。”转注造字，通常规律是增添形旁，即所谓“一首”，而原来的古字则成为声旁。“丂”《说文》释气欲舒出而碍于一，也就是呼吸不畅受阻碍的意思。那当然是老年人的特征。甲骨文“丂”用作地名，金文用作寿考和亲属称谓。“考”字的来源应该是“丂”形体加注“老”（小篆所谓人毛）所形成的转注字。

那么“老”呢?《说文》:“考也，七十曰老。从人毛匕。言须发变白也。”以《说文》言，则“老”似乎是会意字。“从人毛”，其实“人毛”即是老字，甲骨文老字为一侧面的人形，上有长发状（亦即毛字)。《说文》老部共十字，除部首外，只有一字不省，余皆曰“从老省”，是按小篆的老字而说的，以古文字均应言“从老”。小篆的老字则应该是在“人毛”的形体上，添加了部首“匕”（音化）而形成的转注字。

二　古今字

（一）什么是古今字

什么是古今字，语言学界认识并不统一。

1. 汉语古今同词异字为古今字

最早使用古今字这个术语的人是东汉郑玄。《诗·大雅·韩奕》:“虔共尔位。”郑玄《笺》:“古之恭字或作共。”《礼记·曲礼》中:“君天下曰‘天子’，朝诸侯，分职、授政、任功，曰‘予一人’。”郑玄注:“余、予古今字。”

古代经学家所称的古今字，并不都是文字学意义上的古今字。《诗·小雅·鹿鸣》：“我有嘉宾，德音孔昭，视民不恌，君子是则是效。”郑玄笺：“视，古示字也。”“示”乃是通假字“视”的本字。对于这种现象，裘锡圭先生《文字学概要》说得很清楚：“由于讲古今字的目的主要在于注释古书字义，而不在于说明文字历史，所谓古今并不一定反映一个词的不同书写形式开始使用的时间的早晚。如果 A 开始使用的时间晚于 B，但是到后来 A 已经不再通行而 B 仍在通行的话，就可以把 A 看做 B 的古字。”“示”甲骨文就有了，比“视”出现早得多，原本为神主的象形，引申为表示、示人等意义。示人这个意义的“示”周代可写作视，但汉代不用了，只通行“示”。郑笺指明周代《小雅》中的“视”字义等于汉代的“示”。另如，《汉书·司马相如传》：“蒙鹖苏，绔白虎。”颜师古注：“绔，古袴字。”“绔、袴”是因时代不同而使用的异体字。可见，经学家的古今字是以义为中心的训诂术语，侧重于古今时代差异，还包括部分通假字和后起异体字。古今字，时代在前者叫古字，或叫做本原字、初始字、母字；时代在后者叫今字，或叫后起字，其中有形体联系的也叫分别文、区别字、累增字。

段玉裁是经学家，又是研究《说文》的大家，对此的说法仍然没有跳出经学家以义为中心的藩篱：“凡读经传者，不可不知古今字。古今无定时，周为古则汉为今，汉为古则晋宋为今，随时异用者谓之古今字。”（《说文解字注》“谊”下）只是强调了时间的前后，“随时异用”，其举“谊”、“义”为古今字。我们今天看来，“谊”、“义”是通假关系，通假字“义”代表了“谊”的本义。此类字比较特殊，另如“彊强”、“伯霸”等字，皆如此。

当然，不可能算转注造字，因为它们违背了“建类一首”的原则。

传统的经学家基本都是遵循郑玄的体例。当今的学者极力维护的，有陆锡兴、蒋冀骋等人。

2. 汉语古今同词有形体关系又非异体字的为古今字

当代学者首先明确提此说的是王力先生，最早见于20世纪60年代初其主编的《古代汉语》。教材中说，古今字的产生是由于古字兼职多，后起的今字只是分担其中一个职务。（其实，这就是转注的同意相受。）王力先生的古今字等同于清人王筠《说文释例》的分别文。蒋绍愚在《古汉语词汇纲要》中称为本源字和区别字，避开了古今字的争议。当今，支持王力先生的看法最力的是洪成玉。洪先生在《古今字概述》一文中说：“古今字的含义逐渐缩小并明确化，是科学术语应该标准化的客观要求，也是对古今字深入研究的结果。随着学科的发展，认识的深化，同一个术语所表示的范围或概念发生相应的变化，是学科发展史上正常的现象。研究表明，古今字不同于通假字、异体字，甚至也不完全等同于同源字，是一种客观存在的文字现象。明确古今字的外延和内涵，不仅可以把它和通假字、异体字、同源字等术语区别开来，而且还可以开拓视野，扩大古今字的研究领域，有助于对汉字 发展变化的认识。”（见《北京师范学院学报》1992年3期）洪先生已经说得很清楚了，我们赞同他的看法。

值得一提的是，转注造字是汉字发生以来的重要造字方法，是继象形、指事之后，“合体为字”的主要形式，是大量形声字产生的主要原因。这在古文字材料中例证非常丰富。所以古今字的范围就不能仅仅限于版本文献了。

（二）古今字和异体字

转注造字与异体字、同义字的区分也可以用“同意相受”来区别。如果增加了形旁或声旁，其所表示的意义，与原字不是在本义、借音字上分担义项互补，而是等同，则是异体字；其中意义等同，读音无关的是同义字（词）；反之，即是转注造字。试举例说明之。

清末饶炯即有“转注有因意晦而加声以明之者”，举“网”加“亡”声成“罔”为证。“网”、“罔”是异体字，因为没有义项的互补分担，意义完全相同。后来“罔”字假借作无、不，添加形旁“糸”转注造網（网）字，表示罔的本义。罔、网二义项作了分工，“网”是“罔”的转注造字。同时网又与罔成了异体字。至今仍有主张转注如此的人。如有人以为，“豕”本是猪的象形字，由于各地方音不同，有的地方读如“者”，便加注声符“者”，写作“豬（猪）”；有的地方读如“希”，便加注声符“希”，写作“狶”。先有“豕”，后有“猪、豯”，“猪、豯”是“豕”的转注字。豕、猪、狶三字，没有“同意相受”的关系，《说文》：“豕，彘也。”“猪，豕而三毛丛居者。”“豯，豕走豯豯。”这三个字顶多只能算近义字，与转注造字无关。经过检查，添加声旁所造的新字与原来的字不能构成转注关系，不是异体字就是同义或近义字。

我们所说的古今字是文字学上的古今字，不是以郑玄为代表的训诂学上的古今字。即由于古今词义变化而引起形体分化的字，也就是古字和今字形体和意义都有关系的字，换句话说我们赞同王力、洪成玉先生的看法。

三　转注造字和古今字的关系

我们从转注定义、转注造字的类型等方面来分别探讨这个问题。

（一）汉人转注的定义

东汉许慎《说文解字·叙》中称“粤在永元困顿之年”（汉安帝十二年，公元100年），并且说出了“此十四篇，五百四十部，九千三百五十三文，重一千一百六十三，解说凡十三万三千四百四十一字”，显示此书已经完成初稿。其子许冲《进说文解字表》，是安帝建光元年（公元121年），称慎“以文字未定，未奏上”。可以看出，仅是修订就达二十一年。全书的写作至少有几十年。如此精心写作数十年的《说文解字》，其《叙》为书的写作纲领，尤为用心自不待言。而《叙》中所称的六书定义乃是不可撼动的经典。汉代记述六书细目有三家，一为郑众，见于郑玄《周礼·地官·保氏》注所引：“六书：象形、会意、转注、处事、假借、谐声。”二为班固，见于《汉书·艺文志》：“周礼八岁入小学，教之六书，谓象形、象事、象意、象声、转注、假借，造字之本也。”三为许慎。三人说法小异，实同。这不奇怪，因为三家同出一源。郑众之父是刘歆的学生，班固的《汉书·艺文志》是根据刘歆的《七略》删节而成的，许慎的老师贾逵的父亲贾徽也是刘歆的弟子。我们尤其重视班固的话，他是根据刘歆之书“删节”而成，不是修订，所以他说的“造字之本”，当为传承刘歆之言。另外我们分析许慎《叙》中在提到六书时的话：“仓颉之初作书，盖依类象形，故谓之文。其后形声相益，即谓之字。”这当然说的是造字法。而后下文论及六书，自然指六书是造字法，此乃不言而喻的事。“形声相益”，段《注》：“谓形声、会意二者也。”是因其六书四、二分类而曲解许慎原意，不可信。形相益，盖指会意、转注，声相益盖指形声、假借（假借亦为造字法，另文讨论）。

许慎的转注定义谓：“建类一首，同意相受，考老是也。”此八字真言，前四字是说转注造字形的关系，后四字是说转注造字的义的联系。本原字和转注所造的新字一般来说是合乎这八字真言的。

（二）转注造字的类型

我们依据许慎对转注的定义，来分析转注造字的类型。

1. 依据转注造字“建类一首”的正例：在本原字形体上添加形旁造字，本原字和后起字依“同意相受”的关系大致可以分为以下几类。

a. 本原字后来用作纯记音符号的借音字，为表示本义对本原字添加形旁造新字。

莫：暮。《诗·小雅·小明》“岁聿云莫，采萧获菽。”《论语·里仁》：“不患莫己知，求为可知也。”《国语·晋语》五：“范文子暮退于朝。”“莫”是会意字，从日从茻，日落茻中会傍晚之意。甲骨文、西周金文“莫”字均作日暮解释。《小雅》是西周时期作品，“岁聿云莫”之“莫”也是暮的意思。春秋时代“莫”产生了无定代词的假借用法。《国语》应是汉代人在春秋时期史官原始记录的基础上编订的。由此推断，“暮”字可能产生于汉代（这个时期，“莫”又产生了否定副词的用法）。此后，表示日暮意义的“莫、暮”有一段并行通用时期，至唐、宋以后，除了极个别的刻意仿古文章之外，日暮意义写作“莫”的就很难找到了，“莫”专用作无定代词和否定副词，而“暮”倒表示了“莫”的本义。

然：燃。《说文·火部》：“然，烧也。”“然”被用作指示代词“这样”和连词“然而”，而转注造“燃”字表示“然”的本义。

求：裘。《说文·衣部》：“裘，皮衣也，从衣求声。求，古文省衣。”实际上古文省衣之“求”，正是本源字，甲骨文像有兽毛之皮衣形，殷商时代已用作求得之义，而加衣旁之裘表示本义。

衰：蓑。《说文·衣部》：“衰，草雨衣，秦谓之萆，从衣象形。”衰被用作衰退、减少等意义，加草（或加竹）之蓑表示衰的本义。

永：泳。永本是会意字，甲骨文从人从彳从水。会人在水中泳行之意。《说文》：“永，长也。”乃是借音字用法。后造泳字表示永的本义。

或：国（國）、域。《说文·戈部》：“或，邦也，从口从戈以守一，一地也。域，或又从土。”许说“或”字意义正确而形误，甲骨文从囗（音围）从戈，以戈守其疆域。《说文·囗部》：“国（國），邦也，从囗从或。”可见或、域、国三字本来意义相同，都指国家。本原字或用作无定代词有的（人、事、东西）和副词或许，则后造“国”字表示本义，“域”表示引申义。

父：斧。父字甲骨文从又持丨（丨像石斧形），《说文》释“从又举杖”误，本义即斧。后转指持斧劳动的成年男子。在血缘同辈婚时代，为区别辈分，成为长一辈男性的通称。对偶婚以后才逐渐成为有血缘关系的父亲的称谓。添加形符斤造斧字表示了父的本义。

凡：盘。凡甲金文像盘之形，《说文·二部》："凡，最括也。"乃是借音字用法。后盘字表示本义。字形中所从之舟乃凡字讹变。

虛：墟。《说文·丘部》："虛，大丘也。昆仑丘谓之昆仑虛。古者九夫为井，四井为邑，四邑为丘。丘谓之虛。从丘虍声。"徐铉《补注》："今俗别作墟，非是。"虛用作空虛，后造墟字表示本义。

义：仪。《说文·我部》："义，己之威仪也，从我羊。"按我字乃类似戈之三刃兵器，"从我羊"像持此兵器头戴羊角之威仪武士，义乃威仪之仪的本原字。作意义讲是"谊"的通假字，段玉裁说："今人用义，古书用谊。谊者本字，义者假借字。"义后添加人旁造仪字表示义的本义。

此类例子，尚可举出很多。要：腰，队：坠，无：舞，孰：熟，县：悬，它：蛇，叟：搜，其：箕，匡：筐，戊：钺，辰：蜃，午：杵，段：锻，员：圆，前：剪，北：背，西：栖，韦：卫，万：虿，能：熊，酉：酒，正：征，冯：凭，曾：甑，印：抑，蜀：蠋，须：鬚，易：蜴，它：蛇，生：姓等。

b. 本原字后来表示引申义（此引申是现代文字学家的观点，按许慎、段玉裁等人的说法，是假借），为表示本义对本原字添加形旁造新字。

丞：拯。《文选》扬雄《羽猎赋》："丞民乎农桑。"注引《声类》："丞亦拯字也。"《吕氏春秋·介立》："有龙于飞，周遍天下，五蛇从之，为之丞辅。""丞"、"辅"二字乃同义连文，词义相同。《孟子·梁惠王下》："民以为将拯己于水火之中也。"句中"拯"即拯救之意。甲骨文"丞"像一人陷落阱中而有双手拨拉之形，本义为拯，引申为辅助。后"丞"专用做辅助，职官丞相亦因此而称名，后造"拯"字则表其本义。

文：纹。文甲骨文像一人正面而立，而胸腹刺画有花纹，乃华夏先民纹身习俗的反映。《说文·文部》："文，错画也。""文"用为文彩等为引申义，纹身之"纹"才是转注造字表其本义。

益：溢。"益"从水皿，会水于皿中满溢之意。《说文·皿部》："益，饶也。"乃其引申义。《水部》："溢，器满也。"表"益"字本义。

禽：擒。甲骨文"禽"字像一捕兽之长柄田网，本义乃动词擒获。《说文》："禽，走兽总名。"乃其引申义。"擒"表本义。

原：源，奉：捧，共：拱，景：影，要：腰（"要"作"重要"讲是引申义，释作"要求"、"将要"则是假借义了），止：趾，暴：曝，尊：樽，监：鉴等都属于这一类。

c. 对本原字添加形旁造新字表示某一引申义，本原字表示本义及其余的引申义。下面例字中的引申，按许慎的观点都应改为假借，这个问题怎么理解呢？我们以道和导（導）的关系为例来说明这个问题。《说文·辵部》："道，所行道也，从辵从首。一达谓之道。"段注："道之引申为道理，亦为引导（導）。首声，行所达也，首亦声。"《诗·大雅·大东》："周道如砥，其直如矢。"句中"道"即所行之道。《论语·学而》："道千乘之国，敬事而信，节用而爱人，使民以时。"《释文》："道本或作导（導）。"《说文·寸部》："导（導），导引也，从寸道声。"添加形旁寸的"导（導）"表示"道"之引申义。《论语·学而》中的

“道”，引申意义为导（按许慎的看法即假借为导），但形体没有添加“一首”，那是不造新字的假借“造字”，而添加了形旁寸，写成了“导（導）”，已经是转注造字了。

竟：境。《说文·音部》：“竟，乐曲尽为竟，从音儿。”引申为边境。《左传·宣公二年》：“对曰：‘子为正卿，亡不越竟，反不讨贼，非子而谁?’”后来边境义写作“境”，《说文新附》：“境，疆也，从土竟声。经典通用竟。”《孟子·梁惠王》下：“臣始至于境，问国之大禁，然后敢入。”此“境”字是后人所改，还是原有，尚不能定，然汉《张平子碑》已有境，其产生最迟不晚于汉代。

支：肢，家：嫁，坐：座，告：诰，内：纳，十：什，两：辆，五：伍，反：返，士：仕，解：懈，取：娶，昏：婚，疾：嫉，见：现，立：位，贾：价，知：智，从：纵，亡：忘，夸：誇等属于这一种。

2.“同意相受”的变例：对本原字添加形旁表示本原字的假借义。

辟：避。辟，甲骨文像一跪坐之人受刑具之形，《说文》释：“辟，法也。”是对的。假借作躲避之意，《左传·隐西元年》：“姜氏欲之，焉辟害?”《论语》亦作辟。《说文》无避字，《史记》却有。可能是汉代对辟添加辵造避字，表示其假借意义。

猒（餍）：厌（压）。《说文·甘部》：“猒，饱也。”《毛公鼎》、《齐叔夷鎛》均有此字，正作饱足讲。《说文·厂部》：“厌，笮也，从厂猒声。”段注：“《竹部》曰笮者，迫也。此义今人字作厌，乃古今字之殊。”徐灏《说文解字注笺》：“猒者，猒饫本字。引申为猒足、猒恶之义，俗以厌为厌恶，别制餍饫、餍足，又从猒加土为覆压字。”“猒”本义为饱，“厌”本义为迫，“厌”用作饱本乃“猒”之通假。“厌”加土成“压”表示厌的本义，加食成“餍”代表猒的本义。一般以为“餍”是“厌”假借而后加食旁形成的后起字，未溯源也。

与：欤，戚：慼，舍：捨，牟：眸，师：狮，佳：唯，采：彩，府：俯，亢：抗等属于这一类转注造字。

3.“建类一首”的变例

a. 变例之一：对本原字增加或变换笔画。因为这些变例的字数少些，就不再划分同意相受的类别。

陈：阵。《说文·攴部》：“敶，列也，从攴陈声。”《阜部》：“陈，宛丘也，舜后妫满之所封。从阜从木申声。”敶字不通行，以假借字陈表示其本义。《文选》谢朓《齐敬皇后哀策文》：“顾史弘式，陈诗展义。”吕向注：“陈，布。”《论语·卫灵公》：“卫灵公问陈于孔子。”何晏《集解》引孔说：“军陈行列之法。”《史记·张仪列传》：“大王尝与吴人战，五战而三胜，陈卒尽矣。”“陈”由陈列引申为列阵，后由阵字表其引申义。此字比较特殊，“陈”本为封邑之名，作陈列讲在典籍中很难见用本字“敶”字，其义已为通假字陈所夺。“阵”形体来源是将陈右半下部的两划拉直，而意义却是敶的引申。

荼：茶。《说文》：“荼，苦荼也。”《尔雅·释草》：“荼，苦荼。”《诗·豳风·七月》：“采荼薪樗。”郑玄《笺》：“干荼之菜，恶木之薪。”马瑞辰《毛诗传笺通释》指出郑玄“盖读经‘采’为‘菜’，‘菜荼’与‘薪樗’相对成文。”则“荼”本是苦菜名，马氏进一步指出：“今南方人呼苦荬菜，有春生、秋生二种。”此即“荼”之本义。由“荼”为苦菜，引申指味苦之茶。《尔雅·

释木》："槚，苦荼。"郭璞《注》："树小似栀子，冬生叶，可煮作羹饮。"则"槚"即茶树。至唐代才出现少一笔的"茶"字，始见陆羽《茶经》。"茶"表示"荼"之引申义。流行之成语"如火如荼"之"荼"不是指的苦菜，语出《诗·郑风·出其东门》："有女如荼。"郑玄《笺》："荼，茅秀。物之轻者，飞行无常。"马瑞辰《通释》："按如荼与如云皆取眾多之义。"则此与苦菜之荼同名异实，乃茅草有绒毛的秀穗，风中漫飞以喻女多。

其他如大：太，刀：刁，母：毋等。

b. 变例之二：变动偏旁

说：悦；释：怿。《说文解字》："说，说释也。"段玉裁《说文解字注·言部》："说释即悦怿。说、悦，释、怿皆古今字。许书无悦、怿二字也。说释者，开解之意，故为喜悦。〈采部〉曰：'释，解也。'"《论语·学而》："学而时习之，不亦说乎？"《孟子》、《庄子》有悦字，尚无法判定悦字是否战国时期产生。怿，见于《诗经》、《史记》，《说文》也不收。

被：披。《说文》："被，寝衣，长一身有半。"即今盖在身上的被子。引申为"披"，《孟子·离娄下》："虽被发缨冠而救之，可也。"表示披露、将衣服披在身上的意义用"披"，已经是汉代的文献了，《新序杂事五》："披裘带索，往见孟尝君。"

c. 变例之三：完全另造新字

亦：腋。《说文·大部》："亦，人之臂亦也。从大，象两亦之形。"徐铉等曰："亦，今别作腋。"亦，甲骨文、金文与小篆形体相同，从大，大字表示人的两臂下面各有一点，是指事字，表示人的腋下所在。由于"亦"甲骨文时代就用作虚词，另造腋字表示本义。

还有塗：途，華：花等字。

上面所说的转注造字的产生情况，只是粗略分类。

本原字和后造转注字不是一对一的，一个本原字可能有几个后造转注字，可能分别表示古字的本义、引申义或假借义，其类别也不是前面所举的那样单纯，有的是几类交织在一起的。

共：拱、供、恭。“共”甲骨文像拱举双手，金文、小篆则像双手拱起有所举，本义当为拱手。拱手有所奉，引申为供给，《左传·僖公四年》：“尔贡包茅不入，王祭不共。”供给则尊，又引申为恭敬，《左传·僖公二十七年》：“公卑杞，杞不共也。”《经典释文》：“共音恭，本亦作恭。”双手均举，又引申为共同，《论语·公冶长》：“愿车马衣轻裘与朋友共，敝之而无憾。”后来本原字表引申之共同义，后造转注字“拱”表本义，“供”、“恭”表示引申义。

奉：捧、俸。《说文》：“奉，承也，从手从廾丰声。”“奉”与“共”构形相近，“廾”即双手，义也相近。双手对举为“共（拱）”，双手下承为“奉（捧）”。《礼记·曲礼》上：“长者与之提携，则两手奉长者之手。”由捧拿引申指俸禄，《战国策·赵策四》：“位尊而无功，奉厚而无劳，而挟重器多也。”又引申为接受，如习语“奉命”。后造字“捧”表本义，“俸”表引申义，本原字“奉”亦表引申义。

另有的转注造的字产生之后，意义交混使用一个时期以后却互相置换，童：僮，扁：匾，酢：醋即是这样。“童”，金文《毛公鼎》从辛从目（用目表示首），重声，辛乃刑具。《说文》：“童，男有罪曰奴，奴曰童，女曰妾。”说形与金文略合。则童本义是男奴。因孩童与男奴一样不蓄发，也指童子。《诗·卫风·

芄兰序》："芄兰，刺惠公也。骄而无礼，大夫刺之。"孔疏："经言童子，则惠公时乃幼童。童者，未成人之称。年十九以下皆是也。"后产生"僮"字，《说文·人部》："僮，未冠也。从人童声。"但僮字也常用来表示男奴之义，《汉书·司马相如传》："临邛多富人，卓王孙僮客八百人。"颜师古注："僮谓奴。"到唐代《干禄字书》："童：僮，上童幼，下僮仆。古则反是，今则不行。"其意义已互换，并且由《干禄字书》作了规范。

转注造字的结果产生了结构上的很多形声字和少量会意字。从形声字和会意字中能否把转注造的字区分出来呢？是可以的，用"同意相受"这个标准就可以做到。形声字与其声旁、会意字与去掉增添形旁的部分有"同意相受"的关系就是转注造的字。"同意相受"的含意前面已经论述，不再重复。

顺便说一句，古今字不都是同源字，少数由假借义产生的后起字，如辟：避，舍：捨，师：狮等都是古今字，但却不是同源字。

由以上分析，我们可以说转注造字的过程就是古今字产生的过程；换句话说，文字学上的古今字都是由转注造字产生的，或者再明确点说，转注造字中的本原字和转注造字新产生的字都是古今字。

参考文献：

［1］刘志成．汉语文字学研究述论［M］．成都：巴蜀书社，2011.

［2］孙雍长．转注论［M］．湖南：岳麓书社，1991.

［3］钟如雄．汉字转注系统研究［D］．四川大学，2004.

［4］洪成玉．古今字概述［J］．北京师范学院学报，1992（3）．

[5] 洪成玉．古今字辨正 [J]．首都师范大学学报，2009 (3)．

[6] 祝鸿熹，芮东莉．从古今字看汉字形体的演变和本义的推求 [J]．宁夏大学学报，2003 (5)．

[7] 张铭．段注古今字研究 [D]．新疆师范大学，2006 (4)．

[8] 班吉庆．段注古今字理论的历史贡献 [J]．扬州大学学报，2007 (2)．

[9] 白兆麟．转注字之类型例析 [J]．长江学术，2007 (3)．

[10] 李运富，蒋志远．从"分别文"、"累增字"与古今字的关系看后人对这些术语的误解 [J]．苏州大学学报，2013 (3)．

[11] 傅钰．从古今字看相应时段的汉字字形发展趋势 [D]．安徽大学，2014.

(成都文理学院　成都 610068)

Mutually Explanatory and Successively Characters

Liu Zhicheng

(College of Liberal Arts, Sichuan Normal University)

Abstract: Zhuanzhu (Mutually Explanatory), as one of the six categories of Chinese character, was understood by few people in Wei, Jin, Tang, Song, Yuan and Ming Dynasty, because they separated themselves from the vital direction specified by Ban Gu that six categories of Chinese character is the key of character-formation. Until the Qing Dynasty, some scholars understood the truth of Zhuanzhu. Historically, there are also many arguments about Gu-jin-zi (Successively Characters). This article has discussed about the relationship between the Successively Characters and the Mutually Explanatory that no one talked about it before.

Key words: Chinese characters; Zhuanzhu; Successively Characters

论汉字本义[①]

钟如雄　胡　娟[②]

摘　要　“字本义”就是通过文字的构形意图记载的初始意义，也称“字形义”。华夏先民用构形意图来表现认识的思维成果——概念大致有两种方法：直观图标与意会图标。文字在原创时与实物都是对等的，创造者想要表示的意义，全然通过实物的图像来实现。但是随着岁月的推移，初创时的意义在图像中渐渐模糊、神秘乃至完全忘却，因此，我们要想复原图像意义与实物之间的对等关系，多数情况下是靠“猜想”来实现的。考正汉字的本义，需要科学的猜想。

① 本文为西南民族大学学位点建设资助项目。项目编号：2015XWP－S0502。

② 作者简介：钟如雄（1953－），男，四川合江人，博士，硕士生导师，西南民族大学文学与新闻传播学院教授，研究方向为上古文献词义、说文学、文字学和古代诗学等。胡娟（1985－），女，四川德昌人，西南大学汉语言文献研究所 2012 级博士研究生，研究方向为汉语汉字史。

关键词 古代汉字；本义；汉字形体

关于“本义”，前辈学者作过较多的解释。他们的解释主要见于两类文献，一类是教科书，比如古代汉语、文字学、训诂学等方面的教材；一类是有关汉语的论著。见于教科书的代表观点有王力先生主编的《古代汉语》，许嘉璐先生主编的《古代汉语》，裘锡圭先生的《文字学概要》等。他们的看法如下：

王力先生认为：“所谓词的本义，就是词的本来的意义。汉语的历史是非常悠久的，在汉字未产生以前，远古汉语的词可能还有更原始的意义，但是我们现在已经无从考证了。今天我们所能谈的只是上古文献史料所能证明的本义。”[1]93 许先生认为：“顾名思义，本义是一个词本来的意义。但早在记录语言的文字产生之前，人类已经用语言进行交际。原始语言中某词的意义是什么，它又是怎样演变的，今天的人们已无从考察，因而也无法推测某词最原始的意义。但是，我们能够从汉字的字形所反映出来的造字意图推测某词的本义，再从文献语言中考证这个意义是否确实使用过，以证实我们推测的正误。因此，本义实际上是指有文字可考的、有文献资料可供参证的最初的意义。”[2]84 裘先生说：“字的本义就是造字时准备让它表示的意义，通常也就是作为造字对象的词在当时的常用意义。”[3]142 又说：“字的本义就是它所代表的词在造字时的意义。就多数字来说，它们的本义在文字体系形成之前就已经出现的词固然不用说，就是在文字体系形成之后出现的词，也有可能先长期假用借字，然后再造本字来表示它。所以在为某个词造字的时候，这个词在当时的意义，很可能已经跟它的原始意义有了某种距离。”[4]146

见于汉语论著的代表观点有蒋绍愚先生的《古代汉语词汇纲要》，王宁先生的《训诂学原理》等。将先生指出：“什么是词的本义？这个问题不大好回答。传统训诂学不讲词，只讲字，所以，所谓‘本义’只是指字的本义。‘字的本义’一般指之形所反映出来的字义，这是很清楚的。但是，‘字的本义’是否就是‘词的本义’呢？应该说，这两者是不同的。顾名思义，‘词的本义’指一个词本来的或最初的意义，而词的产生比文字要早得多。世界上最早的文字不过有五六千年的历史，而语言是和人类同时产生的，至今已有几十万年的历史了。所以，有许多词在文字产生以前很久就已存在，从它的最初意义发展到文字产生时代它所具有的意义，中间已经经过很长的历史过程，其间难免不发生变化。就是说，‘词的本义’要比‘字的本义’古老。不过，在文字产生以前的词的本义是什么？我们现在已无法知道了。就汉语而言，我们现在所知道的汉语词汇的较古的意义，都是凭借文字记载而知道是；而在这些意义里面，当然是文字产生阶段的意义最为古老。而甲骨文和其它古文字的字形所反映出来的意义，一般说来就是文字产生阶段的意义，所以，它们既是字的本义，又是我们所知道的最古老的词义，这样，字的本义和词的本义就一致了。”[5]62王先生认为：“经过溯本与复形以后，字形所显示出来的是本义。本义是‘许学’（《说文》之学）的专门术语，它指的是与字形相贴切的字义。训诂学沿用了这个术语，以这个与字形相贴切的字义为它所记录的词的一个义项，并把这个义项作为观察词义引申的出发点。但是，‘许学’所说的字义与训诂学所说的本义义项仔细区别并不是同一个概念，前者是造意，后者是实义。造意是指字的造形意图，实义则是由造意中反映出的词义。造意以实义为依据的，但有时它仅是实义的具体化、形象化，而并非实义本身，造意只能说字，实义才真正在语言中被使用过，才能称为词的本义。”[6]43

从以上学者的解释中，我们可总结出三条结论：第一，前辈学者讨论的“本义”，实际上是指“词的本义”，而非“字的本义”。他们对“字的本义”没有给予更多的关注，虽然个别学者（如王宁）好像是在谈“字的本义”，实则通过“字的造形意图”，以研究字的“实义”（即词的本义）。这就给后学留下一个悬疑：汉语的“字”不就是“词”吗，前人为什么那么偏爱探讨“词的本义”呢？第二，前辈学者是知道汉语“字的本义”与“词的本义”的区别的，但是，他们或是囿于印欧语“词”的定论，或是因为讲了一辈子的“词”，不愿意更改过去说过的话，或是因为除了用“词”之外，很难找到一个恰当的称谓来表达印欧语“词”的概念，诸如此类，所以他们宁愿沿用惯用称谓，尽管这种称谓难以传递出汉语“词”的内涵。第三，前辈学者很清楚字和词属于两个不同的范畴，不仅产生的时间有先后，而且使用也分主次。汉字是对汉语的记录，而这种记录是通过记录语音来实现的。所以裘先生才得出“在文字体系形成之后出现的词，也有可能先长期假用借字，然后再造本字来表示它”的结论。以上结论，都是在特定的历史时期、特殊的语言学理论背景下形成的共识。

诚然“文字体系”的形成与语言中“词义体系”的形成不同时，但是，我们在讨论汉语的“本义”的时候，不应该把“词的本义”作为讨论的核心，而应该把“字的本义”作为研究的基点。这是因为：

第一，汉字是记录汉语中“词”的音、义的符号。通过拼音以达到记录词义的目的，这是世界上所有拼音文字记录语言时遵循的基本原则。但汉字不同，形、音、义是包裹在一块儿的。汉语的词有“形”、“音”两个载体，两个载体的功能是相等的、互补的，对不识字的人而言，“音”很重要，对识字的人而言，“形”更重要。比如人们日常说话，不识字的人从不想到怎么写，识字的人则不忘书写。所谓知识分子，就是识字的人；所谓大知识分子，就是能认识成千上万个汉字的人。而目不识丁者，纵然能言善辩、巧舌如簧、妙语连珠，依然与文盲为伍，谁也不会说他们是“知识分子”。过去有句俗语叫做“秀才提笔多忘字”，就是戏称那些能说不会写的人。

第二，汉字是以形象为基础建立的会意符号系统。“形象”是汉字系统的基本的、核心的、本质的特征。如像非洲人的黑，印欧人的白，亚洲人的黄，无论黑变白，白变黑，黄变黑白，他们原是黑色人种依然是黑色人种，原是白色人种依然是白色人种，原是黄色人种依然是黄色人种。汉字也是如此，虽然在中国历史的发展过程中经由甲金而后篆体、篆体而后隶体、隶体而后楷体的改造翻新，以适应书写的需要，但就整个系统而言，它的形象特征并未改变。《左传·僖公十五年》：“韩简侍曰：‘龟，象也；筮，数也。物生而后有象，象而后有滋，滋而后有数。’”文中韩简说明了物生象、象生数之间的变易规律和相承关系。凡物之生必有象，物之滋必有数，汉字的产生（取象），孳乳（聚象、声象）也是如此。如客观事物中有龟类动物，我们的祖先就观其形而画“龜”之像，于是甲骨文中就有了  这个完形的形象字。后世以“龜”为基础（字母），再造出“⿰火龜、⿰月龜、⿱龜灬、穐、龝、鼈”等会意字或形声字来。这些新造字，依然具有“龜”形象特征。《说文·龟部》：“龟，旧也。外骨内肉者也。从它，龟头与它头同。天地之性，广肩无雄，龟鳖之类，以它为雄。象足、甲、尾之形。䆑，古文龟。”清段玉裁注：“此以迭韵为训。门、闻、户、护之例。龟，古音姬，亦音鸠；旧，古音臼，亦音忌。旧本鸱旧字，假借为故旧，即久字也。刘向曰：‘蓍之言耆，龟之言久。龟千岁而灵，蓍百年而神，以其长久，故能辨吉凶。’《白虎通》语略同。龟之大者曰鳌。敖与久音相近……此如黾头与它头同，鱼尾与燕尾同，兔头与㲋同，㲋足、彘足、能足与鹿足同，虎足与人足同，兕头与禽头、离头同，皆物形相似，故制字同之也。说从它之意也。”[7]678 又：“䶰，龟甲边也。从龟冄声。天子巨䶰，尺有二寸，诸侯尺，大夫八寸，士六寸。”又《火部》：“爑，灼龟不兆也。从火从龟。《春秋传》曰：‘龟焦不兆。’读若焦。”段玉裁注：“《左传·哀二年》：‘卜战，龟焦。’无‘不兆’二字。按：许所据盖有‘不兆’……焦者，火所伤也。龟焦曰爑。许引《传》说龟火会意。”[8]483 “龜”及以“龜”为字母再造的新字，无论是会意字还是形声字，都具有“龜”的形象特征，它们属于同一字族，具有与“龜”相关的意义。

第三，虽然语言中的“词”比“字”的产生要早得多，但是，在讨论“本义”的时候，我们从来没有将汉语中的所谓“词”作为分析对象，而从来都是把“字”作为分析对象的。语言中的“词”要是不用文字写出来，无论是语言学家还是目不识丁的市井布衣，也只能做到口头上的大意解释。这种口耳相传的解释，永远找不到“词的本义”，只有从文字记录下来的文献中才能发现本义，而这种本义已经文字化了，是“字的本义”，尽管它离原始意义很可能已经有了“某种距离”。前人频繁使用的“声训”，就是以两个“词”读音的相同或相近为线索来寻找意义。比如《说文》：“龟，旧也。外骨内肉者也。”我们能从释词“旧”的书写形式中找到“龟”的本义吗？当然不能。只好通过“旧”与“龟”读音的相同性去追溯“龟”的意义。故段玉裁说：“以迭韵为训”，“龟，古音姬，亦音鸠；旧，古音臼，亦音忌。旧本鸱旧字，假借为故旧，即久字也”。可知“龟”的“久”义，与其寿命长有关。但这样训解，依然令人迷糊，所以声训往往靠不住。

研究汉语的本义，应该立足于汉字的字形。尽管“词”、“字”产生时间或有不同，字形也有本字、假借字的区别。事实上以往的学者也是这样做的，成功范例是许慎的《说文解字》及段玉裁的《说文解字注》。清江沅《说文解字注后叙》云：“许书之要，在明文字之本义而已。先生发明许书之要，在善推许书每字之本义而已矣。经史百家，字多假借，许书以说解名，不得不专言本义者也。本义明而后余义明，引申之义亦明，假借之义亦明。形以经之，声以纬之。凡引古以证者，于本义，于余义，于引申，于假借，于形于声，各指所之，罔不就理；蓺、谥之讹衍，鼒、袀之讹夺，罔不灼知；列字之次第，后人之坿益，罔不毕见。形、声、义三者，皆得其杂而不越之故焉。悬是书以为的，而许氏著书之心以明，经史百家之文字亦无不由此以明。”[9]788江氏的评价是中肯的，他一语中的地道明了许书和段书在中国语言学史上永不磨灭的辉煌成就。“明文字之本义”，虽滥觞于秦汉，然系统发明，许慎可谓前无古人后无来者。

江沅所说的“文字之本义”，不仅是说文学研究的核心内容，也应该是汉语字义学研究的核心内容，因为“本义明而后余义明，引申之义亦明，假借之义亦明”。这个道理，搞汉语言字义学人都明白。但是，在前人的论著中，在时下的汉语教科书中，乃至中文工具书中，因不明本义而误将引申义当成假借义讲的俯拾皆是。由此造成的后果，轻则令后学无所适从，重则严重影响了人们对汉字系统中字义关联性的认识和解读。比如《庄子·外物》云：“草木之到植者过半，而不知其然。”清朱骏声《说文通训定声·小部》“到”条注：“［假借］为县。按《庄子·外物》‘草木之到植者’注：‘锄拔反之更生者曰到植。’今字作‘倒’。”[10]321 “到植”是指草木悬空生长。朱骏声认为“县（悬）”是“到”的引申义，而《通假字小字典》则解释为假借义。[11]49 其实谁都知道，朱骏声所说的“假借”，专指字义的引申，而不是人们通常所说的“假借”。

“悬”是“到”的引申义。《说文·至部》：“到，至也。从至刀声。”[12]247 从构形意图看，表示弓箭射到了目标，本义是达到、抵达。《诗经·大雅·韩奕》：“蹶父孔武，靡国不到。”引申为往。汉语的动字，在表示意义的时候都具有趋向性，现代汉语所讲的“趋向动词”，仅仅是其中明显表示趋向的一小部分。比如“饮”、“食”，其动作总是由外向内，“开”、“放”则是由内向外，“把”、“握”则是由外向内，“按”、“压”则是由上向下，而“到”则是有里向外的，故引申为颠倒。《墨子·经下》：“临鉴而立，景到。”清孙诒让注引毕沅曰：“即今‘影倒’字。”清潘奕隽《说文解字通正》：“《太玄经》‘颠衣到裳’，是‘到’正字，‘倒’新字。”潘氏所谓“‘到’正字，‘倒’新字”，实则包含两层意思：一是从义源上看，“倒”字的本义就是“到”的引申义；

二是从字源上看，新字“倒”是为正字“到”的引申义再造的区别字。为了分化引申义而再造新字，是汉字孳乳繁衍的主要原因。[13]291－300 章太炎先生曾讨论过“子”、“字”、“慈”孳乳的规律。他说：“鄙意古只有‘子’字耳。爱子即曰‘子’，犹敬老则曰‘老老’，敬长则曰‘长长’。《乐记》：‘易直子谅之心油然生矣。’《中庸》：‘子庶民也。’此皆今之‘慈’字。由‘子’孳乳为‘字’，小徐本《说文》：‘字，乳也，爱也。’《系传》引‘大不字小’为说。‘慈’之为文，又在‘字’后矣。”[14]3 太炎先生也认为字义分化是引发汉字孳乳的客观因素。《说文》未收“倒”字，而《人部》的“倒，仆也。从人到声”，是南唐徐铉增补的。“仆”就是往前倒下。汉司马相如《上林赋》：“弓不虚发，应声而倒。”引申为颠倒。《诗经·齐风·东方未明》：“颠之倒之，自公召之。”《礼记·曲礼下》：“倒篋侧龟与君前，有诛。”汉郑玄注：“倒，颠倒也。”再引申为逆向移动。《韩非子·难言》：“至言忤于耳而倒于心，非贤圣莫能听。”“到”、“倒”的基本动作都是“逆向”的，所以，它们是本字和后起字的关系，从文字孳乳看，“倒”是“到”孳乳出来的字，而绝非假借字。

再如《说文·殳部》云：“殿，击声也。从殳𡱂声。”段注：“此字本义未见，假借为宫殿字。”段氏找不到“宫殿”义与“击声”义之间的联系，便说“假借为宫殿字”。其实“殿”本为打髀股（今作“屁股”），而“髀股”为人体大腿以上腰椎以下部位。其特征是：肥大敦厚、身后外凸，坐时有固体稳身等作用，故引申为宫室前（外）高大方形的土台。先秦以前的所谓“殿”，就是宫室前人造的方形土台，土台上没有屋舍，与“堂”同义。

既然汉语的本义是“文字之本义”，即“字本义”，那么何为字本义呢？

王宁先生说："造意是指字的造形意图，实义则是由造意中反映出的词义。造意以实义为依据的，但有时它仅是实义的具体化、形象化，而并非实义本身，造意只能说字，实义才真正在语言中被使用过，才能称为词的本义。"因此，她把"造形意图"称为"造意"，把"由造意中反映出的词义"称为"实义"，即"词的本义"。这种解释是很客观的，她梳理清楚了长期困扰在我们心中的死结。但是她认为"造意只能说字"、"实义才能使用"的结论，尚待深入研究。我们觉得，汉字的本义是指通过构形意图记录的意义，简单地说就是"字形义"。

"字形义"（本义）是通过文字的构形意图来实现的。华夏先民用构形意图来表现认识的思维成果——概念（字义），大致有两种方法：直观与意会。

1. 直观图示法：将认知的事物概念化后，通过图形（字形）直观地表现出来。这类字主要是象形字和会意字，察形而知义，不需要从前人的解释中得到认知。比如"水、火、瓜、果、犬、马、虫、鱼"之类。《说文》云："水，准也。北方之行。象众水并流中有微阳之气也。"（《水部》）"火，毁也。南方之行。炎而上。象形。"（《火部》）"瓜，㼌也。象形。"（小徐本作"蓏"）（《瓜部》）"果，木实也。从木，象果形在木之上。"（《木部》）"犬，狗之有县蹏者也。象形。孔子曰：'视犬之字，如画狗也。'"（《犬部》）"马，怒也，武也。象马头、髦、尾、四足之形。"（《马部》）"虫，有足之谓虫，无足之谓豸。从三虫。"（《虫部》）"鱼，水虫也。象形。鱼尾与燕尾相似。"（《鱼部》）"水"象众水并流中有微阳之气，"火"炎而上，象形，"瓜"象形，

“果”象果形在木之上，“犬”象形，“马”象马头、髦、尾、四足之形，“虫”从三虫，“鱼”象形，此八种物，许君或以“象形”为解，或以会意为解，字形与表意都很直观，一看就明白，不需要过多解释，正如孔子所说：“视犬之字，如画狗也。”“视某字，如画某物”，乃是我们的祖先造字的基本原则和表意的根本理念。由此绘画出来的文字，象形特征鲜明，表示的本义准确，不会造成理解错误。

表意的直观性，不限于象形构形法和会意构形法，形声构形法亦然。《说文·日部》云：“晚，莫也。从日免声。”杨树达先生说：“免声之字多含低下之义”，“晚从免声，正谓日之低下，故训为莫也……形声字中同义或义近之字，其声类之意义往往相同。今观莫昏为会意字（莫实意兼声字，兹举其重者言之。）晚为形声字，字义相同，其所以得义之故亦同，然则字义同缘于其组织同之说，固不惟形声字与形声字为然矣。”[15]8-9 形声字的构形部件，作为独立使用文字，原本是象形或会意的，在充当构成新字的字母时，它们意义会遗传到新造的字中。通过孳乳字来传承母体字（字母）的意义，是先圣先师的一大创造。比如“谷”，《说文·谷部》云：“泉通川为谷。从水半见出于口。”作为类母（俗称形符），可以构成“溪（谿）”、“豁”、“谬”、“豅”、“谹”、“容”、“谸”等孳乳字。这七个孳乳字，《说文》已收录：

①溪（谿），山渎无所通者。从谷奚声。

②豁，通谷也。从谷害声。

③谬，空谷也。从谷翏声。

④豅，大长谷也。从谷龙声。

⑤谹，谷中响也。从谷厷声。

⑥睿，深通川也。从谷从歺。歺，残地坑坎意也。《虞书》曰：“睿畎浍距川。”𣸣，或从水。濬，古文睿。

⑦谸，望山谷谸谸青也。从谷左千声。[16]240

在这七个孳乳字的释词中，除“睿”外都带“谷”字，说明它们都与山谷相关。《尔雅·释水》：“水注川曰溪，注溪曰谷。”这说明山沟曰“谷”，不与外界通的山沟曰“溪”，通敞的山沟曰“豁”，深山大峡谷曰“豅”，宽阔的山谷曰“谬”，山谷的响声曰“谹”，山谷青翠曰“谸”（也作“芊”），山谷的水直流江河曰“睿”。除此之外，汉魏以后“谷”相继与“含、甘、由、共、合、英、空、臬、闲、”字母组合，造出“谽、谺、䜬、谼、谽、䜭、谾、䜲、谰”等形声字来，这些字的表意都与山谷相关。

此外，“隫”的转形字或作“䜶”，由从“阜”换成从“谷”。《说文》作为重文收录。《阜部》云：“隫，通沟也。从阜卖声。读若渎。𧮯，古文隫从谷。”[17]305《尔雅·释山》云：“山䜶无所通[曰]溪。”宋邢昺疏：“䜶即沟渎也。山有䜶而无所通流者名溪。”“渎”也是“隫”的转形字。《说文·水部》：“渎，沟也。从水卖声。一曰邑中沟。”又：“沟，水渎也。广四尺，深四尺。从水冓声。”[18]232“沟”、“渎”（隫、䜶）互训，说明它们的本义都与山谷的相关密切。“睿”的转形字作“濬”、“浚”，均增类母“水”，《说文》也作为重文收录。其本义是指深山峡谷的溪水直接流入江河，《汉语大字典》（第二版）解释为“疏通（河道、沟渠）”[19]1895，将其视为同“浚”，不确。“浚”的本义是挹取，引申为疏通义。《说文·水部》：“浚，杼也。从水夋声。”小徐本作“抒也”，并注：“抒取出之也。”[20]224“浚”与“睿”（濬、浚）本义不同，但表示“疏通”义时可通用。

字母化了的“谷”，作类母或声母（“声义扩散性字母”的简称，俗称“声符”[21]81—82）是自由的。作声母时，可与类母“山、石、水、鸟（隹）、口、瓦、衣、金”等构成形声字“峪、硲、浴、鹆（雊）、哈、瓻、裕、鋊”。“峪”的本义为山谷。《集韵·烛韵》：“谷，《尔雅》：‘水注溪曰谷。或从山。”《徐霞客游记·游太华山日记》：“由峪口入，两岸壁立。”“硲”为“峪”的转形字，从“山”从“石”无别。“浴”的本义为洗澡。《说文·水部》云：“浴，洒身也。从水谷声。”汉王充《论衡·讥日》：“洗，去足垢，盥，去手垢，浴，去身垢。皆去一形之垢，其实等也。”（前一．五一．一），甲骨文的构形象一个人光着身站在器皿（大木桶之类）内浇水搓洗，洗澡之义显明。“鹆”，俗称“八哥”。《说文·鸟部》云：“鹆，鸲鹆也。从鸟谷声。古者鸲鹆不逾泲。，鹆或从隹从臾。”《广韵·烛韵》：“鹆，鸲鹆。雊，同上。”《太平御览》卷九百二十三引《礼稽命征》：“孔子谓子夏曰：‘群鹆至，非中国之鸟也。’”“哈”本义指鸟叫。《广韵·屋韵》：“哈，鸟鸣。”《集韵·屋韵》：“哈，雉鸣。”“瓻”是“甈”的转形字，本义是大酒缸。《说文·瓦部》新附字：“甈，酒器。从瓦，稀省声。”《广韵·脂韵》：“甈，酒器。大者一石，小者五斗，古之借书盛酒瓶。”《昔韵》：“瓻，瓶也。”[22]33/500《集韵·脂韵》：“甈，盛酒器。或作瓻。”“裕”本义为衣食充足。《说文·衣部》：“裕，衣物饶也。从衣谷声。”段玉裁注：“引申为凡宽足之称。”《诗经·小雅·角弓》：“此令兄弟，绰绰有裕。”毛传：“裕，饶也。”“鋊”本义是钩挂鼎耳和出炉炭的钩子。《说文·金部》云：“鋊，可以句鼎耳及炉炭。从金谷声。”段玉裁注：“钩鼎耳举之、钩炉炭出之之器也。”清王筠句读：“‘可’当作

‘所’。‘句’，音钩。”[23]564《广韵·烛韵》：“谿，炭钩。”可见，“谷”无论作类母还是声母，由此构成的形声字或会意字，都与“谷”的本义或引申义紧密相关。

但是，有些字声母，形似“谷”而非“谷”，需慎重辨别。如“𠁊”中的“谷”形似“谷”，实从“谷”得声。《说文·谷部》：“谷，口上阿也。从口，上象其理。㗘，谷或如此。臄，或从肉从豦。”段玉裁注：“口上阿，谓口吻以上之肉，随口卷曲。”《丮部》云：“𠁊，相踦也。从丮谷声。”清桂馥义证：“踦𠁊者，足倦相倚也。”[24]245“足倦相倚”即盘脚。

2. 意会图示法：将认知的事物概念化后，通过图形（字形）暗示出来。这类字主要是会意字和形声字。其意会性很强，需要联想解读。比如“武”。《说文·戈部》云：“武，楚庄王曰：夫武，定功戢兵。故止戈为武。”段玉裁注：“《宣公十二年左传》文。此檃栝楚庄王语以借‘武’义。庄王曰：‘于文，止戈为武。’是仓颉所造古文也。只取‘定功戢兵’者，以合于‘止戈’之义也，文之会意已明，故不言‘从止戈’。”[25]632许君及其功臣段氏都认为，从“武”的构形看，“从止戈”会意，本义为“定功戢兵”，即制止战争。此种解读曾风靡一时，仅宋人郑樵曾怀疑过。清末以来，古文字学家多认为“止戈，谓进戈也”。金祖同说：“《玉篇》战，古文作𢧁，与武同从止，若训为止干为战，则不辞甚矣。止干为进干也，止戈为进戈也，足迹向前，因取为进取之义。”[26]866—867余永梁在《殷虚文字续考》中说：“是踵武伐武乃武之本谊……《宣公十二年左传》楚子曰：‘夫文，止戈为武。’从形象会意乃望文之训，非朔谊也。”[27]866—867于省吾也否定许君之说。《释武》云：“武从戈从止，本义为征伐示威。征伐者必有行，止即示行也；征伐者必以武器，戈即武器也。许氏以楚庄王说之断章取义为武之本义，岂其然乎。"[28]867 通过数代人的辨识，"武"的本义终于确定为"征伐"，所谓"武者，兵事也"（清徐灏注笺）。《汉语大字典》训为"泛指军事、技击、强力等事"[29]1542，失之精准。

同类例子不胜枚举。"里"的本义考正也经历了一条漫长的道路。《说文·里部》云："里，居也。从田从土。"[30]290 段玉裁改"居"为"凥"，且增"一曰士声也"，并注："有田有土而可居矣。一说推十合一之士为形声。"[31]694 许君释"里"为"居"，后世多有疑议，然苦无证据，只好袭其陈说。至于段氏"有田有土而可居"之训，猜想成分居多，不可依凭。20 世纪 80 年代初，郭锡良、唐作藩、何九盈等先生对"里"的本义曾提出过怀疑。他们说："从词义方面来说，有些词造字时候的本义已经失传了，字形虽在，它原本的意义却不存在了。如'里'的本义，许慎说：'居也。从田从土。会意。'从田从土与'居'这个意义没有必然联系。按'里'的字形推断，它应该还有一个本义，我们现在还说不明白。"[32]94 郭、唐、何诸位先生，治学甚为严谨，从不妄下断语。钟如雄在阅读上古文献时，刻意思考诸位先生的疑问，于是在上个世纪 90 年代初期写了篇《"里"义探源》。该文从构形特征、远古狩猎居住文化等角度，以揭示"里"本义。"里"从田从土，会意。"田"即"畋"的初文，本义为狩猎。远古狩猎主要有火猎和阱猎两种方法。火猎即放火围烧，故"田"引申为火围子，再引申为围墙；"土"的引申义有"家"义。而上"田"下"土"组合的会意字"里"，本义表示居住地的院墙。《诗经·郑风·将仲子》："将仲子兮，无逾我里，无折我树杞。

岂敢爱之，为我父母。”唐孔颖达等正义：“谓无逾我里居之垣墙。”向熹先生今译：“希望二哥听我言，不要翻过我家院，院中杞树莫压断。”[33]74 所谓“里居之垣墙”，就是住宅的院墙，故后世以院墙代称“家”、“故乡”等[34]。意会表义，很考验族群成员的悟性，悟性越高，解释越真实。

文字在原创时与实物都是对等的，创造者想要表示的意义，全然通过实物的图像来实现。这类图像表示的意义一目了然，不存在“意会”的问题。但是随着岁月的推移，几十年后、几百年后，乃至几千年后，初创时的意义在图像中渐渐模糊、隐秘乃至完全忘却，此时人们要想复原图像意义与实物之间的对等关系，多数情况下是靠“猜想”来实现的，如杨树达先生《释官》、《说比》之类。这类猜想的结果尽可能与原创者的表义吻合，因此它属于科学的猜想。殷墟甲骨文被发现以来的一百余年间，广大学者从数十万片甲骨中陆续整理出四千多个不同形体的甲骨文字，但至今能辨识的不到一千七百个，其中有一部分前人虽有诠释，但未必准确。因此，甲骨文之全然解读还是个漫长而艰难的任务。

参考文献：

[1] 王力主编. 古代汉语 [M] . 修订本 . 北京：中华书局，1999.

[2] 许嘉璐主编. 古代汉语 [M] . 修订本 . 北京：高等教育出版社，1992.

[3] [4] 裘锡圭. 文字学概要 [M]. 北京：商务印书馆，1988.

[5] 蒋绍愚. 古代汉语词汇纲 [M]. 北京：北京大学出版社，1989.

[6] 王宁. 训诂学原理 [M]. 北京：中国国际广播出版社，1996.

[7] [8] [25] [30] [清] 段玉裁. 说文解字注 [M]. 上海：上海古籍出版社，1988. 第2版.

[9] [清] 江沅. 说文解字注后叙//[清] 段玉裁. 说文解字注 [M]. 上海：上海古籍出版社，1988.

[10] [清] 朱骏声. 说文通训定声 [M]. 武汉：武汉古籍书店影印，1983.

[11] 夏剑钦，夏炳臣. 通假字小字典 [M]. 长沙：湖南人民出版社，1986.

[12] [16] [17] [18] [31] [汉] 许慎. 说文解字 [M]. 北京：中华书局影印，1963.

[13] 钟如雄. 试论汉字的分义原则//耿振生，刘家丰主编. 语苑撷英（二）——庆祝唐作藩教授八十华诞学术论文集 [C]. 北京：中国大百科全书出版社，2007.

[14] 杨树达. 章太炎先生来书//积微居小学金石论丛 [M]. 增订本. 北京：中华书局，1983.

[15] 杨树达. 释晚//积微居小学金石论丛 [M]. 增订本. 北京：中华书局，1983.

[19] [29] 徐中舒主编. 汉语大字典 [M]. 卷三. 成都：四川辞书出版社；武汉：崇文书局，2010.

[20] [南唐] 徐锴. 说文解字系传 [M]. 北京：中华书局，1987.

[21] 钟如雄. 汉字转注学原理 [M]. 成都：电子科技大学出版社，2007.

[22] 宋本广韵 [M]. 北京：中国书店据张氏泽存堂本影印，1982.

[23] [清] 王筠. 说文解字句读 [M]. 北京：中华书局，1988.

[24] [清] 桂馥. 说文解字义证 [M]. 北京：中华书局，1987.

[26] [27] [28] 于省吾主编，姚孝遂按语编撰. 甲骨文字诂林 [M]. 北京：中华书局，1996.

[32] 郭锡良，唐作藩，、何九盈等. 古代汉语 [M]. 北京：北京出版社，1981.

[33] 向熹. 诗经译注 [M]. 北京：高等教育出版社，2009.

[34] 钟如雄. “里”义探源 [J]. 西南民族学院学报，1994 (1).

（西南民族大学文新学院　成都 610041；
西南大学汉语言文献研究所　重庆 400715）

Original Meaning of Chinese Characters

Zhong Ruxiong，Hu Juan

(College of Literature and Journalism，Southwest University for Nationalities)

Abstract：“The original meaning of Chinese characters” is the meaning which was recorded based on the conformation of characters，also known as “graphic meaning”. Chinese ancestors intented to express the concept，the thinking of recognition，by the configuration of a character ，generally through two methods：intuitive icon and tacit icon. A configuration of the Chinese character is equal to its object in originally，and the creator expressed the meaning completely through the physical outline. But as time went by，the original meanings were gradually blurred，mystified and even completely forgotten. Therefore，if we want to recover the equivalence between the meaning of a image and its object，in most cases，it depends on our “guess”. Therefore，textual research of original meaning of

Chinese characters needs reasonable conjecture.

Key words: Chinese characters; original meaning; conformation of character

论《真诰》在中古汉语词汇研究中的价值

周作明　曹利华[①]

摘　要　要更全面了解某时期汉语的面貌，有赖于发掘更多语料中的语言事实。以陶弘景《真诰》为代表的早期道经，也记录了不少魏晋南北朝时期的语言事实。本文认为，《真诰》中的“仙真降诰”、“在世记述”和“叙录”三部分内容，并非同时写成，在语料价值上也各有侧重，其中的“在世记述”和“陶弘景语料”在词汇研究上价值最高。本文详举信札等材料，用实例论述了其在大型辞书编纂及中古汉语词汇研究中的价值。

关键词　《真诰》；中古汉语；词汇意义

① 作者简介：周作明（1978—），男，西南民族大学文学与新闻传播学院副教授，研究方向为汉语史。曹利华（1981—　），女，西南民族大学在读博士，攀枝花学院讲师，研究方向为汉语史。

一 《真诰》成书及其内容

早期道经的出世大多宣扬“神授天书”。根据梁陶弘景（456—536年）的记录和早期上清道教内史文献的陈述，东晋兴宁三年乙丑岁（365年），大约从六月份开始，有众多神仙下降至一位有通灵之鉴的杨羲（330—386年）的馆舍，向他口授了许多修仙的要旨，并委托他以世间文字记录下来，传达给殷勤修道的句容人许谧（305—376年）、许翙（342—371年）父子。降授、记录的时间持续了几年，一直到东晋简文帝登极后才停止，但其中乙丑年降授内容最多。杨羲将笔录传给许氏父子，后者又做了一些转抄，并在修道过程中不断通过灵媒杨羲向仙真问询。彼此的问答同样由杨羲书写传递。杨羲、许氏父子的这些手书，经过许氏父子及向道之人之手，颇有散佚，最后由陶弘景搜集整理成《真诰》一书，传于后世，现存二十卷。

《真诰》大致可分为三个部分。第一部分是“仙真降诰”，第二部分是“在世记述”，第三部分是“叙录”。“仙真降诰”主要是由通灵代言者杨羲本人笔录的仙真口授，也有杨羲转述而由“二许”（许谧、许翙）笔录的内容，以及“二许”转抄的杨羲笔录。该部分在今书前十六卷，包括《运题象第一》、《甄命授第二》、《协昌期第三》、《稽神枢第四》、《阐幽微第五》五方面内容。“在世记述”即《握真辅第六》部分，乃杨羲、“二许”自己的冥通记录，以及杨羲与仙真、杨羲与“二许”、“二许”与仙真的书信往来，在该书卷十七、十八。陶弘景在纂集第一、二部分内容时，间或夹有注释。而“叙录”即《翼真检第七》，是陶弘景关于《真诰》的解题，“悉隐居所述，非《真诰》之例”，包括《真诰叙录》、《真经始末》、《真胄世谱》三篇文字，在今卷十九、二十。

因此，从作者及产生时间看，《真诰》中的内容并非同时撰就。“叙录”及前两部分中夹杂的陶弘景注都是陶氏编纂时所作，可视为该书中的“陶弘景语料”，成书于他开始搜集资料（484年左右）到他去世（536年）之间，定为公元五世纪前后比较稳妥。“在世记述”部分乃杨羲与“二许”修道时所作，时间从兴宁三年（365）到泰和三年（368）不等。“仙真降诰”乃《真诰》之“本文”，体现了道教经书拟托神仙的创生方式，今天来看，它毫无疑问是人而不是神的作品，它的作者应该就是上清派的创教者，但究竟是杨羲创作，还是其背后隐藏的首任宗师魏华存后人及其弟子等“先知”的作品，抑或是“二许”的造作，已经难有的论。但不管是谁的作品，其最终成书都经过了杨羲和“二许”之口或手，如果不考虑这些材料在陶氏辑佚前流通中的少许文字变动，“仙真降诰”部分的产生时间大致与杨羲及“二许”的“在世记述”部分相仿，都成书于公元五世纪下半叶（360年—380年）。

二 《真诰》的语料价值

近年来，以魏晋南北朝汉语为研究对象的中古汉语研究取得较大进展，王云路（2003）、王启涛（2003）及史光辉（2004）都有较详细论述。中古汉语的深入开展，有赖于更全面调查此时期的语料，《真诰》也渐渐受到学界重视，冯利华（2003）即从词汇、语音、文字、校勘等方面讨论了其语料价值，冯氏（2010）还列专节释读了其中的语词。本文试图在此基础上，谈谈《真诰》各部分语料在汉语词汇史上的研究价值。

该书在“仙真降诰”尤多诗歌祝辞，在语音研究上有独特价值，［日］赤松祐子（1995）即通过考察《真诰》中韵文的用韵情况，指出《真诰》具备明显的吴方言特点，并非当时士人阶级多用的北语。《真诰》卷四：“有心许斧子，言当采五芝。芝草不必得，汝亦不能来。汝来当可得，芝草与汝食。”陶弘景注：“此两‘得’及‘来’并戏作吴音。”（20/512b）① 即反映了“之”、“咍”两韵相押的古吴语现象。夏先忠（2010）对此也多有论及。

在语法研究上，该书“在世记述”及“仙真降诰”部分一些相互问话的段落口语性较强，能为中古汉语语法研究提供材料。例如，该书卷十一写许谧就茅山宫室询问茅仙君：

> 不审此洞天之别光，为引太阳之光以映穴中耶？此洞天中官府旷大，云宫室数百间屋，官属正二仙君兄弟，复有他仙官，男女凡有几许人？为直是石室，亦有金堂玉房耶？宫室与洞庭苞山相连不？包公及妹朱氏昔在世，曾得入此宫不？二人为未得登举，作地下主者耶？治在何处？愚昧冒启，惧有干忤。

上则材料是研究中古汉语疑问句的极好例子。与语音、语法相比，无论用语典雅或俚俗，由于道经材料的特殊性，它们在中古汉语词汇研究上都具有价值，值得仔细挖掘。该书中的“陶弘

① 本文所引道经据北京文物、上海书店、天津古籍 1988 年影印明《正统道藏》（共 36 册），a、b、c 分别代表上、中、下栏，“20/512b”指 20 册 512 页中栏 。

景语料”和“在世记述”中的书疏往来，在词汇研究上语料价值最高，而“仙真降诰”部分那些歌辞及其对句容地理风物的记述，也包含着很多中古汉语的词汇信息。试举书中信札为例。

东晋南朝的上清派“三君”（杨羲、许谧、许翙）不仅在书法上可媲美“二王”[①]，其修道时往来的书信也保存在《真诰》卷十七、十八中[②]，与“二王”杂帖一样，是中古汉语难得的语料。今选取卷十七许翙（玉斧，也称掾，时在句容山中修道）写给父亲（许谧，即长史，在京城）的数则书信示下：

> 三月八日拜疏。玉斧言：郑恨还，奉敕，尊犹患饮痛不除，违远竦息，阴臑，愿今餐食无恙，即日此蒙恩。牙（按，指许翙次兄，少名斧牙）近至此，便西，愿早至，谨及启疏。玉斧再拜。
>
> 玉斧言：尊欲得六甲符，似在句容牙处。斧都不以书来山中，愿就牙器中料。谨启。玉斧言：承近三日会流杯，尊亦作诗，后信愿寄还。谨启。
>
> 盐茗即至，愿赐槟榔，斧常须食。谨启。
>
> 四月十七日拜疏。玉斧言：渐热，不审尊体动静何如？

---

① 陶弘景在《真诰》卷十九中说：“又按三君手迹，杨君书最工，不今不古，能大能细，大较虽祖效郄法，笔力规矩，并于二王，而名不显者，当以地微，兼为二王所抑故也。掾书乃是学杨，而字体劲利，偏善写经画符，与杨相似，郁勃锋势，迨非人功所逮。长史章草乃能，而正书古拙，符又不巧，故不写经也。”（20/602c）卷二十说：“时人今知摹二王法书，而永不悟摹真经。”（20/606a）许、王均为当时望族，都是奉道世家，许迈（许谧兄、许翙叔）即与二王交往密切，如卷二十：“先生名迈，字叔玄，小名映。清虚怀道，遐栖世外，故自改名远游，与王右军父子周旋，子猷乃修在三之敬。”（20/608a）

② 《真诰》卷十九《叙录》“握真辅第六”后注：“此卷是三君在世自所记录，及书疏往来，非真诰之例，分为二卷。”（20/601a）

愿饮渐觉除。违远燋竦，急假愿行出，即日此蒙恩。谨及启疏。玉斧再拜。

玉斧言：有槟榔，愿赐，今暂倩徐沈出，至便反。谨启。

四月十八日拜疏。玉斧言：昨徐沈启愿即至，渐热，不审尊体康和？饮渐觉除，违远恋竦。牙如常。揆（按，指许翙长兄，小名揆）时得出。斧粗蒙恩，谨及。冯令史启疏。玉斧再拜。

四月二十一日拜疏。玉斧言：阴热，不审尊体动静何如？饮觉蒙恩。陈辉来，尊今日当至，斧近斋，唯尊来，余人难相见。愿道路安稳。小史在户内，使不欲经远，或淹。谨及陈辉启疏。玉斧再拜。

玉斧言：揆、牙亦得暂还此，安稳。谨启。

四月二十三日拜疏。玉斧言：奉敕，昨夜至，慰驰竦热，愿尊体餐食无恙，未得侍见，恋慕旦陈。滕启疏愿已至。谨及启疏。玉斧再拜。

玉斧言：杨舍人弟病委顿，为悬耿，想行当佳。谨启。

四月二十八日拜疏。玉斧言：昨奉敕慰竦，息阴气，愿尊体无恙。饮觉除，违燋竦。谨及启疏。玉斧再拜。

玉斧言：钱即与田主，此间都无，复密付二升余。华新妇欲得少许，愿分之，亦长在中。谨启。

五月四日拜疏，玉斧言：节至增感思，湿热，不审尊体动静何如？饮犹未除，违远竦灼。服散微得饮水，犹是得益。愿彼大小无恙，尊五日当下，愿必果。谨遣扶南启疏。玉斧再拜。

玉斧言：陈鹿至，尊赐脯及蒸葱，即至帝都，已还東，甚得○○○○。谨启。

玉斧言：承舍人下，恐过句容，未进此。湛家谷犹未熟。今遣朱生出参，愿尊即令生反得谷，愿为都作米，此无可舂者。若至，便当就合，恐药草燥，得米，下船乃可采草。谨启。

玉斧言：此间釜小，可正一斛，不与甑相宜。又上稻应得釜用，都有大釜容二斛已上者，愿与诸药俱致，无见可否，足借斧，当于县下。谨启。

右八条，掾在山，与答父书。于时长史在都及县下也。(20/599c—600b)

书信用语通俗，记录了此时期不少口语词，此处不一一分析，仅举信中“觉”字为例。先看居其前的“饮”的意义。“饮”指许谧、许翙所患的痰饮病，经文中也作“淡饮”。如：

卷七“宜服五饮丸，去水注之气，可急合。不但治疾而已，亦以住白而有气色也。六月二十三日夜，南岳夫人告”陶弘景注：“长史素患淡饮，比来疾动，故有此告。五饮丸即是世中者耳。”(20/529a)

卷十八“比更告，茶一簿”陶注：“直注行下云‘茶一簿’，未正可解。当为寄与掾也。茶则是茗，掾患淡饮所须，兼亦以少寐也。”(20/595c)

“痰饮”指体内过量水液不得输化、停留或渗注于某一部位而发生的疾病。一般认为“稠浊者为痰，清稀者为饮”。汉张仲景《金匮要略·痰饮咳嗽病脉证并治》：“其人素盛今瘦，水走肠间，沥沥有声，谓之痰饮。”

由于许翙已得到槟榔和盐茗等治疗该病的药物，故致信其父问候病情，兼陈自己病情好转。联系上下文“犹患饮痛不除”“饮犹未除”句，信中的“饮渐觉除”、“饮觉除”、“饮觉蒙恩”都表病情减轻。

信中的“觉除”，与六朝同期文献中的“觉损”相类。关于后者，郭在贻（1984［2002：16－17］）举《世说新语·言语》“恒恐儿辈觉损欣乐之趣”为例，认为：“文中‘觉损’应该连读。觉者，减也，差也；损也有差减的意思，‘觉损’是同义并列复合词。”并且认为《全晋文》王导书“颇小觉损不”中的“觉损”也当作此解，中间不能断开。方一新（2010：759－761）调查发现，佛经中有“除降觉增、觉损不”、“有苦痛疼，但增无损，觉增不觉损”、“疾苦但增，而不觉损”等例，认为：“‘觉’表示感觉，而不是差减。因为人所患疾病的减轻或加重，首先源自于患者个人的感觉。”方先生的论述，可以解释上述书信中“饮渐觉除”、“饮觉除”等例子，但却仍难以理解前引书信中“饮觉蒙恩”中“觉”的意义。通观上引信札中的例句，笔者以为，“觉”有“减轻；减损”义仍能成立。

“觉”在唐宋文献中常作“治疗；痊愈”讲，如元狄君厚《介之推》第三折：“我每日割着身上肉，推做山林内拾得野物肉，与太子觉饿。”张相、蒋礼鸿、王锳等论著中均有论及。至于其语源，学界成果都认为当通“较”，因为后者作“痊愈”讲，见于元前文献。如：

宋欧阳修《与王懿恪公书》之五：“某自过年，儿女多病，小女子患目，殆今未较，日颇忧煎。”金董解元《西厢记诸宫调》卷五：“小诗便是得效药，读罢顿然痊较。”

但问题是，遍查汉魏南北朝文献，却不见“较”作痊愈讲的用例，故认为《真诰》用例中的“觉”也通“较”很难成立。“觉”“较”同音常通用，要确定在“痊愈”义上何者为本字，当考察其本义，不能仅据始见用例的先后。“较”本为“比较；较量”，学界认为其能引申出“痊愈；治疗”的途径可能是这样考虑的：一，“较”与“差”近义，“差”（音 chài）有痊愈义，《方言》第三：“差，愈也。南楚病愈者謂之差。”根据“相因生义”的规律，“较”遂引申出此义。其实，“差”作病愈讲的本字当为“瘥”，考虑到“相因生义”要求的特殊性，故此说成立的难度不小。二，“较”义同“差”，张相《诗词曲语词汇释》卷二：“较，犹差也。”“差”有差减义，病愈即病情差减。但问题在于“较”、“差”作差减讲同样不见于中古文献，故也难解释《真诰》中的用例。

愚意认为，“觉”作病愈讲，不必通“较”，其本可引申出为“病愈”义。《说文·见部》：“觉，寤也。”“觉”本有睡醒义，万物复苏曰“苏醒”，酒醉后恢复常态为“酒醒”，患病后恢复常态可用“病醒”，如宋沈辽《赠有道者》诗：“使人久滞念，霍如病已醒。”元刘诜《春怀》诗：“连阴如病醒，耿耿乍离索。”“觉”本即“苏醒”义，据“醒”在历史文献中的意义变化来看，“觉”引申作病愈讲当更直接，更符合汉语词义衍生的规律。

三 《真诰》在中古汉语词汇研究及辞书编纂中的价值

道经是为满足道教人士修道需要而产生的，是一种社会方言，具有鲜明的行业特征，这主要体现在表达道教文化内容的语词上；在汉语历史词汇研究中，要搞清楚这些语词的来龙去脉，主要靠调查道教文献来完成。但经书中占主体地位的仍然是一般语词，它们仍是对当时社会通行用语的记录，是中古汉语词汇研究中不可忽视的材料，对加强近代汉语相关语词的溯源也极有帮助。因此，若粗略地将书中语词分为专门语词和一般语词两部分，毫无疑问，这两方面的语词都具有不可忽视的价值。

在一般语词内部，有些则有较强的地域性，从这个角度看，则有通行范围广的全民用语和有地域性的方俗语词之分。《真诰》主要产生在以句容山为核心的江东地区，今天读该书，有许多难懂之处，或许即与方言俗语有关，日本学者吉川忠夫在校注《真诰》后说："这大概是因为在茅山降神时采用了许多东晋时期的口语、俗语。这或许反映了参加茅山降神的人们的语言生活。"①从这点上讲，《真诰》在南朝江东方俗语词研究上也颇有价值。

《汉语大词典》（简称《词典》）在编纂时对《真诰》多有采用，但利用得很不充分，相关学者的成果多有匡补，但还可多予补充。酌举数例：

谪降：《真诰》卷一："访问此人，云是九嶷山中得道女罗郁也，宿命时曾为师母毒杀乳妇，玄州以先罪未灭，故令谪降于臭浊，以偿其过。"（20/491b）

该词乃"贬降"义。《词典》引宋王巩《甲申杂记》："云将引用岭南谪降人、元佑人同力为之。"乃其近代汉语的用例。

察恕：《真诰》卷十七："由羲不能节适酒食，量宜遣宾。伏

① ［日］吉川忠夫、麦谷邦夫编，朱越利译《真诰校注》"前言"，中国社会科学出版社 2006 年，第 3 页。

用悚息，愿复察恕。谨白。”（20/593b）

该词作“体察谅解”讲，《词典》引鲁迅《书信集·致胡弦》例，其在六朝史书中还有用例：《晋书·王浚列传》：“臣以十五日至秣陵，而诏书以十二日起洛阳，其间悬阔，不相赴接，则臣之罪责宜蒙察恕。”

哀恕：《真诰》卷十二：“骂毕，即束带来人，恐奴从后自杀，所以虑之，不觉忽然睡耳。愿见哀恕。”（20/563c）

该词乃“宽恕同情”义，《词典》引宋王安石《谢孙龙图启》例，该词见于中古其他道经和史书：南朝《正一法文太上外箓仪》：“或又老年不任樵伐，未办饭贤，誓志为计，展其立功，求乞哀恕。”（32/214b）《宋书·谢庄列传》：“屡经披请，未蒙哀恕，良由诚浅辞讷，不足上感。”

阙失：《真诰》卷十四“季主托形隐景，潜迹委羽”陶弘景注：“此前似有按语，今阙失一行。”（20/576b）《真诰》卷十八“厶厶情兼”陶注：“前少一行，又阙失上两字。”（20/559a）也作“缺失”。《真诰》卷十九：“又按三君多书荆州白笺，岁月积久，或首尾零落，或鱼烂缺失。”（20/603a）《真诰》卷七：“某志好有年，未获厶厶【（陶注）：缺失二字，别本作克遂】恭党幽晦，始睹天日，灵真厶【此缺失一字，别本作微字，疑非】请……良为厶厶【缺失二字，别本作延仰】……决欲习性以静之，损厶【缺失一字，四字朱书】以宝之，非为色欲厶【缺失一字】多，而患在难厶【缺失一字】。”（20/528a）《真诰》卷十：“范幼冲，汉时尚书郎，厶【缺失一字】解地理，乃以冢宅为意。”（20/550a）

该词乃“缺漏遗失”义，《词典》在“阙失”下引清陈鳣

《对策》卷三："又有'刘昭注补'，今考列代之史，皆有阙失，而以他人之书补入者。"

鼎立：《真诰》卷十一："乃复因鹄集之处，分句曲之山为大茅君、中茅君、小茅君三山焉。总而言之，尽是句曲之一山耳，无异名也。"陶弘景注："今以在南最高者为大茅山；中央有三峰连岑鼎立，以近后最高者为中茅山；近北一岑孤峰，上有聚石者，为小茅山。"(20/554b)

该词乃"三者并立"义，《词典》引宋苏轼《见子由与孔常父唱和诗辄次其韵》："自君兄弟还，鼎立知有补。"

谦饰：真妃曰："君今语不得有谦饰，谦饰之辞，殊非事宜。"(20/495a)

该词意义为"因谦逊而掩饰真情"，《大词典》引《云笈七籤》卷九七例即上句，《云笈七籤》为北宋张君房主持编订的道教类书，收录了《真诰》中的文句，《词典》在编纂时当径引原书。

遁化：《真诰》卷十八："想所写已了，校当令熟，秋冬之间，其经当复示也"陶注："不知是何经，明年掾便遁化也。"(20/595b)

该词在上例中作"道士死亡的婉称"，《词典》引唐颜真卿《有唐茅山元靖先生广陵李君碑铭》例。该词在中古道经中还可指"隐遁变化"讲，《词典》引《云笈七籤》卷五二："上景八神，一合入身；举形遁化，流变适真"，实源于南朝《上清紫精君皇初紫灵道君洞房上经》(6/547c)，另如南朝《上清洞真天宝大洞三景宝箓》卷上："上元元母，育我胎产。遁化金室，变乘藏辇。"(34/106c)

云岫：《真诰》卷二："共携清响之外，同游云岫广崖。岂不善乎？岂不乐哉！"（20/498c）

该词词义为"云雾缭绕的峰峦；仙山"，也见于中古其他道经，东晋《元始五老赤书玉篇真文天书经》："尔乃凤舞景汉，朗啸清虚，枕云岫而练神，养精和于太初。"（1/785b）[①]《词典》所引唐中宗《石淙》例乃其近代汉语中的用例。

义冢：《真诰》卷十二："（周）畅，汝南安成人，好行阴德，功在不觉。曾作河南尹，遭大旱，收葬洛阳城旁客死骸骨万余人，为立义冢祭祀之，应时大雨丰收，所行多是此辈。"（20/563b）[②]

该词指"旧时收埋无主尸骨的坟场"，《词典》引清冯桂芬《苏太义园记》例。

坟冢：《真诰》卷十二："今寻视，未见指的坟冢，而如有兆域处者。"（20/570c）

该词指坟墓，也作"坟塚"，见于其他道经和史书：《周氏冥通记》卷一："自云坟塚在越，虽自羁回，亦不愿移之。"（5/521a）南朝《赤松子章历》："已葬之讼，诉求修理。未葬之讼，诉求坟塚。"（11/220b）《后汉书·栾巴列传》："会帝崩，营起宪陵。陵左右或有小人坟冢，主者欲有所侵毁，巴连上书苦谏。"《词典》所引后蜀何光远《鉴诫录·鬼传书》例，乃其近代汉语用例。

坟坛：《真诰》卷十二"东郭幼平"陶弘景注："《汉书》无

① 该例也见于东晋《太上灵宝五符序》（6/319b）。
② 该例《搜神记》卷十一"（周）畅收葬洛阳城旁客死骸骨万余，为立义冢，应时澍雨"所引相类。

此事，今冢在钱唐临平。坟坛历然，苗裔犹存。乡近时闻鼙角之响，故人不敢侵毁之，皆知呼为桃司命冢。”（20/563a）

该词指“坟前的祭坛”，《词典》引宋洪迈《容斋三笔·土木偶人》例。

坟碑：《真诰》卷二十“（许）敬第五子名光”陶弘景注：“妻戴氏，同葬今句容安成里。墓为刱造之始，县人传呼云许光禄墓。今坟碑显然，并甲向。”（20/607b）

该词指墓碑，《词典》引越剧《梁山伯与祝英台》第九场：“要是我有不测长和短，就在那胡桥镇上立坟碑。”

墓次：《真诰》卷二十：“光第二子名阙，字季优，有才学，吴尚书郎，长水校尉【（陶弘景注）：妻戴氏，同葬墓次】。阙第三子名休，字文烈，优游道素，高尚其气，州辟别驾，不就【前妻晋陵华氏，后妻同县葛氏侍中葛相女，同葬墓次】。休长子名尚，字符甫，有才学令闻。吴凤凰三年，为中书郎，年五十亡【妻同郡陶氏，即荆州刺史浚女，同葬墓次】。”（20/607b—c）

该词乃“葬址，茔地”义，见于同期文献：《世说新语·赏誉》“王汝南”刘孝标注引邓粲《晋纪》：“昶丧，居墓次，兄子济往省湛，见床头有《周易》。”《词典》引明沈德符《野获编·工部·邵上葵工部》例。

标揭：《真诰》卷十四：“此二山是阳九百六历数之标揭也。百六之运将至，则阳长水竭，阴成水架矣；阳九之运将至，则阴成水竭，阳长水架矣。”（20/578b）

该词乃“标识；标志”义，在同期文献也可作“标榜；阐发”讲，如释慧皎《兴福论》：“四牙双迹，钵杖唾壶，泥洹僧等，皆树塔勒铭，标揭神异。”《词典》所引清薛福成《王君墓志铭》："呜呼！其贤于世之幸躐亨衢，高自标揭，抵铄古今，而言行不相顾者，盖亦远矣！"也为其引申义。

位业：《真诰》卷一"沧浪云林右英夫人"陶弘景注："案右英是紫微姊，今或在后，当位业有升降耳。"（20/492a）卷十六"辛玄子"陶弘景注："辛隐字某某，检外书未得此位业。"（20/585b）

该词指"名位与功业"，陶氏还撰有《洞玄灵宝真灵位业图》经，收入《道藏》第三册，该词还见于北魏佚名墓志（《汉魏南北朝墓志汇编》）："虽缨绂日加，位业弥峻，处是荣贵，澹若浮云。"《词典》所引清龚自珍《与吴虹生书》之十一："酾酒遥祝寄儿聪颖，他日文章如龚定盦，位业则如其阿翁。"乃其近代汉语用例。

限于篇幅，不再赘举。《真诰》作者明确、时代可靠，用语典雅与俚俗并存，包含内容十分丰富，所使用的语词，或能纠正传统辞书中的释义疏失，或能补充词条，或能提供语词演变的更早更全面的用例，是中古汉语词汇研究中应该也可以充分利用的材料。

参考文献：

[1] [梁] 陶弘景. 真诰 [M]. 赵益点校. 北京：中华书局，2011.

[2] 赵益.《真诰》的源流与文本 [J]. 文献，2000 (3).

[3] 冯利华，徐望驾. 陶弘景《真诰》的语料价值 [J]. 中国典籍与文化，2003 (2).

[4] 冯利华. 中古道书语言研究 [M]. 成都：巴蜀书社，2010.

[5] 王云路. 中古汉语词汇研究综述 [J]. 古汉语研究，2003 (2).

[6] 史光辉. 20 世纪 80 年代以来中古汉语词汇研究的回顾与反思 [J]. 福州大学学报，2004 (3).

[7] 王启涛. 近五十年来的中古汉语词汇研究 [J]. 四川师范大学学报，2003 (1).

[8] 赤松佑子.《真诰》诗文押韵中所见的吴语现象//吴语研究 [C]. 香港中文大学新亚书院，1995.

[9] 夏先忠. 六朝上清经用韵研究 [M]. 成都：西南交通大学出版社，2010.

[10] 郭在贻.《世说新语》词语考释 [J]. 字词天地，1984 (4)；郭在贻文集 [M]. 第一卷. 北京：中华书局，2002.

[11] 方一新. 中古近代汉语词汇学 [M]. 上编. 北京：商务印书馆，2010.

(西南民族大学文新学院　成都 610041)

Value of *Zhen Gao* in Mid-ancient Chinese Word Research

Zhou Zuoming, Cao Lihua

(College of Literature and Journalism, Southwest University for Nationalities)

Abstract: To conprehend the feature of Chinese in a certain period of time throughly, depends on exploration of linguistic facts in various corpusse. Tao Hongjing's *Zhen Gao* which is regarded as the early Taoist scriptures, has recorded many linguistic facts in Wei Jin and the Northern and Southern Dynasty. This article find that the three parts of *Zhen Gao* were composed in different times，and their value in corpora is also different. Among the three parts，“在世记述” and “陶弘景语料” are of highest value. This article gives many examples，such as letters，expounded the value in compilation of large-scale dictionary and research of mid-ancient vocabulary.

Key words：*Zhen Gao*；mid-ancient Chinese；word meaning

《跻春台》方俗词例释①

黄建宁②

摘　要　本文结合方言材料和传世文献语料，试对四川方言小说《跻春台》中的“煞搁”“板搞”“二十三”“扯炮湖”“柁窖”“降像”“冲墙”“嚣拥”“坐斗”等方俗词语做一粗浅考释，希望尽量对这些方俗词语给出较为恰当的意义。

关键词　跻春台；方俗词；词义解释

四川方言小说《跻春台》方俗词语考释，是从上个世纪80年代张一舟先生开始的，筚路蓝缕，功不可没。本世纪初，蒋宗

① 本文为四川省哲学和社会科学高水平研究团队“四川方言研究”（2015—2017）成果。

② 作者简介：黄建宁，男，四川仁寿人，四川师范大学文学院副教授，硕士生导师，文学博士，主要从事汉语史研究。

福先生结合传世文献，对不少方俗词做了深入考证，曹小云、邓章应先生则都以专书形式较系统全面地解释，成绩斐然。然而，《跻春台》一书中还是有不少方俗词，有的难释，有的前贤释之难安，有再研究的必要。今拣出数条，试做粗浅考释，以就正于方家。

【煞搁】

我待你如大宾十分挡贺，我敬你如长上并未刻薄。你就该要感激保佑于我，人也兴财也发一家安乐。为其么暗地里为改作祸，有官非和口舌不得煞搁？（《吃得亏》）

是这样苦毒刑实在刻苛，生而死死又生怎么煞搁！我先前不招供真真有错，就上天与入地也难逃脱。（《双血衣》）

骇得我战兢兢无处去躲，无栖止在外面怎得煞搁？（《错姻缘》）

枉自妈教女儿用心大过，不知儿到后来怎样煞搁！（同上）

倘此时执迷犹未醒，这家业定然不久存。到老来莫得煞搁进，身死后何颜见双亲？（同上）

按：煞搁，《四川方言词典》："（1）（动）结束，完毕：翠花话还没煞搁，大娘就接倒说。（《方言诗》）闹煞搁，还遭一个滥婊子欺负，挨了这一顿！（《死水微澜》）（2）（名）末了，最后。到底该怎么做才对呢？煞搁还是没说出一个所以然来。（《大波》）"又作"煞果"。所释甚是。《蜀籁》卷一："只有两回：起头一回煞搁一回。"卷三："有起头莫煞搁。"卷四："莫得起头那又煞搁。""起头煞搁。"川刻劝善小说《孝逆报·神刀诛逆》：

"我不爱同他们打伙，你看他们做活路的人少，吃饮食的人多，有甚么好吃的，围拢来一拎，就煞搁了。"

"煞搁"也可写作"杀角"。此词的语源不甚明显，邓英树先生言，其理据为"木工快做完器具时，把支出的木条锯掉，修饰一下边角"①。本指具体木工事"完成、结束"，进而引申指一般、抽象的"完成、结束"。这与四川方言用"收秤"、"打卦"，从指买卖的结束和丧葬仪式的结束表示一般的结束道理是一致的②。

不过，我们认为，"杀角"一词的历史来源似为"杀合"。宋王君玉《杂纂续》有"好杀合"一门，列"老妓嫁富商"、"贪官致仕"、"应五六举，进士高等及第"等事。"杀合"即"结束"。"角"，乃"合"之音变，如在四川方言中以"合"得声的"鸽"，今亦音同"角"。

【板搞】

倘妇女犯六戒行为不道，罪落在家长身难免板搞。(《双金钏》)

按："搞"，当为"槁"，即响槁，又作响杆。用竹子做成，三到五尺长短，一根竹子，把下端剖开或捶破成条状，振动或击打在他物上可以发出"哗哗"的响声。这种器具常用以驱赶鸟雀野兽或吆喝家禽猪狗，亦可用于击打人。"板槁"，即（打人的）板子和响槁。例中"不免板槁"，即不免受板子和响槁击打。

---

① 承邓先生闲谈见告。

② 傅崇矩编《成都通览》"成都之土语方言"作"打瓜"，释为"完毕也"，当为"打卦"。

【二十三】

> 大踏步出龙门狗都害怕，“走嘛，走他娘的二十三咧！”（《过人疯》）

按：“二十三”无实义，是一种修辞化的戏谑表示法。常作“三十三”。川刻劝善小说《孝逆报·万古孝模》：“母厉声曰：‘谁要你问安，滚你三十三。’”《孝逆报·深潭逼命》：“母厉声曰：‘姓魏的女子想横了，偏不拿你穿，怕你会喊天，好好脱下来，滚你三十三。’”此两处“三十三”似一方面要与“安”“穿”“天”为韵，另一方面恐也有实际语言基础。今天四川大邑、崇州话中还有“去你三十三”“滚你三十三”的说法。为什么用“三十三”的形式？两个“三”重用，增强表达效果，中间加一“十”，形成三字结构，三字结构的惯用语具有幽默风趣的语用特点。为什么不用“二十二”“四十四”？因为“三”主要元音为前低不圆唇的［a］较“二”、“四”等数目字发音为易。并且“三”与四川方言语气词“哋”音同，也可借用来表语气。

【扯炮湖】

> 次夜睡醒，忽有人声，抬头见四人在神桌上打牌，满庙光亮。起身来看，上首少年通身丝绵，余三人中年布衣，在扯炮湖。（《阴阳帽》）

按：“扯炮湖”，邓章应入“待问篇”，言：一种玩牌方式，估计应为“扯炮糊”，但具体方式不知。我们认为此处“扯炮湖”之“湖”，当为“付”或“幅”。扯炮湖，即打牌，打川牌。川牌长条形，牌要归类，一般是从下往上扯拢一起。乐山地区流行一种川牌叫“二七十”，打这种牌，乐山人叫“扯二七十”。川牌跟麻将一样，引发别人达成赢牌叫“抬炮”。川牌计算牌面大小算番数，多少“番”也叫多少“付”（或“幅”）。所以，此处的“扯炮湖”，也与例中上文“打牌”同义，是更形象、具体的说法。

【柁窖】

多积些口中德上天知道，保佑你今年子期个大稍。东也成西也就犹如柁窖，子而孙享富贵万福来朝。（《卖泥丸》）

按：“柁窖”，邓章应入“待问篇”，言：不解。我们认为，“柁窖”，当为“挖窖”，刻本“木”和“扌”多混。“挖窖”，即无心挖得别人窖藏物，多为金银钱财，用于指人运气好。前人史籍中多有记载，如宋李心传《建炎以来系年要录·建炎元年二月》：“内侍蓝忻等在军前，言家有窖藏，乞搜取。”笔记中此类记录不少，如宋周密《癸辛杂识续集·张氏银窖》：“彼方毁旧垣，再筑于旧基，得乌银数十大笏，皆掩有之，盖张氏之宿藏也。”宋施德操《北窗炙輠录》卷下：“明道知金华县，有人借宅居者，偶发地，得钱窖千余缗。其主人至，曰：‘吾所藏也。’客曰：‘吾所藏也。’”明陆容《菽园杂记》卷三：“乃从容持信物而下，众醵饮之。明日，率家僮掘其处。得白金一窖，六十余斤。佛阁自是无鬼。”清和邦额《夜谈随录》卷一：“出资购第宅，赎旧产，又于新居掘得窖金二瓮，遂成富室。”小说中例子更多，如《幽明录》卷二：“王丞相茂弘梦人欲以百万钱买大儿长豫，丞相甚恶之。潜为祈祷者备炭作屋，得一窖钱，料之，百万亿。大惧，一皆藏闭。俄而长豫亡。”《聊斋志异·两商》：“屋后蓬颗下藏有窖金，发之，可以小阜。”又《司文郎》：“都中薪桂米珠，勿忧资斧，舍后有窖镪，可以发用。”《醒世姻缘传》第三四回：“若说常有人家起楼盖屋，穿井打墙，成窖的掘出金银钱钞，这其实又无失主，不知何年何月何代何朝迷留到此。”

【降像】

时有降像者，假城隍之名在城降谕作诗，断人祸福，谕中有“天下不久必乱，仙佛示众民急作善事”等语。（《巧姻缘》）

水生骇急，即时逃去，及公差到县投文，县官回文藩府，说虽有降像等人，恐其惑民，前三月已经赶逐，不知去向。三桂奏请禁止游降冥像等事。（同上）

按：“降像”，邓章应入“待问篇”，言：确意不解。一种迷信活动，但不知其详。我们认为，“降像”，就是“降仙”，“仙”在语流音变中受前字“降”韵母后鼻音［ŋ］的影响，本为前鼻音［n］的“仙”同化为后鼻音［ŋ］的“像”。宋周密《齐东野语·降仙》：“降仙之事，人多疑为持箕者狡狯，以愚旁观，或宿构诗文，托为仙语。”周密又言：“其实不然，不过能致鬼之能为文者耳。”并录所谓的“仙诗”六首诗、两首词，对降仙是持肯定态度的。又作“请仙”，《十二楼》第一回：“明朝永乐初年，浙江温州府永嘉具有个不识字的愚民，叫做郭酒痴。每到大醉之后，就能请仙判事，其应如响。最可怪者，他生平不能举笔，到了请仙判事的时节，那悬笔写来的字，比法帖更强几分，只因请到之仙都是些书颠草圣，所以如此，从不曾请着一位是《淳化帖》上没有名字的。因此，合郡之人略有疑事，就办几壶美酒，请他吃醉了请仙。”又作“降箕”，施术者扶箕在碎米、沙盘或纸上画写成文字，以示神灵降旨，谓之“降箕”，又称降笔。清东轩主人《述异记·笔录不虔之报》：“朝夕书炼，忽降箕作诗写字，且能言休咎，甚灵验。”又作“扶箕”或“扶乩”，宋陆游《新岁》诗：“载糗送穷鬼，扶箕迎紫姑。”清俞樾《茶香室丛钞·扶箕》：“《太平广记》引《稽神录》云：江左有支戬者，余干人。正月望夜，时俗取饭箕，衣之衣服，插箸为嘴，使画粉盘以卜。戬戏祝曰：请卜支秀才他日至何官。乃画粉，宛成‘司空’字。然则扶箕之术，唐世已行矣。”《红楼梦》第九四回：“我在南边闻妙玉能扶乩，何不烦他问一问？”清昭梿《啸亭续录·彭氏科目之盛》：“余素恶扶乩之事，以为假鬼神以惑众。”其事具体的做法是，术士制丁字形木架，其直端顶部悬锥下垂。架放在沙盘上，由两人各以食指分扶横木两端，依法请神，木架的下垂部分即在沙上画成文字，作为神的启示，或与人唱和，或示人吉凶，或与人处方。

【冲墙】

> 张心想：“他是啥子功名，这们势耀？怎么府县叩头，道台见了也叩头？我先前说他奢华骄傲，这才失格，今天怕要却拐！”此时心惊胆战，犹如冲墙一般，汗流浃背，坐也不好，站也不好。杨见之亦不做声。（《川北栈》）

按：“冲墙”，邓章应入“待问篇”，言：确意不解。我们认为，“冲墙”，即“舂墙”。四川方言方俗用字，“冲”“舂”多混，如傅崇矩编《成都通览》“成都之口前话”收“铁沙锅冲不烂”，“冲”即“舂”。“舂墙”，就是“打墙”或“筑墙”。《蜀籁》卷一：“一家打墙两家方便。”卷三：“有土才筑得起墙。”“灰筑不得墙，女养不得娘。”《唐会要》卷八十六“李勉勾当京城诸街奏”：“京城诸街种植，大历二年五月敕：诸坊市街曲，有侵街打墙、接檐造舍等，先处分一切不许，并令毁拆，宜委李勉常加勾当。”《太平广记》卷三七五“石函中人”（出《酉阳杂俎》）：“上都务本坊，贞元中，有一人家，因打墙掘地，遇一石函。发之，见物如丝满函，飞出于外。”元郑廷玉《看钱奴》第二折：“自从与那一分人家打墙，刨出一石槽金银来。”《西游记》第十八回：“我也曾替你家扫地通沟，搬砖运瓦，筑土打墙，耕田耙地，种麦插秧，创家立业。”前代土墙，可砖（泥砖）砌。《初刻拍案惊奇》卷三十五：“想一想道：‘恰才上圣分明的对我说，那一家的福力，借与我二十年，我如今该做财主。一觉醒来，财主在那里？梦是心头想，信他则甚？昨日大户人家要打墙，叫我寻泥坯，我不免去寻问一家则个。’”不过更多时候是不用泥砖，而是使用“版筑”。《汉书·英布传》：“项王伐齐，身负版筑。”颜师古注引李奇曰：“版，墙版也；筑，杵也。”筑墙的方法是用两版相夹，填泥其中，以杵捣实成墙。如郑玄言，《诗·大雅·绵》“捄之陾陾”郑笺：“筑墙者捊聚壤土，盛之以虆，而投诸版中。”“打墙”“筑墙”和“舂墙”，应有差别，“打墙”，可砖（泥砖）砌可土筑，“筑墙”可土筑可石砌，“舂墙”只能是泥土捣筑。

就以前四川地区修筑土墙而言，“舂墙”和“打墙”应该是不同的工作环节。修筑土墙一般的流程是，挖土、和土，使泥土干湿软硬适当，挑土倒入夹版中，捣筑，起版，再倒土，捣筑，如此再三。最后一堵墙筑得差不多了，用一种叫“打板”的工具，击打墙面，使之光滑。其中“捣筑”，就是“舂墙”，是整个工作的关键。舂墙者使用的工具叫“墙锤”，上下两相等的方形木块，30厘米左右长宽，5厘米左右厚，和泥土接触面中部稍突起，中间一根木柄相连，两头换着使用。舂墙一般两人相对，你一下我一下交替捣筑。舂墙在农村是和车水差不多的重体力活，也是技术活，还是胆量活。墙筑到一定的高度，由于墙体较薄，在劳作时，墙体会发生晃动。所以舂墙者要一边用力捣筑，一边随时留心，以免墙体倒塌，或即使倒塌时，也好采取有效的自救措施。这样的工作状况，自然不免"汗流浃背"。

另，"此时心惊胆战，犹如冲墙一般，汗流浃背，坐也不好，站也不好。"三种整理本均如此标点[①]。这样标点，有破句之嫌，语意不明。"犹如冲墙一般"与"汗流浃背"之间不应施逗，应为"犹如冲墙一般汗流浃背"。

【嚣拥】

张么师曰："昨天接学院，个个夸奖好富贵，好荣耀，好权势，好嚣拥，不知他是个啥样子，就有这们好的命哦？"杨曰："他还是一个人，但是会谈诗书，平地雷一声，变了穷酸相，富贵逼人来，天下知名望。你要看他，明日到考棚里来，我指与你看。"（《川北栈》）

按："嚣拥"，邓章应入"待问篇"，言：确意不解。可能是"很值处夸耀"的意思。我们认为，"嚣拥"，或作"销拥"，即"打拥堂"。《蜀籁》卷二收有"打拥堂"。"嚣拥"，就是"喧嚣拥闹"，"打拥堂"就是"拥闹于堂"，用于指人多或热闹。结合上

① 即张庆善整理《跻春台》，百花文艺出版社，1988年。蔡敦勇校点《跻春台》，江苏古籍出版社，1993年。金藏、常夜笛校点《跻春台》，群众出版社，1999年。

下文，“好嚣拥”，是指学院官手下的人多，喧嚣拥闹，阵势大。

【痾堆】

蒙你接我到家内，好酒好菜来恭维。因我作恶坏脾胃，做事处处把心亏。总想使人把时背，总想弄人去痾堆。（《吃得亏》）

按：“痾堆”，邓章应入“待问篇”，言：《汉语方言大词典》：“生育。西南官话。云南昭通话。姜亮夫《昭通方言疏证·释人》：‘昭人谓产子曰痾堆。’”似与此不合。我们认为，姜先生所言“痾堆”，与此处“痾堆”不是一回事。“痾堆”，当为“屙堆”。《成都通览》“成都之土语方言”收“阿堆”，释为“失面子也”。所释近是。“阿堆”亦当为“屙堆”。“屙堆”，应该就是屙一堆屎之意，往往指帮倒忙或起反作用，把事情搞臭。今吾乡仁寿话有“本喊你来挡威，哪想你来屙堆”之说。

【肘梗】

儿是个何等人，幼年读书在黉门。入了学又补廪，出门上下都肘梗。乡党中谁不尊，人喊老爷是绅衿。（《六指头》）

按：“肘梗”，邓章应入“待问篇”，言：确意不解。我们认为，“肘梗”，就是“肘硬”或“硬肘”。《成都通览》“成都之土语方言”收“肘起来了”，释为“自夸也”。《蜀籁》卷三：“架子肘起了。”卷四：“硬硬肘肘。”“说不起硬肘话。”《汉语方言大词典》“硬肘”释为“刚强，坚定”。当是。

【坐斗】

那知胡癞子躲在菜园，一下钻出，芸娘骇个坐斗；癞子

上前通奸，芸娘大骂。（《仙人掌》）

一日，开榜赶场，半夜方归，一家尽睡，走至中堂喊门，喊了多久，无人答应。开榜大怒，大声吼骂，妻方应声；又过一阵，才来开门。开榜等得气急，一掌推去，打个坐斗。（同上）

一日正在踢球，刘公忽从那里过去，绿波用力一踢，那球落在刘公头上；绿波与婢早已藏避，公子犹踊跃争球，将刘公按个坐斗。刘公大怒，将子罚跪责打。（《失新郎》）

抬头一看，"嗨呀！"一个筋斗如滚石而下，滚至石坪，幸被小树绊住，底下黑气只往上冒。朱泰惊定，往下一看，"嗨呀！"又是一个坐斗，说道："我……我……我，今……今……今天定死无疑了！"（《哑女配》）

其妻向前打妾，妾向内跑，妻赶去，地下被茶打湿，溜个坐斗，把气跌脱了。（《巧姻缘》）

店主娘曰："定是睡着了，待我去看。"将帘揭开一看，一个坐斗。（《阴阳帽》）

其母喊了数声，不见答应，进房揭帐又喊，亦不见答，用手去摇，上下齐动，细看才是死的！骇个坐斗，起来喊曰："老汉快来！我儿如何死了？"（《双冤报》）

惠风走去，见门未关，进看无人，走到房中，灯光半明半暗，见爱莲凭在椅上，大喜曰："我的亲亲呀！"双手抱住亲嘴，头倒怀中，鲜血淌流，骇个坐斗，尸扑身上，半晌方才起来，出外便跑。（《巧报应》）

按：曹小云言："坐斗，身体失控，向后倒地，臀部着地。俗语'屁股墩'。"《汉语大词典》收"坐蹾"，释为"身体失控，臀部着地，状如蹲坐的倾跌姿势。《人民文学》1976 年第 2 期：‘那中年妇女赶到了，伸手一推，宰牛人一个坐蹴，四脚朝天。’”曹说和《汉语大词典》大致相当。《汉语方言大词典》收“坐臀”（“坐墩”）释为“猪后腿肉”，下引韩青《第二个老太婆是假的》：“他从箩篼头取出块坐墩肉。”我们认为“坐斗”即“坐墩”。《跻春台》又作“坐徒”，《解父冤》：“听一言来魂不住，转身跌了一坐徒。起来看见一冤妇，手拿绳索泪如珠。”“坐徒”是“坐斗”的不同写法。

在四川方言中，诚然“坐墩”常用来指“猪后腿肉”，但也常用来借指人臀部。曹说和《汉语大词典》所言“身体失控”是多余信息，施之《失新郎》例就不大适合。“将刘公按个坐斗”，刘公是被迫的，不能说身体失控。并且“坐斗”前都有数量修饰语“（一）个”，一个坐斗，就是一屁股，活用为一屁股坐地。

那么“坐墩”何以得名？“墩”好理解，四川方言有“脸墩”之说。“坐”是不是常见动词义呢？我们认为不是。“坐”可能是“豚”之记音字。今天四川方言，与“豚”同声符的“啄”，音近“坐”。“豚”，《广韵》音竹角切，《广雅·释亲》：“豚，臀也。”故知“豚墩”就是“臀墩”、“屁股墩”。

参考文献：

［1］张一舟．从《跻春台》的校点看方言古籍研究［J］．方言，1995（2）．

［2］张一舟．《跻春台》与中江方言［J］．方言，1998（3）．

［3］张一舟．《跻春台》性质、特点、语言学价值及蔡校本再献疑［J］．西南民族学院学报（哲学社会科学版），1999（1）．

［4］唐枢．蜀籁［M］成都：．四川人民出版社，1982．

[5] 傅崇矩编. 成都通览 [M]. 成都：巴蜀书社，1986.
[6] 姜亮夫. 昭通方言疏证 [M]. 成都：上海古籍出版社，1988.
[7] 王文虎等. 四川方言词典 [M]. 成都：四川人民出版社，1986.
[8] 汉语大词典 [M]. 缩印本 . 上海：汉语大词典出版社，1997.
[9] 许宝华，宫田一郎. 汉语方言大词典 [M]. 北京：中华书局，1999.
[10] 蒋宗福. 四川方言词语考释 [M]. 成都：巴蜀书社，2001.
[11] 蒋宗福.《跻春台》三种整理本勘误举例 [J]. 方言，2005 (3).
[12] 曹小云.《跻春台》词语研究 [M]. 合肥：安徽大学出版社，2005.
[13] 邓章应.《跻春台》方言词语研究 [M]. 成都：巴蜀书社，2006.

(四川师范大学文学院　成都 610068)

Explanations of Vulgar Words in Ji Chun Tai

Huang Jianning

(College of Liberal Arts，Sichuan Normal University)

Abstract：Combined the dialect corpusses and the handed-down literature data，this article has tried to make textual research and explanations of the dialectal vulgar words，such as "煞搁"，"板搞"，"二十三"，"扯炮湖"，"柁窖"，"降像"，"冲墙"，"罳拥"，"坐斗"，in the Sichuan dialect novel 跻春台，hoping that the explanations of the meaning of these dialectal vulgar words are appropriate.

Key words：Ji Chun Tai；*vulgar word*；*explanation*

近代成都话舌尖前音和舌尖后音声母分布研究[①]

袁雪梅[②]

摘　要　与现代成都话不同，代表19世纪后期成都及其周边地区语音的《西蜀方言》和《汉语教材》区分舌尖前音和舌尖后音，其分布状况与今北京话不同，但与今保留舌尖前音和舌尖后音的四川自贡、西昌等地的分布状况有很大的一致性，这促使我们对四川方言各小片之间的关系及其来源进行更进一步的研究。

关键词　成都话；近代语音；舌尖前音；舌尖后音

①　本文为四川省哲学和社会科学规划重点项目“近代四川方言文献的语音研究”（SC12A006）前期成果，四川省哲学和社会科学高水平研究团队“四川方言研究”（2015—2017）成果。

②　作者简介：袁雪梅，四川雅安人，四川师范大学文学院教授，主要研究方向为汉语史。

现代四川方言与北京话语音系统的差异中，平翘舌不分是一个典型特征，即在以成都话为代表的今四川方言中没有舌尖后音声母［tʂ、tʂ^{h}、ʂ、ʐ］，北京话舌尖后音声母字一般对应地读为舌尖前音声母［ts、ts^{h}、s、z］，即中古知组、庄组、章组字读同精组字，中古日母字读［z］声母。但是，在代表19世纪后期、20世纪初期成都及其周边地区语音系统的《西蜀方言》和《汉语教材》中却存在对立的［tʂ、tʂ^{h}、ʂ］和［ts、ts^{h}、s］两组声母，并且与今北京话的分布不太一致，有必要对此进行深入研究。

一 《西蜀方言》和《汉语教材》

《西蜀方言》（Western Mandarin of the Spoken Language of WestChina），是中国（基督教）内地会（China Inland Mission）传教士、英国人 Adam Grainger（钟秀芝）编著的一部四川方言常用词词典，上海 American Presbyterian Mission press1900 年出版。《西蜀方言》专收常用口语词语，供传教士学习，以便其传播教义。该书共收字头 3786 个（包含 112 个异体字），无字词 191 个，用例 13484 条（包含成语 401 条，不注音）。全书包括前言、汉字部首索引、有字词、无字词、亲属称谓表、音节索引、英语索引等 7 个部分。《西蜀方言》用罗马字注音，比较全面地反映出19世纪末成都及其周边地区的方言状态[①]，已有不少学者对《西蜀方言》进行过专门研究。

新发现近代传教士编写的方言教材《CHINESE LESSONS for First Year Students in West China》（以下简称《汉语教材》)，成书于20世纪初，由加拿大籍医学传教士启尔德编著。这是目前所见第一部由外国人编纂正式出版的四川方言教程。《汉语教材》共32课，内容以真实的工作、生活场景作为背景，如第一课《同教书先生说话》，第三课《请打杂》，第二十四课《送信》；形式上全是实景中的人物对话，依次为汉语句子、英文解释、罗马字注音、句子中生词的注音和解释。解释的内容极为丰富，凡外国人不易理解的部分都是其解说的对象。《汉语教材》共出现汉字821个（不计重出），其中正文和解释文字中用罗马字注音的812个，在解释文字中未注音的17个，基本能归纳出当时成都话语音（读书音）系统。《汉语教材》以外国人的视角为出发点，由外国人编写中文方言教材，教外国人学习四川方言，在很大程度上体现出了当时四川方言、尤其成都话的基本特点，为研究20世纪初的四川方言提供了珍贵的语料。

《西蜀方言》和《汉语教材》的声母和韵母系统有很强的一致性，声调存在比较大的差异，《西蜀方言》有5个声调，入声独立，标为5；《汉语教材》有4个声调，入声未独立成调，但有少数几个古入声字韵母以-H收尾。

---

① 关于《西蜀方言》的音系性质，参看甄尚灵.《西蜀方言》与成都语音［J].方言，1988（3)；黄灵燕．再论钟秀芝《西蜀方言》的入声和基础音系问题［J].语言科学，2010（4)；彭金祥．四川方音在宋代以后的发展［J].乐山师范学院学报，2006（3）.

《西蜀方言》和《汉语教材》与今以成都话为代表的四川大部分地区方言相比的一个显著差异是存在对立的舌尖后音［tʂ、tʂ^{h}、ʂ］和舌尖前音［ts、ts^{h}、s］两组声母。以《汉语教材》为例，今天在成都话中分别同音的"脏"DZANG^{1}－"张"DJANG^{1}、"遭"DZAO^{1}－"招"DJAO^{1}、"则"DZE^{2}－"折"DJE^{2}、"怎"DZEN^{3}－"整"DJEN^{3}、"昨"DZO^{2}－"棹"DJO^{2}、"走"DZOU^{3}－"帚"DJOU^{1}、"绉"DZUNG^{4}－"重"DJUNG^{4}，"擦"TSA^{2}－"插"CHA^{2}、"纔"TSAI^{2}－"柴"CHAI^{2}、"层"TSEN^{2}－"成"CHEN^{2}、"催"TSUI^{1}－吹CHUI^{1}、"葱"TSUNG^{1}－"冲"CHUNG^{1}，"三"SAN^{1}－"山"SHAN^{1}、"四"SïH^{4}－"市"SHï^{4}、"索"SO^{2}－"说"SHO^{2}、"岁"SUI^{4}－"睡"SHUI^{4}"，都不同音。

甄尚灵（1988）指出，世居成都的老年人"语音分辨舌尖前后"，并认为"《西蜀方言》所记舌尖前后的两套擦音塞擦音，看来是19世纪后期成都语音的实际，舌尖后音混同于舌尖前音是后来的发展变化"①。肖娅曼（1999）的调查表明，当时部分老年成都人的口音中还残存有舌尖后音声母，老成都话声母分舌尖前后，读［tʂ、tʂ^{h}、ʂ］和［ts、ts^{h}、s］二组音的字分法与《西蜀方言》一致。再次印证，近代成都话舌尖塞擦音和擦音分前后两组。对于近代成都话的这种现象，有不同的看法，有观点认为这可能与成都少城旗人聚居、回民众多等因素有关②。但《西蜀方言》和《汉语教材》舌尖前后音的分布规律与今北京话并不相

① 甄尚灵.《西蜀方言》与成都语音［J］. 方言，1988（3）.

② 参甄尚灵.《西蜀方言》与成都语音. 方言［J］，1988（3）；肖娅曼. 关于成都话舌尖后音声母的调查［J］. 四川大学学报，1999（6）.

同，这使我们有必要对其进行细致观察。

二 《西蜀方言》和《汉语教材》的舌尖前音和舌尖后音系统

（一）《西蜀方言》的舌尖前音和舌尖后音系统①

《西蜀方言》的舌尖后音声母［tʂ、tʂ^h、ʂ］分别用 CH、CH‘、SH 标写②，其声韵配合情况如下表：

	CH［tʂ］	CH‘［tʂ^h］	SH［ʂ］
A	渣　蚱榨扎③	叉茶衩岔察	沙　　杀
O	捉	戳	说
E	遮　者这折	车　　扯彻	赊蛇舍射舌
U	朱　主住烛	锄杵处出	书　鼠树叔
ï	支　纸翅直	痴池齿滞吃	诗时使是石
AI	斋　　债	差柴　踹	筛　　晒
AO	招　　找照	超潮吵眇	烧苕少哨
EO	州　　肘咒	抽绸丑臭	收　　手寿
UA	抓　　啄		耍　　刷

① 由于《西蜀方言》和《汉语教材》以及今四川方言存在对立的是舌尖后音［tʂ、tʂ^h、ʂ］和舌尖前音［ts、ts^h、s］，因此本文不讨论舌尖后音［ʐ］。

② 《西蜀方言》中的 CH、CH‘、SH 实际代表了两组声母。钟秀芝在前言说明“中国内地会”拼写体系中 I、ü 之前的 K、K‘、HS 改为 CH、CH‘、SH。因此其 CH、CH‘、SH 在开口呼和合口呼韵母前为［tʂ、tʂ^h、ʂ］，在齐齿呼和撮口呼韵母前为［tɕ、tɕ^h、ɕ］。

③ 表中例字按声调阴、阳、上、去、入排列。后表同。

	CH［tʂ］	CH‘［tʂʰ］	SH［ʂ］
UE	坠	吹垂	谁水睡黍
UAI		搋 喘虿	衰 摔帅
AN	粘 展站	孱缠谄忏	山蝉陕善
EN	正 枕阵	伸成惩慎	身乘审胜
ANG	章 掌丈	昌场敞唱	商常赏上
ONG	中 肿众	充虫宠铳	
UAN	专 转1转2①	川船铲串	拴 涮
UEN	准	春 蠢	纯 顺
UANG	庄 奘壮	窗床闯创	双 爽

《西蜀方言》中CH［tʂ］声母字共224个、CH‘［tʂʰ］声母字共160个、SH［ʂ］声母字共183个（含异体字、多音字、两读字），其中“煮”有舌尖前和舌尖后两个读音，除“暂、囱、矬”外，今北京话全部读舌尖后音。

《西蜀方言》的舌尖前音声母［ts、tsʰ、s］分别用TS、TS‘、S标写，其声韵配合情况如下表：

	TS［ts］	TS‘［tsʰ］	S［s］
A	鲊 杂	擦	萨 洒 飒
O	左坐昨	搓 错促	梭跗锁 缩

① “转”是多音字，有上声、去声两读。本文凡多音字皆用X1、X2表示，下文不再出注。

	TS［ts］	TS‘［tsʰ］	S［s］
E	责	宅	塞
U	租 煮做足	粗锄楚醋族	苏 素束
ï	资 子自	跐慈此次	私 士
AI	灾 宰在	猜才彩菜啧	腮 赛
AO	遭 早灶	操曹草造	骚 嫂扫
EO	走奏	搊愁 骤	搜 叟嗽
UE	追贼嘴最	催 脆	瘶 髓岁
AN	趱湛	参谗产儳	三 伞散
EN	尊 怎甑	撑存逞衬	僧 损渗
ANG	赃 藏葬	窗藏	桑嗓磉丧
ONG	宗 总皱	葱从	松 耸送
UAN	钻1纂钻2	爨攒 窜	酸 算
UEN		村 寸	

《西蜀方言》舌尖前音声母字在现代汉语成都话中仍然读舌尖前音，但与北京话的对应情况不太一致。

《西蜀方言》TS［ts］声母字共126个，其中“煮”CHU3/TSU3、“绽”CH‘AN4/TSAN4有舌尖前和舌尖后音两读。《西蜀方言》和今北京话均读舌尖前音的108个。《西蜀方言》读舌尖前音，而今北京话读舌尖后音的有“鲊、摘1、摘2①、眨、湛、蘸、窄、争、筝、睁、挣、绉、皱、助、追、锥”等16个。

《西蜀方言》TS‘[ts^h]声母字117个，其中“产”TS‘AN³/CH‘AN³、“锄”CH‘U²/TS‘U²、“窓”TS‘ANG¹/CH‘UANG¹、“窗②”TS‘ANG¹/CH‘UANG¹有舌尖前和舌尖后音两读。《西蜀方言》和今北京话均读舌尖前音的94个。《西蜀方言》读舌尖前音，而今北京话读舌尖后音的有“宅、拆、皴、初、楚、、搊、愁、骤、橕、撑1、撑2、碜、逞、衬、搀、谗、馋、儳”等19个。

《西蜀方言》S[s]声母字120个，其中“随”SUE²/SHUE²、“束”SU⁵/SHU⁵、“狮”Sï¹/SHï¹有舌尖前和舌尖后音两读。《西蜀方言》和今北京话均读舌尖前音的96个。《西蜀方言》读舌尖前音，而今北京话读舌尖后音的有“霎、蟀、朔、虱、疏、疎③、梳、蔬、数1、数2、生1、生2、漱、师、事、士、瘦、瘆、参、甥、牲、省、渗”等21个。

（二）《汉语教材》的舌尖前音和舌尖后音系统

《汉语教材》的舌尖后音声母[tʂ、$tʂ^h$、ʂ]分别用DJ、CH、SH标写④，其声韵配合情况如下表：

---

① “摘”两读，均读舌尖前音。

② “窓”“窗”为异体字。

③ “疏”“疎”为异体字。

④ 同《西蜀方言》一样，《汉语教材》中的DJ、CH、SH实际上也代表了两组声母，在开口呼和合口呼韵母前为[tʂ、$tʂ^h$、ʂ]，在齐齿呼和撮口呼韵母前为[tɕ、$tɕ^h$、ɕ]。

	DJ［tʂ］	CH［tʂʰ］	SH［ʂ］
A		叉插	纱煞　啜
O	棹		说
E	折者这	车　扯	
U	猪竹煮	出杵处	书
ï		㖞	十　是
ïH		吃	时使
AI		柴	晒
AO	招　找照	朝炒	烧苕少
OU	帚	抽紬	收　手寿
WA	抓		刷
UE		锤	
UI		吹	水睡
WAI			甩
AN	毡　展站	川1缠	山　陕
EN	真　整阵	称陈　秤	身晨　甚
WAN	转1转2	川2船铲	拴
WEN	准		绳　顺
ANG	张　掌账	场厂	裳常上
WANG	装　　撞	窻床	
UNG	钟　　重	冲重	

《汉语教材》DJ［tʂ］声母字共35个、CH［tʂʰ］声母字共41个、SH［ʂ］声母字共45个（含异体字、两读字），今北京话全部读舌尖后音。

《汉语教材》舌尖前音声母［ts、tsʰ、s］分别用DZ、TS、S标写①，其声韵配合情况如下表：

	DZ［ts］	TS［tsʰ］	S［s］
ø	子字		
A	杂	擦	
O	昨左坐	搓撮 错	趖索锁
E	则		色
U	足 做	粗 楚	梳 数诉
ï		祠此次	丝 事
ïH			师 四
AI	再	纔 菜	
AO	遭 澡灶		嫂扫
OU	走		瘦
UI	嘴	催	随 碎
AN	趱	掺	三 伞
EN	争 怎	撑1 橙撑2	生
WAN			算
ANG	脏	窻	
UNG	宗 总绉	葱	松 送

① 《汉语教材》中的DZ、TS、S实际代表两组声母，在开口呼和合口呼韵母前为［ts、tsʰ、s］，在齐齿呼和撮口呼韵母前为［tɕ、tɕʰ、ɕ］。

《汉语教材》舌尖前音声母字在现代汉语成都话中仍然读舌尖前音，但与北京话的对应情况不太一致。

《汉语教材》DZ［ts］声母字共 30 个。《汉语教材》和今北京话均读舌尖前音的 27 个，《汉语教材》读舌尖前音而今北京话读舌尖后音的有“争、助、绉”3 个。

《汉语教材》TS［tsʰ］声母字 21 个，其中“窻”TSANG¹/CHWANG¹ 两读。《汉语教材》和今北京话均读舌尖前音的 16 个，《汉语教材》舌尖前后音两读的有 1 个，《汉语教材》读舌尖前音而今北京话读舌尖后音的有“橙、撑 1、撑 2、楚”4 个。

《汉语教材》S［s］声母字 30 个，《汉语教材》和今北京话均读舌尖前音的 23 个。《汉语教材》读舌尖前音而今北京话读舌尖后音的有“生、师、事、瘦、梳、数 1、数 2”。

三　近代四川话舌尖前音和舌尖后音声母字与现代音对照

《西蜀方言》和《汉语教材》所代表的近代四川话舌尖前音和舌尖后音的分类与今北京音一致，但是具体字有一些出入。总体情况是，近代四川话舌尖后音声母字，今北京话除少数几个例外字“囱、矬、暂”，基本读舌尖后音；近代四川话舌尖前音声母字中的一部分，今北京话读舌尖后音。

周及徐（2013）观察到，北京话舌尖前后音声母字来源比较复杂，大致情况是知组和庄组二等字，除梗摄外，读舌尖后音；庄组三等字中，止摄和宕江摄读舌尖后音，深臻曾摄读舌尖前音，遇流摄平翘不一。

《西蜀方言》和《汉语教材》舌尖前音和舌尖后音的来源与

北京话不同。

《西蜀方言》中舌尖前后声母在知组二等字和庄组二三等字的情况见下表：

		知二	庄二	庄三
舌尖前	ts	摘湛绽	鲊眨蘸窄责錾争筝睁挣	仄侧测簪滓阻助皱绉
	ts^{h}	橕撑^{1} 撑^{4} 拆皴宅择泽	啧策册掺搀谗馋儳产窗窓	搊愁骤龇初楚锄碜衬参^{1}
	s		洒霎朔索嗽生^{1} 生^{4} 牲甥洒	霎蟀索色啬涩虱疏踈梳蔬数^{1} 数^{2} 漱师蛳狮事士搜馊锼飕瘦瘶缩森参^{2} 省渗
舌尖后	tʂ	爹奼箚棹浊罩站桩	蚱乍诈栅榨扎扎斋债寨栈抓楂渣找爪斩盏捉	栈装庄壮状
	tʂ^{h}	茶扠诧搽绽虿嘲戳澄撞	叉杈差查衩岔汊察插龊差钗柴豺抄訬耖吵炒钞孱产忏铲窗窓囱	差$_{1}$ 差$_{2}$ 揣孱床床创闯疮锄
	ʂ		沙砂裟纱鲨杉杀煞筛晒稍梢筲捎耍刷山衫疝涮闩 4 闩 1 讪双艭	狮簁刷衰摔帅史使柿霜孀爽

知二系中梗摄 9 字、咸摄 1 字读舌尖前音，山摄 1 字舌尖前后两读；庄二系中梗摄 12 字、咸摄 11 字、假摄 1 字、蟹摄 2 字、江摄 2 字读舌尖前音，江摄 2 字、山摄 1 字舌尖前后两读；庄三系中梗摄 2 字、遇摄 9 字、深摄 7 字、止摄 8 字、流摄 11 字、曾摄 5 字、臻摄 3 字、通摄 1 字、咸摄 1 字读舌尖前音，遇摄 1 字、止摄 1 字舌尖前后两读。

《汉语教材》中舌尖前后声母在知组二等字和庄组二三等字的情况见下表：

		知二	庄二	庄三
舌尖前	ts		争	绉侧助
	ts^h	撑橙	窻[1] 掺	楚
	s		生洒	事色师瘦梳数
舌尖后	tʂ	罩站棹（桌）撞	找抓	装妆
	$tʂ^h$	搋茶	窻[2] 叉插炒铲柴	床
	ʂ		煞纱晒山稍刷	柿使

知二系中梗摄 2 字，庄二系中梗摄、江摄、咸摄和假摄各 1 字，庄三系 10 字（分属曾止流遇摄）读舌尖前音。

周及徐（2013）对四川保留平翘舌区分的自贡、西昌和宜宾三点这一特征进行研究，发现它们具有共同的语音特点，即知三章组翘舌，知二和庄二三组字主元音为高元音或半高元音时读平舌，主元音今为低元音时读翘舌。认为“地理交通并不便利的地区（自贡、宜宾与西昌相隔）都表现一致，说明这些字音的扩散用了相当的时间”，并且“四川分平翘舌声母的方言是对北方官话知章合一派的继承，并以此为标志推测自贡、西昌等方言分化时代”①。

值得注意的是，《西蜀方言》和《汉语教材》舌尖前音和舌尖后音的来源与分布与现代四川自贡、宜宾、泸州以及西昌等地

① 周及徐. 四川自贡、西昌话的平翘舌声母分布［J］. 四川师范大学学报，2013（5）.

舌尖前音和舌尖后音分布状况存在一致性，即《西蜀方言》和《汉语教材》所反映平翘舌在知二、庄二和庄三的分布与今四川保留平翘舌区分地点的特征契合。近代彼此距离间隔较远、交通不便的川西成都及其周边地区，与川南的自贡、宜宾，川西南西昌等地的方言，在舌尖前后音的变化上所呈现出来的这种有规律、可解释的一致性，使我们有理由相信，声母区分舌尖前音和舌尖后音是近代四川话自成系统的特点，在近代四川地区大面积存在，到今天则在自贡、宜宾、西昌等地保留。这种观察结果对我们今天讨论现代四川方言的来源具有重要的启示。

在通行的四川方言分区中，按照声调的总体情况，通常将成都话归入西南官话成渝片，宜宾泸州归入西南官话灌赤片的岷江小片，自贡归入西南官话灌赤片的仁富小片[①]；按入声的有无及读音情况，成都话属于入声归阳平区，自贡话属于入声归去声区，宜宾、泸州、西昌属于入声独立区。崔荣昌（1996）认为当代四川方言都是外省移民带来的，今四川方言的历史只能上溯到明初；周及徐（2012）认为成都重庆为代表的“湖广话”是明洪武及清前期移民的结果，宜宾等地所属的“南路话”则是元明清在移民以前延续下来的方言。但是，近代四川话舌尖前后音的分布与上述区域的一致性，则表明今四川地区的成都、自贡、宜宾等地方言之间的关系可能比此前的认识更加复杂，通过它们能够往前追溯的四川方言历史可能更加久远。研究四川方言的形成问题，除了从移民史等语言外部影响因素角度加以论证外，还应在语言特征上做更进一步的研究。

---

① 参黄雪贞. 西南官话的分区（稿）[J]. 方言，1986（4）.

同时舌尖后音向舌尖前音靠拢的迹象亦在近代出现，例如《西蜀方言》知三“追”TSUE^{1}、“逞”TS‘EN^{3}，章组“锥”TSUE^{1}，庄二低元音的“剿”TS‘AO^{2}，读舌尖前音，章组“煮、束、随”有舌尖前音和舌尖后音两读。而且可以肯定的是这种变化在川西曾以极快的速度扩散，几十年间舌尖后音就全部混入舌尖前音。是什么原因导致舌尖后音声母在川西地区的迅速消失，而在自贡等地继续保留，是另一个值得探讨的问题。

参考文献：

[1] 崔荣昌. 四川境内的湘方言［M］. 台北：“中央研究院”历史语言研究所，1996.

[2] 黄灵燕. 再论钟秀芝《西蜀方言》的入声和基础音系问题［J］. 语言科学，2010（4）.

[3] 黄雪贞. 西南官话的分区（稿）［J］. 方言，1986（4）.

[4] 彭金祥. 四川方音在宋代以后的发展［J］. 乐山师范学院学报，2006（3）.

[5] 肖娅曼. 关于成都话舌尖后音声母的调查［J］. 四川大学学报，1999（6）.

[6] 袁雪梅. 《汉语教材》与成都话声母系统比较//语言历史论丛［M］. 成都：巴蜀书社，2013.

[7] 甄尚灵.《西蜀方言》与成都语音［J］. 方言，1988（3）.

[8] 周及徐. 南路话和湖广话的语音特点［J］. 语言研究，2012（3）.

[9] 周及徐. 四川自贡、西昌话的平翘舌声母分布［J］. 四川师范大学学报，2013（5）.

（四川师范大学文学院　成都 610068）

Study on Distribution of Alveolar and Retroflex in Modern Chengdu Speech

Yuan Xuemei

(College of Liberal Arts, Sichuan Normal University)

Abstract: Unlike the modern Chengdu speech, *Western Mandarin* or *the Spoken Language of Western China* and *Chinese Lessons* which represent the Chengdu and its surrounding areas' dialect of late 19th century, distinguish alveolar and retroflex. The distribution is different from the contemporary Beijing dialect, but highly consistent with Zigong and Xichang speech that still maintain the differences between alveolar and retroflex onsets. It prompts us to further study the relationship between the small areas of Sichuan dialects and their sources.

Key words: Chengdu speech; modern pronunciation; alveolars; retroflexes; phonological distribution

成都俗语本字 24 例[①]

周及徐[②]

摘　要　举成都话中的俗语词 24 例，通过比较方言语音共时差异和历时差异的方法，根据语音对应规律，找出方言“本字”。

关键词　成都话；方言本字；汉语今音；汉语古音；历史比较

汉语方言众多，词语千差万别，理解它们有两点很重要。其一，语言/方言的继承性很强，方言中的词语，一般都不是今天才产生的，通常有很长的历史。方言词语通过音和义来传递。与

① 本文为四川省哲学和社会科学高水平研究团队“四川方言研究”（2015－2017）项目阶段成果。

② 作者简介：周及徐，四川师范大学语言学教授，研究方向为汉语史、现代汉语方言。

它们伴行的文字，一部分由于年代久远而失传，一部分则是因为方言词多有“只说不写”的特点而失传。这就形成一部分方言词有音义而不知“本字”的情况。其二，汉语方言之间的联系很强，说到底，汉语各方言原是一家人，在漫长的历史中分成了很多支脉，虽然各有特点，但是仍有密切的联系，在语音上形成对应关系。这就是语言学上所说的“谱系树”理论。从今天来看，方言词语的这种历史联系常常被遮蔽了，让我们看不见、理还乱。常见的干扰因素有语音的变化、词义的改变和文字的废替等等，尤其是语音的改变，使我们不认识历史上早就有这些词。我们常遇到方言中的一些词语，音和义都很清楚，但是不知道字该是怎么写。这通常可分三种情况。

第一，可按词语的音和义在字书词典中正确地查到的一部分字。这些是音和义都保留至今，没有太大的变化的字词。只是书面语不常用，我们不知本字的写法。依音和义去查字典词书，可以解决。例如：成都话“把中药［pi^2］出来”，查《汉语大词典》：“滗（滗，滗）bì，挡住渣滓把液体倒出来。”又例如：成都话“衣服破了个口子，把它［$liao^1$］起来”，查《汉语大词典》：“敹 liáo，缝缀；缝合。”章炳麟《新方言·释器》：“凡非绽裂而粗率缝之亦曰敹。”这个字的声调是阳平调第二声，而口语中［$liao^1$］是阴平调一声，从语音规律可知，来母［l-］读阴平是个别例外的情况。这个词的音义与“敹”是符合的，所以我们可以肯定是这个字。只是对于那些比较生僻的字，要用大型词书，耐心去对比音义，往往可以找到。

第二，按词语的音义，在字书词典中根本查不到对应的词字。这有两种可能：一是古代字典词书失收这个词。二是我们还没找到这个词的音义发展线索，不知它是从何变来的，所以找不到它原来的形式。例如成都菜肴名“鸡［xa^{1}］豆腐”，第二音节［xa^{1}］是“刨［phao^{2}］”的意思。此菜简单可口：油盐已热，大块豆腐下锅，乱铲刨烂，撒上葱花即成。［xa^{1}］究竟原是哪一字呢？从语音演变规律，成都话的［xa^{1}］应在中古音麻韵开口清声晓母字。（成都话入归阳平，所以可不考虑入声韵的字。）可是在《广韵》和《集韵》中都找不到语音相应的字。这个［xa^{1}］可能是从“薅［xao^{1}］”变来的，在语流音变中，异化失去了元音韵尾。成都话有“薅刨”，指手不停地往自己跟前扒，与“鸡［xa^{1}］豆腐”的［xa^{1}］同义。总之，从来就没有这个词的情况是很少的，除非这个词是从别的语言外借而来的。方言词语的音不会无规则地变化。

第三，词语的语音在方言中起了变化，不能按语音在字典词书中正确地查到本字。这是因为我们的字典词书是按现代普通话语音编写的，方言词语不收或收得很少。少数的方言编有方言词典，但往往用同音字代替方言词语的本字，查到这个词也不知本字为何，同音替代字的特点是在意义上讲不通。例如：成都话“告一下”，指试一下的意思，词典也这样写[1]，意义上不通，显然只是一个同音替代字。方言的语音变化是有规律的，我们可以从方言词语与历史语音的语音对应规律，或者与普通话和其它方言的语音对应规律中找到方言的本字[2]。普通话是以北京语音为基础的，从本质上说也是一种方言。找出方言词与历史语音的对应关系，或者同别的方言的词语的语音对应关系，这就是我们找出语音有变化的方言本字的方法。

这第三种情况就是本文要讨论的问题。所谓“方言本字”不是词源，一般是唐宋时期《广韵》或《集韵》里面的字。这是因为这两部字典收字多，而且注音释义清楚，可以帮助我们清楚地分辨词对应关系。特别是两书中的反切注音，除去了一般古文献中字音不明的缺点。词义的对应可宽，因为词义历经千年可有引伸。词音的对应则必严格，声、韵、调的对应一项都不能少，因为词音的演变是依循汉语语音规律的。少数不合规律的地方，必须说明特殊的原因，否则应当存疑。以上就是方言考本字的原则[3]。本文以成都话方言词为例。成都话属北方方言西南官话成渝话小片（即湖广话）。成都话与普通话语音的主要区别是：成都话所有翘舌声母读平舌音，部分鼻音声母（n-）与边音声母（l-）相混；成都话有阴平、阳平、上声和去声四个声调，古入声字大部归入阳平调（第二调）；普通话韵母-ing、-eng 成都话为-in、-en。其余还有一些次要的区别，暂略。本文例字，除引用现代词书字典的例子用汉语拼音而外，其他方言例字一律用国际音标标音，外加“[ ]”。圆括号中的字表示替代本字的临时暂用的同音字。

下面的 24 例成都话词语，方言的语音虽然有了变化，但是根据纵向的历史语音关系或横向的方言语音对比，仍能确定其本字。前 21 例是与中古音或不同方言音的比较，后 3 例涉及上古汉语音。没有任何一个词是没有历史来源的。如果有，那是我们还没有找到它的历史来源。

1. 把手（老）[lau^3] 高点儿　成都话 [lau^3]，向上举起，本字当是“撩”。《汉语大词典》：liāo 1. 掀起；揭起。金董解元《西厢记诸宫调》卷一：“手撩着衣袂，大踏步走至根前。”义同，音不同。《广韵》“撩，卢鸟切”。汉语语音史中，三等字的介音

-i-是中古以后增生的，则“撩［lau^3］”音源自古音，意为向上举起。《说文解字》“撩，理也”（洛萧切），另一音义。

同声符字音类推：与下三字声、韵、调俱同。（词例见《汉语大词典》）

（1）潦［lau^3］，《广韵》卢皓切。雨水大貌。亦指雨后的大水。《礼记·曲礼上》：“水潦降，不献鱼鳖。”

（2）僚［lau^3］，《集韵》鲁皓切。魏晋以来对分布于今四川、陕西、贵州、云南、广西等地的少数民族。四川俗语“乡巴老”之“［lau^3］”，当是此字。

（3）“嫽嫽”［lau^3 lau^3］，后写作“姥姥”，北方话外婆之称。

2.（母母）［mu^3 mu^2］　成都话对中老年妇女称“母母”，例如“刘母母”、“张母母”。本字当是“姥”。姥，《广韵》莫补切，上声姥韵。古义有“老妇的通称。”《晋书·王羲之传》：“会稽有孤居姥养一鹅，善鸣。”疑《红楼梦》中“刘姥姥”当音“刘母母”。“姥姥”［lau^3 lau^3］，本作“嫽嫽”，乃是北方话外婆之称，岂有地位尊荣的贾府上下皆称一村妪为“外婆”之理？称“姥姥”［mu^3 mu^3］，则为老妇通称，合于情理。

3.（高）笋　即茭笋，即北方人口语中之“茭白”。老成都话“茭笋”音读“高笋”。茭，《广韵》古肴切。肴韵二等字。西南官话见系二等字，多不腭化，即［k-、kh-、x-］在细音前不变为［tɕ-、tɕh-、ɕ-］，这是一条语音规律，四川话以读“鞋”为“孩［xai^2］”为人所熟知。以下五条词语的成都话读音，也都是这条规律造成的现象。

4.（告）［kau^4］一下　成都话即“试一下”。本字当为

“较”，《广韵·效韵》“古孝切”。古有“较量，比试本领/抗衡、较量”义。“告一下”即“较一下”。“较”效韵见母［k-］二等字，老成都话声母不腭化，语音规律同上。

5. 把钟（告）［kau⁴］准　本字当为“校”，《广韵·效韵》“古孝切”。古有“计数，查点”义。成都话“把钟告准”，即“把钟校准”。“校”效韵见母［k-］二等字，老成都话声母不腭化，语音规律同上。

6. （告）花子［kau⁴ xua¹ tsɿ］　字当为“教化子”，即乞丐。“教化”是教人施舍之意，即行乞，又指行乞的人。“教”《广韵·效韵》“古孝切”，效韵见母［k-］二等字，老成都话声母不腭化，语音规律同上。第二个字“化”字去声，紧接前一个去声字“教”之后，变调为阴平，所以读音为［xua¹］（花）。

7. 地（告）［kau⁴］　成都话“地告”即地窖，又有“老告”（称酒），即老窖；又把“窖藏”叫做“告藏”。“窖”《广韵·效韵》“古孝切”，老成都话声母不腭化，语音规律同上。

8. 睡（告告）［kau⁴ kau¹］　老成都话“睡觉［kau⁴］”即睡觉，今还保存在对小孩语中，后一“觉”字叠音变为阴平调。“觉”《广韵·效韵》“古孝切”，老成都话声母不腭化，语音规律同上。

又，“敲门”成都话说“［kʰau¹］门”，“咬一口”成都话说“［ŋau³］一口”，“解开”、“解刀”成都话说“［kai³］开”、“［kai³］刀”，“阶沿边”成都话说“［kai¹］沿边”（误以为是“街沿边”），也都是西南官话见系二等字不腭化的现象。不过这些字的旧读音离我们还不太远，人们还分得清旧读的字的本来的写法。而上面的那些字就因为时间久远，就只知音义，不知本来的字了。其实，都是同类的方言口语词语音滞后现象。我们这一代人，对“阶级斗争”这个词有很深的印象，这个词在20世纪60年代初成都话的读音是［kai^{1} tɕie^{2} təu^{4} tsəng^{1}］，“阶级”两个字的读音今天成都话已经变为［tɕiai^{1} tɕi^{2}］或者［tɕie^{1} tɕi^{2}］，“阶”字声母由原来的［k-］变成了腭化的［tɕ-］，韵母也向普通话靠拢了。

9.（彭彭）［p^{h}en^{1}］椅　彭读阴平声，指有靠背的椅子。本字当为“凭凭椅”。凭，《广韵》扶冰切，平声蒸韵并母。上古即有“靠着”义。中古音［bɨŋ］平声，西南方言变为［p^{h}ən^{1}］，阴平送气，本当为阳平送气（客赣方言影响?）。成都话和南路话同音［p^{h}ən^{1}］。四川泸州话［phong^{1} phong^{1}］椅，渠县话“不要［phong^{1}］在墙上”，曾摄舒声韵字读如通摄。

10.（板）［pan^{3}］命　又作“［踙］命”[1]。成都话义为“全力挣扎”，字当为“拚命”。拚，《广韵·桓韵》“拌，弃也，俗作拚。普官切。”《广韵·缓韵》“拌，弃也，又音潘。”蒲旱切，上声并母。今读［pan^{3}］，仍是上声。豁出去；舍弃不顾。五代牛峤《菩萨蛮》词：“须作一生拚，尽君今日欢。”（汉语大词典）上句末字用仄声。后来写作“拼”，遂误读作［pin^{1}］。

“拼［pin^{1}］”是另一词，是“拼合”之义，“武松定睛看时，却是两个人，把虎皮缝做衣裳，紧紧拼在身上。”（《水浒传》第二回）与“拚［pan^{3}］”音义皆不同。

11.（拌）［pan^{4}］东西[1]　成都话指故意摔坏物品。例：“我要把这个碗［pan^{4}］了！”“我要把这个手表［pan^{4}］了！”古有此词，字作“拌”。《方言》第十：“拌，弃也。楚凡挥弃物谓之拌。”《广韵·缓韵》“拌，弃也，蒲旱切，又音潘。”上声并母，浊上变去，今成都话读［pan⁴］，声韵调俱合。顺便提一下，今天成都话在内的湖广话，就是楚语之后，因为它是湖广移民带到四川来的[5]。

12.（窘）［tɕioŋ¹］起屁股　成都话意为“把腰身弯起”。“［tɕioŋ¹］”就是“躬”。《广韵·东韵》：“躬，居戎切。”东韵三等见母平声，当音“［tɕioŋ¹］”，文读［koŋ¹］声母不腭化，且脱去［-i-］介音。成都话白读音保留了三等字的读法。

13. 惊（呜）呐喊　成都话指人大呼小叫，有大惊小怪的意思。第二个字“呜”意义不明。这与成都话的语音特点有关。本字当作“惊呼呐喊”［tɕin¹ fu¹ la² xan³］，“呼”成都话音［fu¹］，当［f-］处在前后音节的元音之间，发生清辅音浊化，而成为［vu¹］（成都话音同呜），音变为［tɕin¹ vu¹ la² xan³］。

14. 饭（蒲）［pʰu²］了　［pʰu²］成都话指米饭或汤沸腾溢出。《汉语大词典》作“潽”，音［pu¹］。非本字。《说文解字·䰜部》：“䰒，吹声沸也。从䰜孛声。蒲没切。”段玉裁校作“炊釜鬻（沸）溢也。”段注：“今江苏俗谓火盛水鬻（沸）溢出为铺出，䰒之转语也，正当作䰒字。”依据“蒲没切”，并母没韵入声，成都话当音［pu²］，声调入归阳平，声母当不送气，例外地读了送气音。

15.（秋）［tɕhiəu¹］腊肉　《四川方言词典》作“焣”[1]，此字《玉篇》子了切，今音［tɕiao³］，变色的意思，音义不合。成都话指冬天熏制过年的腌肉，不说“熏”而说“（秋）”。此词还真与“秋”字有一点关系。“秋”字原有二体，一作“烁”，一作“穮”。“穮”，从禾，声符为“爐”。“爐”《说文解字》说解为“灼龟不兆也”，意为占卜时烧灼龟壳没有出现裂纹。这里只说

“𤈦”音［tɕhiəu^{1}］（秋字声符，上古音幽部，中古音转入宵韵），意为用微火烧。与今成都话烟熏之［tɕhiəu^{1}］音义合，若为本字，则此词源远流长。《广韵》有“煍”字，火烧貌，自秋切，音［tɕhiu^{2}］，义近而声调不合，应为同源词。

16.（戳）［ts^{h}o^{2}］脱　成都话指某个有价值的东西毁掉了。例如：“这一摔下去，花瓶就［ts^{h}o^{2}］脱了。”有人把字写作“蹉跎”，误。“蹉跎［ts^{h}uo^{1} tuo^{2}］”意为光阴虚度，音义皆不合。本字当为“出脱”，即报销了。“出”的字音需要解释：“出”成都话音［ts^{h}u^{2}］，为何这里音［ts^{h}o^{2}］？成都话语音有南路话底层[4]，“出”入声字，南路话音［ts^{h}o^{5}］，老成都话音［ts^{h}o^{2}］，只是变了声调为阳平，今三瓦窑、石羊场等地操老成都话的人说“出去”，音［ts^{h}o^{2} tɕie^{4}］。“出”字的老成都话音固定在“出［ts^{h}o^{2}］脱”里面，形成一个保留旧音的特殊词。同理，“（戳）笨”、“（戳）拐”，本字应当是“出笨”、“出拐”。

17. 笨（戳戳）［ts^{h}o^{2}～］　成都话指人笨手笨脚的。本字当为“笨拙拙”。“拙”字在老成都话中音［ts^{h}o^{2}］。例如：“这人手艺拙［ts^{h}o^{2}］。”“拙［ts^{h}o^{2}］”字的老成都话音固定在“笨拙拙”里面，也形成一个保留旧音的特殊词。

18. 地（阵）　老成都话把地板叫“地阵”。《四川方言词典》作“地阵板”[1]。本字当为“枕［tsən^{4}］”，与“阵”同音，即垫在地上的枕木，后来叫“地板”。“枕”《广韵》有去声一读，之任切，义为卧、垫。地枕，即垫在地上的木头。

19. 这个东西很（孬）［phie4］　成都话［phie4］指物品质量差或人品德不好。人们把这个字写作“孬”，误，这只是同义替代的训读。“孬”音［nao^{1}］，与［p^{h}ie^{4}］声、韵、调俱不同，不会有音变关系，是两个不同的词，同义词替代写成了同一个字。成都话［p^hie^4］本字当作“敝”，《广韵》毗祭切，去声祭韵并母，意为破烂、破旧，老成都话音［p^hie^4］，浊母仄声读送气，又见本文例 14。成语“敝帚自珍”，老成都话音“敝［p^hie^4］帚自珍”。

20. 干（西儿）［$ɕiər^1$］　成都话指这个人很瘦。如果某物很不结实，也说“（西儿）”。例如：“这把椅子好（西儿）哦。”很长时间想不出这个本字。四川理工学院的杨锦芬老师告诉我，云南昆明西郊安宁地方，把事物薄弱叫做“枵薄”，保存古代汉语词“枵”。我才恍然大悟，成都话中的“(西儿)”，是“枵”字的儿化音。“枵”《广韵·宵韵》许娇切，《汉语大词典》：“枵 xiāo，丝缕纤维稀疏而轻薄。”引申为一切的轻薄。成都话和昆明地区话，都是西南官话，有此联系是合理的。“枵”字如此的文言味儿，很少有人写它，加以儿化音变，久而久之便不知是哪个字了。

21. 干（绍）［sau^4］　成都话指干燥。例如：“这个地方通风、敞亮，还干（绍）。”这个本字就是“燥”。普通话读［$tsau^4$］，《广韵》“苏老切”，心母上声，不切合，可能是受“躁”字音的影响。成都话音来自《集韵》“燥，先到切”，心母去声，正切合音［sau^4］。

22.（爬/趴扑）［p^ha^3 p^hu^2］　成都话指摔倒在地。例如：“这娃儿绊了一个大（爬扑）。”本字当是“匍匐”。匍匐，上古音［*baa *bɯg］[6]，中古音［bo biuk］，普通话音［p^hu^2 fu^2］。根据语音演变的阶段来推定[7]，“匍［p^ha^2］”就是“爬”的古字，韵还滞留在上古音阶段，浊声母平声变了阳平调送气音，北方方言语音多如此，成都话为上声，可能是《广韵》失收上声一音；成都话“匐（扑）”［p^hu^2］字则有点不同，三等字屋韵字没有轻唇化，仄声字浊声母当不送气却变了送气音。成都话浊母仄声读送气，又见本文例14、19。至于韵尾失落、入归阳平则是西南官话的普遍规律。成都话摔倒又说“扑爬［p^hu^2 p^ha^2］”，例如“扑爬（跟）斗儿”，这是“匍匐”［p^ha^2 p^hu^2］二字的颠倒。又把俯卧说成“扑［p^hu^2］”，例如伏在桌子上说成“扑在桌子上”，这是“匐”字单用。

23.（哦呵）［o^2 xo^1］　成都话感叹词，表示失望或坏了事。《四川方言词典》作“哦嗬”[1]。此词与古代汉语感叹词“呜呼”有继承关系。“呜呼”从古到今语音演变的三阶段是：上古音［*a *xa］[6]，中古音［o xo］（平声），普通话音［u^1 xu^1］。这是元音逐渐后高化的过程。成都话有［o^2 xo^1］、［o^3 xo^4］等音，成都话的这个词还滞留在中古汉语音阶段，只是声调随语调而变，不稳定。

24.（海吔）［xai^3 jiə］　成都话叹词（第二字轻声），表示多或好，意外地惊喜。本字可能为《史记》中著名的“伙颐”的继承。伙 huǒ，《说文解字·多部》：“伙，齐谓多为伙。”呼果切。颐 yí，《广韵》与之切。本指下巴，这里是语气词。《史记·陈涉世家》：“见殿屋帷帐，客曰：‘伙颐！涉之为王沈沈者。’”司马贞索隐：“服虔云：‘楚人谓多为伙。’按：又言‘颐’者，助声之辞也。谓涉为王，宫殿帷帐，庶物伙多，惊而伟之，故称伙颐也。”

伙（呼果切）颐，上古音 *qhoolʔ *lɯ[6]，中古音 huɑ: jiə，普通话 xuo^3 i^2。与成都话“海吔”［xai^3 jiə］的意义相当，语音

滞留在大约相当于中古音阶段[4]，伙颐［huɑː jiə］，第一音节失去-u-介音，由于连下读产生韵尾-i，变成［xai³ jiɔ］。此外，这也一个“楚语”的传承到湖广话的例子[4]，参见例11“（拌）东西”。四川南路话中，这个词音“哈吔”［xa³ jie］（例如崇州话），第一个音节没有产生韵尾-i，相比之下语音更早。所以，南路话与湖广话的区别自来远矣[5]。

本文前面21例方言本字考察，时间在唐宋，材料主要是《广韵》、《集韵》和同时的材料，方言考本字的方法趋于成熟，结果是可判断的。而后3例的方言本字探索，进入了上古时期。考察时代更久远的词汇来源，方法和材料都不同，涉及汉语上古音，变化更多，疑难也更多，应更加谨慎。

参考文献：

［1］王文虎，张一舟，周家筠．四川方言词典［M］．成都：四川人民出版社，2014.

［2］李荣．《广韵》的反切和今音//音韵存稿［M］．北京：商务印书馆，1982.

［3］周及徐．《广韵》等韵书中的成都话本字（一）//语言历史论丛［M］第二辑．成都：巴蜀书社，2008.

［4］周及徐．南路话和湖广话的语音特点［J］．语言研究，2012（3）.

［5］周及徐．从移民史和方言分布看四川方言的历史［J］．语言研究，2013（1）；人民大学报刊复印资料．语言文字学，2013（5）.

［6］郑张尚芳．上古音系［M］．上海：上海教育出版社，2004.

［7］潘悟云．方言考本字“觅轨法”［J］．方言，2015（4）.

（四川师范大学文学院　成都 610068）

24 Examples of Original Characters of Colloquial Words in Chengdu Speech

Zhou Jixu

(College of Liberal Arts, Sichuan Normal University)

Abstract: This article lists the 24 colloquial words in Chengdu speech according to the law of phonetic correspondence between the Old Chinese and the Modern Chinese dialects, discovered the original characters of these words by comparison of the dialectal sounds in synchronic and diachronic differences.

Key words: Chengdu speech; original character; Modern Chinese pronunciation; Old Chinese pronunciation; historical comparison

逻辑语义学视野下汉语意合性问题探索[①]

——以汉语否定式连动句为例

刘海燕[②]

摘　要　连动句含有两个或两个以上的逻辑谓词，多个逻辑谓词受否定词限制或约束时，呈现出结构不平衡现象，有的句子由此而形成了歧义，这为对外汉语教学和自然语言信息处理带来一定的困惑。纵观其内部复杂的语义内涵和形成机制，逻辑语义学的谓词逻辑法可以明晰形式和意义之间复杂的对应关系，并且对其内部复杂化的语义内涵可以很好地进行形式化的描写和分

① 基金项目：国家社科基金西部项目——现代汉语语句系统的逻辑语义研究（编号 13XYY016）阶段性成果之一。

② 作者简介：刘海燕（1969—），女，四川巴中人，博士，四川师范大学文学院教授，主要从事语言学及应用语言学的教学研究。

析，并能更好地解释其形成机制和动因。

关键词 汉语否定式连动句；逻辑语义；谓词逻辑法；预设＆蕴涵

一 缘起（汉语中存在许多形式和意义不对应现象）

汉语是世界上使用人数最多的自然语言之一，汉语作为一种非形态语言在句法上缺少严格的形态标记，这样容易产生歧义。但汉语毕竟有强大的生命力，其语义上“意合特性”某种程度可以弥补句法的不足，这种独特的句法语义对应规律是我们需要重点解决的问题。但是把缺乏形态标志的汉语进行形式化处理研究是汉语走向世界、走向未来的重要手段和必要环节。怎样从形式语义学角度把握汉语的意合性，怎样在汉语语句系统的规则设置上解释汉语语义对句法的弥补，从而描述汉语独特的句法语义对应规律，是对外汉语教学的重点和难点。如：

1. a. 他在铁锅里写字。b. 他在火车上写字。C. 他在教室里看书。

2. a. 他的老师当得好。b. 他的老师教得好。

同时汉语中有许多自己特有的常见句式或句型，其中的语义关系比较复杂，给外国人学习汉语或计算机进行自动句法分析带来许多困难。“NP＋VP1＋VP2”是汉语的常见句式，是由一个名词短语带上多个动词短语构成的。由于动词或动词短语相互连接时没有明显的形态标志，外国人或计算机往往难以确定其中的主要动词，而如果主要动词判断失误，整个结构的分析就会失败。例如：

3. a. 他命令张三回家。　　b. 他陪同老大爷回老家。　　c. 他答应孩子去动物园。

4. a. 海外片商找刘晓庆谈版权。　　b. 海外片商找刘晓庆买版权。

同时汉语句式中有大量的省略现象，其中的动词没有时态/体态的词形变化标记，汉语动词的语义特征通过与之相邻（或不相邻的）的虚词或结构体现出来，这又涉及到非连续贴合的语言现象（汉语的量化表达式、介词短语以及否定词的管辖约束也属于非连续现象）。如：

5. a. 他被交通警察叫去罚了一百块钱。　　b. 他被交通警察叫去写了一个检查。

像这样的句子，有汉语知识背景的人一下子也很难说清楚其中的差别，何况教外国学生识别，计算机处理时自然也有问题。其实例5中的主要问题是介词结构“被交通警察”的管辖范围有大有小：

5a' 他被交通警察叫去罚了一百块钱。——他被交通警察叫去/他被交通警察罚了一百块钱。

5b'. 他被交通警察叫去写了一个检查。——他被交通警察叫去/※他被交通警察写了一个检查。

像例5那样，汉语否定句也常常是同样的句子结构表现出不同的否定意义。含有否定词的连动句，其内部对各个谓词的否定意义呈现出不平衡的否定现象，有的只否定某一个谓词结构；有的否定各个谓词结构。由于否定焦点的不平衡性现象，有的句子由此而形成了歧义。在自然语言信息处理或对外汉语教学时，如何明确表现其语义内涵和语义关系，是我们亟待解决的问题和难点。如：

6. a 他没来上班。

b 祥子没有放开胆子跑。

c 学生不骑车带人。

d 我今天不回家吃饭。

e 我不去图书馆借资料。

这些作为线性组合的汉语句子本应该具有单一的线性编码和结构形式，但是由于否定焦点的不同形成了句子的部分否定和全部否定，这些特殊的语言形式给汉语非母语的人们和机器在理解和编译汉语时带来了困难，急需要我们使用直观、形象、简单的形式来进行编译和解释。

二　处理汉语形式和意义不对应现象的策略

要解决这些问题需要借助于形式语义学研究成果——类型逻辑语法系统的自然演绎表述，使用树式表示法进行形式化处理，当然这些处理具有一定的难度。在逻辑语义学框架内可以使用逻辑学的工具统一处理汉语形式和意义不对应现象，特别是能有效解决汉语中省略现象和非连续贴合现象。因为逻辑语义学中以“函项贴合”为运算原则的逻辑语法，特别是谓词逻辑法可以处理非连续现象和省略现象等问题。对缺乏形态标志的汉语句式的语义特征实现形式化的描写和分析，帮助外国人学习汉语和解决自然语言信息化处理的准确性等最棘手的语义问题，还能作一些可行性的尝试，从而更快、更有效地在世界范围内进行汉语教学和进行信息化处理，推广我们的汉文化。

本文我们就以汉语否定式连动句为例，使用上面这种方法解决形式和意义之间的不对应现象，在描写分析否定连动句内部的形式和意义时，为了简单明白，统一使用一些符号来表示，在描写其句法结构时，用NP表示连动句的句首主位词，F表示否定词，VP1表示句中第一个谓词结构，VP2表示第二个谓词结构，…………VPn表示第n个谓词结构；在描写其逻辑语义结构时，用“一”表示逻辑谓词的否定意义，V1、V2……Vn是多个连续出现的动词，x和y1、y2……yn是各个动词的论元形式，∃x表示各个动词存在一个相同的主体论元x。

（一）否定词管辖、约束各个VP时形成的逻辑语义结构

如果要否定一个句子的谓语部分，一般情况下是对整个谓语进行否定。连动句的谓语是由多个谓词组合而成的，当对其谓语部分进行否定时，应该否定结构中的各个VP，因为连动句的各个VP是连续出现，没有前者，就没有后者。如：

① 他没 来 上班。

句法结构：NP F VP1 VP2

逻辑语义结构：一来′（他，Φ）【命题1】& 一上′（他，班）【命题2】

语义限制：命题1＜命题2，其中“＜”表示“先于”。

句子中两个VP生成了两个单纯命题，两个VP之前出现了否定词“没”，使得句子的两个单纯命题都变成了否定命题。可见，句中否定词“没”在语义上指向两个VP，既否定“来”，又否定“上班”，如果“没有来”的事件发生，就不可能实现“上班”的事件，整个句子是通过否定前者来否定后者，前后两个VP是一个事件中紧密相连的阶段，VP1只是VP2的前提，

VP2 才是目的，是句子语义表达的中心。

中性语境下，连动句中否定词能分别作用于两个 VP 的现象不是很常见。连动句中的否定词如果能否定两个 VP，VP1 一般是“来、去”等单音节的趋向动词，VP1 是 VP2 的必要前提或过程，VP2 是 VP1 的目的，前后两个 VP 是一个事件紧密相连的两个阶段，句子的语义中心是 VP2，句子常常通过否定前提来否定目的，进而否定整个事件。其语义关系图示如下：

NP＋F＋VP1＋VP2 ——→ NP＋F＋VP1＋VP2

在句法结构上，可以用下面的格式进行改写：

NP＋F＋VP1＋VP2。⟺NP＋（F＋VP1）＋（F＋VP2）。

NP＋F＋VP1＋VP2。⟺NP＋F＋（VP1＋VP2）。

这种否定连动句的逻辑语义表达式为：∃x［－V1′（x，y1）&－V2′（x，y2）……－Vn′（x，yn）］。

（二）否定词只管辖、约束 VP1，而不约束 VP2 形成的逻辑语义结构

有些连动句中的否定词的语义不约束所有 VP，而只约束 VP1，不约束后面的 VP，如：

② 祥子　没有　放开胆子　跑。

句法结构　　NP　　F　　VP1　　VP2

逻辑语义结构：－放开′（祥子，胆子）【命题 1】& 跑′（祥子）【命题 2】

语义限制：命题 1＜命题 2＜命题 3，其中“＜”表示“先于”。

两个 VP 生成了三个单纯命题，两个 VP 之前出现了否定词“没有”，但不是这两个单纯命题表示否定意义。句子中的“没有”只否定了 VP1“放开胆子”，没有否定后面两个 VP“跑”。整个句子表示了“祥子没有放开胆子”“祥子跑”两个事件意义。VP1 是 VP2 发生的“方式”或“状态”，否定词只否定了其“方式”或“状态”，句子的语义中心是 VP1 所体现的“方式”或“状态”意义。它们是通过否定 VP1，进而来否定整个连动结构。又如“虎妞没有穿新衣服过年了”。

这些句子中否定词的语义指向 VP1，而不是直接指向后面的 VP2。这些句子的 VP1 主要是表示“方式”或“状态”。连动句中的否定词主要是否定“方式”或“状态”，进而否定在这种“方式”或“状态”下发生的“整个事件”，即否定整个连动句，可以称为否定性连动句。其语义关系图示如下：

NP＋F＋VP1＋VP2 ⟶ NP ＋ F＋VP1 ＋VP2

在句法结构上，可以用下面的格式进行改写：

NP＋F＋VP1＋VP2。⟺NP＋（F＋VP1）＋VP2。

或：NP＋F＋VP1＋VP2。⟺NP＋VP2＋时＋（F＋VP2）。

这种否定连动句的逻辑语义表达式为：$\exists x\,[-V1'(x, y1)\ \&\ V2'(x, y2)\cdots\cdots Vn'(x, yn)]$。

饶长溶先生（1988）曾经对否定词“不”在双项动词性短语之前否定语义只指向于前项的一些实例进行过考察和分析。他认为一些连动结构中前加否定词“不”后语义只指向前一个 VP，如“不绕弯子说话”“不买零食吃”“不骑车上班”等。他认为造成语义偏指的原因是由于“不”这个语义成分跟“VP1＋VP2”配置时否定义很自然地偏指 VP1，而不是指向于 VP2，这种语义偏指是自足的。但是，现代汉语连动句中否定词并不是全都语义偏指前项的情况，还有以下其他情况。

（三）否定词管辖、约束 VP2，而不约束 VP1 形成的逻辑语义结构

有些连动句中的否定词违背邻近性原则，不管辖、约束 VP1，而是约束 VP2，这样的连动句一般有语境限制和生活常识的制约。如：

③学生守则明文规定，学生　不　骑车　带人。

句法结构：　　　　　NP　F　VP1　VP2

逻辑语义结构：骑′（学生，车）【命题 1】&——带′（学生，人）【命题 2】。

语义限制：命题 1＜命题 2，其中“＜”表示“先于”。

两个 VP 之前出现了否定词“不”，这两个 VP 生成了两个单纯命题，但并不是两个单纯命题都表示否定意义。句子中否定词“不”只否定了 VP2 的“带人”，没有否定 VP1 的“骑车”，说明否定词只约束 VP2，不约束 VP1。造成这种不相邻否定现象的原因是特定语境的限制，使得句子中否定词的语义指向有一定的选择性，不作用于相邻的 VP1，而作用于间隔的 VP2，整个句子表示“学生能骑车，但不能在骑车的时候带人”的事态意义。

这种否定意义的连动句一般都有特定语境（上下文）或生活常识的限制。它表示在几种情况不能同时进行时，须具有一定的选择性，这种连动句一般带有祈使或命令的语气。其语义关系图示如下：

NP+F+VP1+VP2 ——→ NP+F+VP1+VP2

在句法结构上，可以用下面的格式进行改写：

NP+F+VP1+VP2。——→NP+VP1+（F+VP2）。

或：NP+F+VP1+VP2。——→ NP+VP1+时+(F+VP2)。

这种否定连动句的逻辑语义表达式为：∃x［V1′（x，y1）&－V2′（x，y2）……－Vn′（x，yn)］。

用“不”否定的连动结构通常可以能进入受约句[①]，且常常有追加的后续句或起始句对否定的语义指向于相隔 VP2 进行约束。

（四）否定词既不单独约束 VP1，也不单独约束 VP2，而是约束 VP1 和 VP2 的整体

在中性语境下，一些连动句中的否定词的语义既不单独约束 VP1，也不单独约束 VP2，而是约束 VP1 和 VP2 构成的整体，如：

④我今天　不　回家　吃饭。

NP　F　VP1　VP2

语料结构：－Φ｛我，回′（我，家）【命题 1】& 吃′（我，饭）【命题 2】｝【复合命题】。

---

① 刘永华先生（2006 年）曾经分析说，由于“不”这个否定词本身就带有祈使、禁止的意味，所以连动句否定形式的否定结果可以用塞尔勒整理的奥斯汀的言语行为理论得到验证。塞尔勒根据适切条件，提出可以通过五种语句实施五种基本言语行为，其中有一种是受约句，也就是说话者保证将来采取行动来实施某种行为的句子，如提出保证、发出威胁、提供帮助等。

语义限制：命题 1＜命题 2，其中“＜”表示“先于”，其中命题 1 和命题 2 包含于复合命题中。

句子中两个 VP 之前出现了否定词“不”，两个 VP 生成了两个单纯命题，谓词“不”生成了一个复合命题。在中性语境下，句子由于否定词的语义指向不明，可能具有一定的歧义。句子单独出现时，既不表示“我不回家”，也不表示“我不吃饭”，它表示“我不回家吃饭”的事件意义。即否定词“不”既不单独否定 VP1“回家”，也不单独否定 VP2“吃饭”，而是否定“VP1＋VP2”构成的“回家吃饭”整体。又如“你不能光着头出去”等。

一般情况下，连动句中否定词的语义不单独指向某个 VP，而是指向所有 VP 构成的连动结构。如果有具体语境限制，它的语义指向就明确、具体，但是人们根据一般生活知识的推测，在语感上否定 VP1 的情况较为常见，因为就近原则的优势选择。这些连动句的语义关系图示如下：

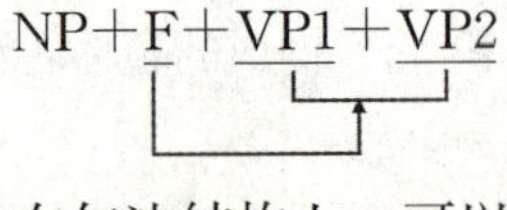

在句法结构上，可以用下面的格式进行改写：

NP＋F＋VP1＋VP2。⟸⟹NP＋F＋（VP1＋VP2）。

这种否定连动句的逻辑语义表达式为：∃x｛－Φ′［V1′（x，y1）&V2′（x，y2）……Vn′（x，yn)］｝。

（五）否定词约束、管辖对象不明确，造成了句子歧义的逻辑语义结构

在一般语境下，绝大多数连动句中的否定词的语义指向既具有一定的习惯性，又具有一定的选择性，造成连动句语义表达不明确，有的只约束 VP1，有的只约束 VP2；有的是两种情况都可以；有的不是单独约束某一个 VP，而是约束整个连动结构等等。这些情况都没有具体语境的限制，如有一定语境的制约，连动句中否定词的语义指向就会明确具体，如：

⑤. 我　不　去图书馆　借资料。

句法结构：　NP　F　VP1　　VP2

句法结构上单一线性的“NP＋F＋VP1＋VP2”结构在不同语境下可以表达几种不同意思，不同语义内涵的句子在句法结构上表现为相同的线性结构，这对于汉语作为母语的人们来说可以根据不同语境来理解这些自然语言的内涵，但对于汉语非母语的人们或机器来说，理解起来非常困难。这需要我们根据不同语境下的意思对其进行形式化的处理和编译。具体如下：

语境 1：（我到博物馆借资料）我不去图书馆借资料。

⑤′逻辑语义结构 1：¬去′（我，图书馆）【命题 1】& 借′（我，资料）【命题 2】。

语义限制：命题 1<命题 2，其中“<”表示“先于”。

句中否定词“不”在“语境 1”的限制下，其语义指向于 VP1，只有 VP1 生成的单纯命题 1 才表示否定意义；VP2 生成的单纯命题 2 不表示否定意义。

（语境 2：（我到体育馆打球）我不去图书馆借资料。

⑤″逻辑语义结构 2：¬去′（我，图书馆）【命题 1】& ¬借′（我，资料）【命题 2】。

语义限制：命题 1<命题 2，其中“<”表示“先于”。

句中否定词“不”在“语境 2”的制约下，其语义指向于两个 VP，VP1 所生成的单纯命题 1 表示否定意义；同时 VP2 生成的单纯命题 2 也表示否定意义。

（语境 3：（我到图书馆看录像）我不去图书馆借资料。

⑤'''逻辑语义结构 3：去′（我，图书馆）【命题 1】& 一借′（我，资料）【命题 2】。

语义限制：命题 1＜命题 2，其中“＜”表示“先于”。

句中否定词“不”在“语境 3”的制约下，其语义指向于 VP2，VP2 所生成的单纯命题 2 才表示否定意义；否定词的语义不指向于 VP1，VP1 所生成的单纯命题 1 不表示否定意义。

上面各种情况是由于语境不同，连动句中否定词的语义指向不同，约束的对象不同而形成了不同的组合关系。诸如此类的句子很多，如“我不到学校看书”“他不瞒着父母玩游戏机”“打牌的人们依旧不抬头看他”；“冯经理昨天没有开车上班”；“王小姐从来不上街买菜”；“江老板不进酒店谈生意”；“我不去上海开会”；“我不骑车去学校”；“他没有站起来把衣服挂上”等等。它们在不同语境的制约下产生了不同的意义，是由于句子中否定词所约束和管辖的对象各不相同，句子内部形成了不同的逻辑语义结构关系。从而也可以看出否定性连动句由于否定词管辖约束的对象不确定形成了否定焦点不平衡的现象。

一般情况下这些连动句由于否定词的语义指向不明，而产生了歧义，致使这些连动句的语义确定性较低。但是在实际的语言交际中，在具体的语境下，这些连动句的语义并不是模糊的，句中否定词约束和管辖的范围明确，语义指向具体、单一，整个连动句的语义表达也很明确具体。

三　这种现象形成的动因机制

（一）机制之一：语用预设&蕴涵（即否定背景不同而形成了不同的否定焦点）

2015年9月28日的“语言学午餐”上登载了一篇文章，编者从一个案例“听说你不再喜欢吃五仁月饼了？否定回答：不是啊，我还喜欢呢；肯定回答：是啊，我现在不喜欢吃了”引发关于预设的理论探讨，一个句子中的某部分内容，不论句子为真还是为假，事实总是为真，在语义/语用学上，又把这部分内容叫做预设。也就是说，“预设”也是某个句子具有真值（可能判断为真或假）的前提条件，比如你根本没有喜欢过五仁月饼，那就没法回答其问题，因为“不再喜欢吃五仁月饼”不管是真还是假（即回答是肯定还是否定），都预设“（曾经）喜欢过五仁月饼”为真。

编者同时利用“否定测试”机制一一检验了由于预设触发语不同形成了不同的语义预设。同时使用了嵌入机制检验了由于语境、焦点等因素的不同形成了不同的语用预设，即在一个简单句子中嵌入另外一个结构，由于嵌入结构的肯定、否定和疑问等因素的不同，形成了不同的真、假义。例如：

⑥张三的妹妹在出门前吃了五仁月饼。

当一个人真诚地说出S时，他必然会承认以下五种情况为真。这些句子被叫做S的蕴涵。

第一种情况：有个叫“张三”的人存在。

第二种情况：张三有个妹妹。

第三种情况：张三的妹妹出过门。

第四种情况：张三的妹妹吃了五仁月饼。

第五种情况：张三的妹妹吃五仁月饼的时间点在她出门的时间点之前。

当我们把S嵌入否定词时，它变成了“张三的妹妹没有在出门前吃五仁月饼。”这五种情况也发生了变化，最后两种情况代表此时不为真或不一定为真。因此我们把前三种情况这种特殊的蕴涵叫做“预设”。

根据这样的原则，我们就能很好地解释前面第二部分否定式连动句为什么存在歧义，同一个句子中有时为真，有时为假。即便含有否定词，句子中各个谓词也不是全部都是否定意义。

从逻辑语义关系上看，一些否定连动句由于句中否定词语义指向不明造成了歧义。否定句的否定意义既可指向句子的整体事件（全部否定、外部否定、事实否定、逻辑否定），也可指向句子的局部构件（部分否定、内部否定、焦点否定）。

外部否定和内部否定各自的语义取值不同。外部否定语义指向整个事件，内部否定语义指向各个结构成分，如“冯经理昨天没有开车上班”，可以有几个解释：一是陈述一个事实，即“冯经理开车上班”不为真，这是外部否定；二是否定话题—“冯经理”；否定限制性成分—“昨天”；四是否定第一个动词性短语—“开车”；五是否定第二个动词性短语—“上班”；六是否定两个动词性短语的整体—“开车上班”等，后面五种都是内部否定。

内部否定不仅可以否定句子中的动词及其主要论元，也可以否定句子中的非必要成分，如副词或其他修饰成分等，又如“打牌的人们依旧不抬头看他”中的“打牌的人们”、“依旧”、“抬头”“看他”等可以成为否定的焦点。内部否定能够否定句子中的所有部分，而不受一般句法条件的限制。所有部分当然是指句子中的连续成分，但是不包括只起语法作用的功能词，像助词“的、地、得”等。蒋严、潘海华二位先生认为应该把外部否定和内部否定统一起来，不分内外，一个否定句实际上就只有一种否定，即焦点否定。这样的话，实际上是把外部否定也看成是一种焦点否定，其焦点是否定词“不”或“没有”。在不同语境中，作为焦点的否定词作用的对象不同，而生成了不同的语义。一个句子的语义表达是由两个部分组成的：一个是背景（background）；一个是焦点（focus）。不同的背景信息生成了不同的焦点信息。

否定句常常表现出两种情况：一是在中性语境下的单独否定句，这种否定句通常是对句子的外部进行否定，否定词的语义指向整个句子的核心部分。一个句子的核心部分往往就是这个句子的谓语部分。连动句的核心部分就是由各个 VP 构成整个连动结构，即外部否定的焦点是连动句中的各个谓词，再进一步过滤分析就是后面的 VP。二是存在于一定背景信息下的否定句，这样的否定句由于背景信息的不同，产生了不同的焦点，句子中否定词的语义指向于背景信息下的焦点。也就是说一个否定句的语义特征首先表现为外部否定，其次是内部否定。所以，中性语境下否定性连动句往往是整体否定（外部否定）的趋势较为明显；由于背景信息不同，会出现对各个 VP 进行不平衡性的否定（内部否定）趋势。中性语境下否定性连动句的内部否定和外部否定又相互关联，相互影响。否定焦点的分布虽然呈现出不平衡性现象，但也有一定的趋势。

通过考察，可以发现在中性语境下，受语言成分线性组合邻接原则的制约，连动句中的否定词在语义选择上，常常呈现出如下的趋势："否定前一个事件" > "否定前后两个事件" > "否定后一个事件"。

在语感上，否定性连动句中否定词分别否定前后两个事件的可接受性较弱，因为否定焦点的辖域有限。连动句中否定词通过否定前一个 VP 来否定整个连动结构的趋势较强，这是因为人们为了使语言结构紧凑，才使用连动结构，并把它作为一个相对固定的结构出现在单句中的核心位置—谓语部分。否定了整个连动结构就等于否定了一个句子，这种否定实际上就是句子的外部否定。在中性语境下，没有背景的预设，就不存在焦点，因为焦点是在一定的背景信息下生成的信息，没有焦点的否定句只能是外部否定。

（二）机制之二：语义预设 & 蕴涵（即受动词结构本身的语义特征影响）

"语言学午餐"中编者考察了叙实动词、体态动词、时间从句、方式副词、种类副词、分裂句、限定性描述语、专名等不同语义特征的触发语，他们由于语义特征不同引发了预设结果，有的是真，有的是假。如：

一是叙实动词。

肯定句：张三知道李四喜欢吃五仁月饼。

否定句：张三不知道李四喜欢吃五仁月饼。

整个否定句蕴涵"李四喜欢吃五仁月饼"为真。

二是方式动词。

S：王经理开车上班。

Not-S：王经理今天没有开车上班。

否定连动句蕴涵“有个人叫王经理”“王经理上班”或“王经理开车”等均为真。

…………

当然像上面这些句子的结构中还有可能是具有其他语义特征的一些动词。关于否定连动句的否定指向的优势选择问题，刘永华先生（2006）曾考察后发现：一是句中前后两个 VP 之间的语义关系对否定意义的选择有一定的影响。

一般地说，有这样一些规律，否定意义通常指向带有“方式—行为”关系的连动结构。当表示“方式”关系的 VP 出现在连动结构的前项时，便出现了否定意义偏指前项的现象；当表“方式”关系的 VP 出现在连动结构的后项时，便出现否定意义偏指后项的现象。但是，同样是表示“方式—行为”的连动结构，而不具有动作先后性的语义关系时，语义指向不一定很确定。如在“他不饶弯子说话”中只有一种语义指向；而在“他不瞒着父母玩游戏机”里却有多种指向。二是否定语义指向还与连动结构中前后两个 VP 结合的紧密程度有关。因为“饶弯子”与“说话”结合得非常紧，能与“饶弯子”这一表达方式连用结合的动作行为非常有限。与“不饶弯子说话”这一动作行为有意义上对立性的连动结构只有“饶弯子说话”。而“瞒着父母”与“玩游戏机”结合得不是很紧密，能与“瞒着父母”这个表示方式的 VP 结合成连动结构的其他 VP 还有很多，如“看小说、聊天、喝酒、抽烟”等等。与“不瞒着父母玩游戏机”这个动作行为有意义上的对立性的连动结构相应地也有很多，如“瞒着父母看小说……”等。

所以，刘永华先生（2006）认为连动句中否定词偏指前项现象是因为表示“方式”的 VP 与表示行为动作的 VP 结合得非常紧密的缘故。

从而也说明，在表层线性排列上是同一种结构形式的否定连动句，在否定语义的指向选择上却表现出了多义性和复杂性。人们在理解时的优势选择除了与人们的生活常识有关外，还与前后 VP 之间的不同语义关系有关，与前后 VP 搭配组合时紧密程度有关。

总之，在中性语境下，否定词的语义指向不同而使含有否定连动句存在着歧义的可能，汉语为母语的人们在理解这类句子时，往往根据动词类型的制约，根据生活知识的制约等不同的背景信息，来理解句子和运用连动句。当然由于否定焦点的不平衡性，影响了否定连动句的语义理解的优势选择，也使得否定连动句的语义确定性比肯定连动句要低。母语为汉语的人们在表达和理解时不能主观化和原则化，必须结合一定的背景信息才能确定其意义。对于母语非汉语的人们或计算机要理解这些句子时，我们必须给他们设置不同语境和分化不同语义模式。

参考文献：

[1] 蒋严，潘海华. 形式语义学 [M]. 北京：中国社会科学出版社，1998.

[2] 刘永华. 连动结构否定表达的语义指向考察 [J]. 语言与翻译，2006 (1).

[3] 饶长溶. “不”偏指前项的现象//语法研究与探索 [M]. 北京：北京大学出版社，1988.

[4] Ling-L. “听说你不再喜欢吃五仁月饼了?”的预设和蕴涵. 公众微信语言学午餐，2015. 09. 28.

[5] 方立. 逻辑语义学 [M]. 北京：北京语言文化大学出版社，2000.

[6] 刘海燕. 现代汉语连动句的逻辑语义分析 [M]. 成都：四川人民出版社，2008.

（四川师范大学文学院　成都 610068）

Study on Chinese Parataxis from Perspective of Logical Semantics —Chinese Negative Coverbial Sentence as an Example

Liu Haiyan

(College of Liberal Arts, Sichuan Normal University)

Abstract: SVS contains two or more than two logic predicates. When logic predicates are limited or constrained by negative words, the structure will be unbalanced. Therefore, some of the sentences form ambiguity, which brings confusion to teaching of Chinese as a foreign language and the natural language information processing. Althrough its internal complexity of the semantic connotation and formation mechanism, logic predicate of logical semantics can clearify the complex correspondence relationship between form and meaning. In addition, its internal complicity of semantic meaning can be well described and analyzed, and the formation mechanism and motivation can be explained better.

Key words: Chinese negative SVS; logical semantics; logic predicate; presupposition and entailment

论语气词“吧”的主观性[①]

何文彬[②]

摘　要　“吧”是普通话的基本语气词，功能复杂多样。本文以主观性理论为基础，从“人的活动”多样性角度看“吧”的不同功能，并据此讨论其“祈使”、“测度”、“委婉性”、“交互性”等功能和性质的区别与联系。从活动类型看，“吧”能参与构建多种活动，主要有两大类，一类是测度性活动，一类是祈使性活动。这些活动所带有的主观性会“迁移”到“吧”身上，使它具有测度性和祈使性。“吧”所构建的其他活动，则可能是这两大类活动的变化与发展。在两种主要活动

① 本文为四川省哲学和社会科学高水平研究团队“四川方言研究”（2015－2017）成果。

② 作者简介：何文彬，1971年生，四川师范大学文学院副教授，主要研究现代汉语语法。

中，“吧”发展出交互性和委婉性两种性质，其主观性更进一步，因为它们涉及到听说双方，具有交互性。

关键词　语气助词；吧；主观性

一　问题与思路

普通话中，“吧”是最常见的语气词之一，用法多变，学者研究也相当深入。宏观地看目前主要问题有两个，一是对其不同用法的性质及其联系说法不一，二是对其来源也有分歧。

先看第一个问题，它主要是共时的。以《现代汉语八百词》为代表的传统研究归纳了“吧”的五种不同用法：

1. 用在祈使句末尾，表示命令、请求、催促、建议等。如：你好好儿想想吧。帮帮我的忙吧。快点儿走吧。别说了吧。

2. 用在问句末尾。如：这座房子是新盖的吧？

3. 用在“好、行、可以”等后面，表示同意，是一种应答语。如：

好吧，就这么办。行吧，咱们试试看。可以吧，就照原计划执行。

4. 用在句中停顿处。

a）用于举例。如：就拿我们的小王来说吧，他在各方面表现都挺不错。

b）用于让步小句。如：就算你正确吧，也该谦虚点儿。

c）用于交替的假设，有左右为难、犹豫不决的意思。如：

大伙儿选我当队长。当吧，能力有限；不当吧，又不好推脱。

5. 用在“动 + 就 + 动”的句子末尾，这种句子表示“没关系”，“不要紧”。如：

丢了就丢了吧，我另外给你一个。

这种研究的优点是归纳出来的用法比较符合我们的语感，容易理解，其缺点则是没有将不同用法联系起来，同时对其意义的分析也不够细致，多简单地说“吧”能用于什么类别的句子。

后来的许多研究可视为试图弥补这些不足，一方面力求分析出“吧”的具体意义特征，也就是要概括出真正属于“吧”的东西来，同时将不同用法统一到其下。这种研究变化可以理解为是语法研究由传统的“描写”向现代的“解释”转变的自然结果。这种概括无疑有所进步，但仍嫌不足。

首先是不同学者概括出不同的意义或功能特征来，这是主要方面。这种概括又可大致分为两类。一类是认为“吧”表达说话人的某种语气特征，胡明扬（1981）认为说话人用“吧”表达不肯定的口气，贺阳（1992）认为表示“非确认”语气，胡裕树（1995）认为“吧”表示“半信半疑”，Chu（1998，屈承熹）认为它表示“说话人的迟疑”。与此相关，刘月华等（2001）认为“吧”的作用是“缓和语气”，也有人认为真正属于“吧”的只有“委婉”功能。这种概括的优点在于“明确性”。第二类则着眼于“吧”的人际交互功能和语篇功能，如Li等（1981）认为“吧”的基本功能是“寻求同意”，屈承熹等（2004）认为它有语篇标记功能，即“对听话者而发”及“增强与其语境的关联性”，徐晶凝（2008）将其“语义表述为‘说话人对语句做出的弱传信式推量，并交由听话人确认’”。这种概括也是语法研究向交际和语篇扩展的结果，发现了之前不太关注的功能。不过这么多观点，孰是孰非，难免让人无所适从。

与第一个问题相关，第二个不足是，如果用学者概括出来的特征来解释具体句子的“吧”，许多例句又显得不够自然，因此徐晶凝（2008）也承认，“吧”用于句中时，“‘将确认权交由听话人’的交互意义减弱了一些，而主要表现为说话人对自己后面所要讲的话持犹疑态度”。这样看来，要以某种具体的意义去解释所有“吧”的用法，难免左支右绌。

第二个问题是有关历时的。虽然赵元任（1979）认为“吧”有两个来源，祈使句中的来源于“罢”，疑问句中来源于“不”，但有些学者认为“吧”仅来源于动词“罢”，如太田辰夫（1987）、向熹（2010）、齐沪扬（2002）等。这种分歧尚未引起学者足够的重视，我们认为它事关重大，因为它与确定其共时功能密切相关，因此朱德熙（1982）明确将“吧”分为两个是值得重视的。

鉴于此，本文讨论“吧”的思路是：在共时层面，既承认其功能或用法的多样性，也要揭示这些功能之间的联系，我们的特点是在话语功能的宏观框架内探讨这些问题。话语功能方面，冉永平（2004）和张小峰（2009）就某些方面做了较为深入的讨论，本文从更高层次来定位“吧”，侧重于系统把握与历时印证，这个方面我们以“主观性”来概括。限于篇幅，“吧”的历时问题，也可称“主观化”过程，此处不讨论。

二 人的活动及其主观性

语言学是研究语言的科学，由于语言的极端复杂性和其触角的多向性，语言研究的具体内容相当广泛，形成许多分支学科和交叉学科。传统语言研究总是立足于语言符号的形式，因为形式才是语言独有的东西，讨论符号形式及其组合规律成为主要任务。传统语言本体研究对象一般到句子为止，主要讨论句子及其以下的单位（短语、词、语素、音素等）的性质、构成和演变规律，有时也分析这些形式所指的相对静态的意义，当代语言学在认知科学和语言哲学等的启发和推动下，研究范围有所扩大。认知科学推动我们向内、向大脑寻求符号的意义。语言哲学启发语言学家向外拓展研究领域，主要包括两个方面：一个是向句子之上的语言单位扩展，如话语篇章语言学主要探讨比句子大的语言单位的组织规律；另一个是将语言视为一种行为，如言语行为研究就此开拓了广阔的领域。

就“吧”在现代汉语的共时功能而言，已经不必在句子以下层次讨论了，根据上文简要评述，除了传统的描写，解释方面，学者主要在两个方面着手，一个是概括“吧”在句子层次所附加的语气，二是对其话语篇章功能的分析，这些分析都是与“吧”的自身特征密切相关的，有的相当到位，如冉永平（2004）等提出的“委婉”功能。但为什么还有问题呢？我们认为观察层次还需要适度提升，否则难以将“吧”的不同功能特征联系起来。

而这种提升必须紧密结合语言的本质功能，语言形式虽为语言所独有，但并非其本质，从句子到话语篇章是一种提升，但这种提升仍可视为将语言形式当作相对自足的系统、相对客观的对象来研究，只是视野的物理扩展，因此没有本质的改变。从这个角度看，将语言视为某种行为则比话语篇章分析更接近实质，但我们认为还不够，语言不只是某些简单的行为，机械地从行为角度解释语言有时也不自然。言语行为论者可能会说，“下雨了”相当于“我说下雨了”，这个加上去的“我说”就显得有点多余。本质地看，语言广泛地嵌入到人的所有活动之中，它是人的活动的一部分，“下雨了”这句话是和某人的相关动作行为、所思所想所感高度统一起来的。把语言从人的活动中离析出来独立研究有时是必要的，但我们不能因此忽略了语言的本质属性，当我们孤立地研究已经深深植根于人的活动的“吧”时，就难以系统地把握、自然地表述它的性质和功能了。

语言既然是人活动的有机构成部分，由于活动的广泛性和复杂性，语言也是广泛而复杂的。为了方便讨论，我们将人的活动简单地分为三个层次六个类别：

第一层次：生产、生活（物质活动）

第二层次：认识、体验（精神活动）

第三层次：表达、交流（符号活动）

这些层次本来是连贯起来、互相联系着的，也可以适当分开讨论。第一层次主要是物质活动，具有可见性，是主要活动，是基础。生产是生存的保障，生活是生命的过程，它们都是极为复杂而丰富的。物质活动还应该包括人接触或关心的客观存在，比如“人在看风景”这个活动本身可算是一种物质活动，进一步看，人眼中或想象中甚至没觉察到的风云变幻也是一种物质活动，但典型的物质活动应该是与人的生产生活相关的。第二层次是精神活动，在人体内部特别是大脑里进行，具有隐蔽性。复杂的生产、生活促进了大脑和神经系统的发展，于是有了对客观存在和自身的深入认识和清晰的意识，有了对生产、生活和认识的多样体验。正确的认识使生产的效率更高，愉悦的体验促使人追求更好的生活。第三层次是表达活动，我们更关心其中的符号活动，主要是言语活动。为了更好地生产、生活，为了使别人了解自己，也为了了解别人，人们经常需要表达和交流（交流是表达的特殊形式），其高级形式就是所谓的艺术。表达、交流的直接对象一般是认识和体验，间接对象是生产和生活及其广阔背景，不过间接对象往往是表达的目的。表达和交流可以通过多种方式进行，但人类会发明各种符号来提高效率，语言可能是最复杂的符号系统。语言符号的发明与认识体验直接相关，与生产生活间接相关，同时又会受表达交流的影响。

因此，语言符号从静态形式上看，似乎与客观世界一样具有独立的价值，其实它是与人的各种活动密切结合起来的，语言不是孤立的“行为”，是人的各种活动的有机组成部分，是人活动的产物，只有这样看才能正确理解语言的意义和功能。

另一方面，人的各种活动带有两个特征：一是理性特征，正常的人总是追求自身利益的最大化，虽然这种追求有眼光远近、范围广狭的差异；二是感性特征，人非草木，他所有的活动总是带有某种程度的情绪特征，虽然他在某些场合会竭力保持“声色不露”，显出某种中性特征（这可理解为一种受理性节制的情绪特征）。这两个特征必然也要在语言上表现出来，理性特征使人选择最适合语境的语言形式，感性特征使语言总是自觉或不自觉地附带有某种情绪。进一步看，这两个特征其实正是人性的自然显现，所以语言和言语活动也能体现人性。这种人性我们称为主观性，主观性属于人性，活动是人的活动，人的活动中必然体现出人性，也就是主观性。

人的活动及其主观性，正是我们系统讨论“吧”的基础。

三 “吧”参与的活动

人总是在理性原则指导下带着某种感性特征主观地从事各种活动，宏观地看，这些活动可以分为三个层次六个类别，如果细看，则活动的种类几乎是不胜枚举的，它们之间可有交叉、包含、对立等各种关系。有的活动非常显著，有的活动，如认识与体验等，如果不通过语言，并不容易为人觉察。虽然几乎所有的活动都可以有语言的参与，但无疑第三层次中语言最为常见，虽然表达和交流也并非一定要用到语言。

我们都知道，汉语学界一般从语气或功能角度将句子分为陈述句、疑问句、祈使句和感叹句四类，这种分类与我们上面的分类有一定的共通性，即都重视功能，只是视野不够开阔，也不够深入，不过它也有优点，就是与“语言”结合更紧密，所以一般情况下可以据此解说某些句子层次成分的“语言”功能，如“吗”表示疑问，“了”表示陈述，“吧”既可表示祈使，也可表示疑问（推测性），等等。因为视野较为狭隘，所以有些“活动”性成分，如情态动词“可能”等，就不能得到妥贴的解说，其实它一般用于某种推测，而“推测”不妨视为一种常见的“活动”。这些功能相近的成分往往可以搭配使用，如“可能吧”、“也许吧”，“推测性”更明显；说话人可以选择“推测”，也可以直言

“断定”，都取决于他的理性判断，这种理性特征自然也会附着在整个活动中，从某个角度看它便成为语言符号的一部分了，推测从某个角度看是委婉的，于是“吧”也有“委婉性”了。这样，我们就能够在更大的视野里考察各种语言成分的功能、性质及其关系。

由于我们还没有对“人的活动”做全面而系统的研究，下面只能暂时“列举”出“吧”参与构建的各种“活动”，不过之前还有两点需要说明一下。

第一，如上所析，这些罗列出来的抽象程度不一的“活动”，从表面看，主要与第三层次的活动有关，或者说是表达交流活动的次类，进一步看，其实反映了说话人的认识或体验，宏观地又与生产、生活等各种物质活动及其基础有关。因此，要明确地将其归入某一类甚至某一层次是困难的，也是不合理的。

总的来看，所有用“吧”的活动首先都是“（言语）表达”活动，这是共性，在此基础上我们再作“侧重性”分类。如果这种表达侧重说话人表达自己的认识或体验，说话人并不十分期待对方回应，那就是普通表达。一般的陈述、感叹可以视为此类表达，推测也可视为此类表达。如果这种表达侧重对方作出一般反应，特别是言语反应，就属于交流性表达。一般的疑问可以视为此种活动，从这个角度看，反问主要表达说话人的个人认识和体验，往往不需要回答，应该归入普通表达。如果说话人期待听话人的行为反应，我们称为“祈使性表达”。显然这种分类的主观性很强，不过它正反映了人的活动的复杂性和主观性。

第二，“吧”类语气助词，多用于交互性、口语性语境中，严谨的、说明性语境中是很少出现的，所以我们的例子主要采自此类文本，主要是王朔的小说《我是你爸爸》（共196个“吧”，15.2万字）和电视剧《编辑部的故事》台词（共498个“吧”，13.3万字）。

A 普通表达类：测度、决定、叙述、……

这些活动重在说话人表达自己的观点或体验，即使有疑问形式，一般也不需要回答，测度性较强。一般的陈述、感叹是普通表达，就“吧”而言，测度性句子很多可以纳入此类，因为它们往往不需要回答。

● 一般测度问或测度：

——这个人你该有印象吧？你们学的课文里有一篇就是他小时候写的《春到汾河》。

——“电视好看了。”马锐说，“每天起码半小时战况报道吧？都是真枪真炮最现代化的战斗——多带劲！”

——“还没吃午饭吧？先去吃饭。”

——“饿的吧？”马林生看了一眼手腕上的表，“哟，都过吃饭的点儿了，光顾侃了。走走，咱们找地方吃饭去，还是肚子要紧。”

——何：二位是《人间指南》编辑部的吧？怎么样？还满意吗？

李：满意，满意。味道好极了。

——戈：可这事儿也太好了。好得都悬了。这年头儿还有这种好事儿，我真是头一次遇见。

何：对生活失去信心了吧。不相信这世界上还有好人了。这也难怪。这几年啊，资产阶级自由化把人心都搞乱了。什么理想啊、信念呢、前途啊、高尚的情操啊，都没人信了。

测度问一般是有根据的，有时不指望对方回答。测度是一种认识性活动，测度问是这种认识性活动的言语表现。这种活动有时还可以不说出来。如：

马林生一笑，心想：早知道你要说什么。不是头一天动这念头了吧？从打离婚法院根据孩子的愿望把儿子判给马林生起，这老太太就憋着要把孩子要回来，总觉着外孙跟着爸爸要吃苦。

● 反讽性测度问：

马林生打量着儿子：“我在你这岁数可说不出你这些话，早熟了点吧？”

反问接近于一种体验表达活动，因为相关事实强烈地违反了说话人的一般认识，产生了不一般的主观体验。

● 一般的决定：

——“这样吧，”马林生以父辈特有的和蔼、慈祥的语气说，“你把昨天的家庭作业再做一遍。”

——牛：这么办吧。东宝，你叫他们来，当面谈谈。

——我不怪你们，年轻人嘛，容易摇摆，这么着吧，你们回去再好好儿想想，前后左右都想到了，要是觉得有问题就算了。

“决定”是一种意志性活动，“这样吧”、“这么办（着）吧”等“习语”经常可以用来表达说话人作出了某个决定。

● 较委婉的决定：

——“那就还吃面条吧。”马锐重新举起报纸看。

—— 何：给你们留着地方儿呢。诶，我这就让人写上。仿宋体，还是狂草？

牛：诶，就狂草吧。狂草遒劲。

—— 牛：恩，不早了，我看咱们还是回去吧，江导他们挺忙的，让他们忙吧。

● 勉强同意或答应：

——马锐看着爸爸，有些猜不透他的用意："那……聊吧。"

——"说得有理。你就问吧，今天我充分满足你的好奇心。"马林生微笑着，端起小姐为他斟满的酒杯，喝了一口。

——费：哪儿组织的？余：《人间指南》。

费：好吧。一来呢，是为了灾区人民。二来呢，是为还你那顿午饭的情儿。

——张：诶，我说，你不能这样。我好歹也是个男人哪。在外头，人人都把我当成一个男子汉。可是一回到家里，哼，连孩子都瞧不起我。你！

刘：那好吧。门儿我锁上了，孩子进不来了。跪吧。

——李：好吧，就这样吧。

莫：答应了？

李：答应了。这冰箱算我买的，回头我把钱给你，我砸锅卖铁也一分钱不少你！

"吧"经常用于勉强应承，常用"好吧"、"那好吧"、"就这样吧"、"行吧"，试比较"好吧"与"好"的差异。

● 婉拒：

何：不必忙着走。待会儿在这儿吃晚饭，我们已经安排了。

牛：饭就不吃了吧，太麻烦了。

何：不麻烦，反正我们也要吃，一会儿添几双筷子罢了。

李：那就吃吧。既然咱们也是主办单位之一，吃也是等于吃自个儿的。

刘：对对对。

牛：啊，对了，老何同志，您看我们两家是不是要签一个协议书之类的东西呀？

李：不必那么烦琐吧。我们双方同意就行了。以后晚会的活动，都以我们双方的名义进行就是了。

“不（必）……吧”结构往往表达说话人的婉拒。

● 勉强认可：

——“你爸人挺好的，事儿不多。”

“还行吧。他知道给自己留面子。”

——戈：诶，江导，您今年高寿了？

江：还行吧。这身子骨儿还硬朗。

——“模模糊糊吧，那时候我还不懂事呢。”

“勉强认可”和“劝说”一样，语言的参与是必要的，“还行吧”具习语性。

● 一般的劝说：

——“您忙吧，马叔叔，别管我，我渴我自己倒。”夏青一脸堆笑，脚一点点往里屋挪，笑脸始终迎着马林生。

——王：那、那就感谢大家对我的鼓励。啊，只要、只要你们大伙儿没意见，只要我胖得不影响工作，那我继续、继续胖下去。

大家：胖下去！胖下去吧！

“劝说”活动经常要用“吧”。

● 某种表态：

——孩子们盼了一年了，总得给他们献份儿厚礼吧。可你说，现在这孩子还缺什么？都那么幸福，给吃的，玩儿的？

——何：我们正谈着呢。胡：你们谈吧。

● 罢休：

——诶，女同志就算了吧。您要想出力呀，您就好好儿琢磨琢磨怎么把这吃零食的习惯改成吃萝卜的习惯。

——算了吧，一会儿要是到那儿一干活儿累趴下，抬你们可比抬萝卜还得费劲。

——你算了吧！马林生心想，贵校发生的聚众斗殴还少么？

“罢休”首先是一种心理活动，一种决定，其言语伴随物经常有“算了”、“算了吧”。

● 不计较、不在意：

他现在已经过了格外怕被人说酸的年龄，酸就酸点吧，能酸起来也说明自己不老。

《八百词》说“动+就+动”经常带“吧”，表示“没关系”，也是一种类似于“不跟你计较”的心理活动。

● 犹豫不决或假设：

——大伙儿选我当队长。当吧，能力有限；不当吧，又不好推脱。

——姑且定她不喜欢那本书吧。

● 协商性叙述、举例：

“这么说吧，我们拿这本书作个比较吧。”马林生从书架上拿下一本近期畅销的情节小说。

● 叙述中继：

——牛：诶，你是不是还得等戈玲一道走啊？

李：是啊，她说好了拿请柬吧，在东门口儿等我。怎么没有了呢，我那一张？

——李：不过再怎么说吧，咱也不能跟人家《大众生活》比。

——余：胆小怕事，不是没机会，诶，等机会来了吧，嘀嘀，反而发傻。刘：是。

——刘：我，我那儿有一条被子吧，那个，那个面儿稍微旧了点儿。

余：干净就行了。

这类“吧”的意义最虚。

B 侧重交流类：询问、求证、寻求同意等

这类言语活动，说话人希望从听话人那里得到某种信息性回应。

● 求证性询问：

——“你想啊，真正的痛苦，那种深沉的感情能像这个酸姐们儿那样溢于言表……那成语是这四个字吧？”

“对，没错，溢于言表：充分地、毫不掩饰地外露于言谈话语之中——上星期周老师刚讲过。”

——夏经平笑着说：“吓得够呛吧？”

“可不，我和老师都狠狠吓唬了他一通，几天缓不过劲儿来。”

——“她们一定不许你坐过山车吧？”“没让。她们连碰碰船和电动汽车都没让我玩，只让我去坐小火车旋转木马之类的小孩儿玩艺儿，最后还陪她们坐了趟大观览车。”

——“你也哭了吧？”“没有，真的没有……不过看的时候也挺感动，眼圈红了，忍住了——你不觉得感动么？”

——何：怎么样？这一夜还行吧？

李：太行了，凡是敢去的谁要能忘了这一宿，我就不姓李。

——江：这儿呢，就仿比是那个体育馆，这儿就是那台子，这前后左右的演员呢，都在转遭儿埋伏着，一个犄角一组，作雕塑状，剪影儿，剪影儿懂吧？

李：这知道，就是大概其，四周有一边儿。

戈：朦胧，影影绰绰的。

江：对！就是这个意思。

求证性询问其实也是基于测度性心理活动，其特点在于希望听话人回答。

● 有点担心：

——李：嗯，鬼鬼祟祟的。孩子们就喜欢恐怖，越害怕越爱看。

牛：不会吓着孩子吧？

李：我小时候儿就爱看这个。你想啊，全场都是黑的，就那么一丁点儿亮儿，啊，多好玩儿。什么小动作都看不见。

——牛：哎，小王，诶，人呢？小王！小王！

刘：不会出什么事儿吧？

李：我想不会吧，谁敢骗咱们啊？大概是啊，文化低，想多拿点儿钱，这章也许先盖完咱们的，再盖他们的。

——李：诶，老刘，昨晚儿没喝多吧？

刘：还说呢。非灌我，回家就全吐了。那么好的东西，一点儿也没剩。多可惜啊！

李：不冤枉，啊。那可全是好酒，我也没有少喝。

“担心”无疑是常见的精神活动，兼有认识和体验。“不会……吧”是常见的搭配，以“不会吓着孩子吧”为例，其构式的表达功能可以分析为：说话人认为可能吓着孩子，但又希望不会发生这类事情，有时可以直接说“不会吧？”。

● 寻求同意：

——李：诶，对不起，我的名片忘带了。你的也忘带了吧？

戈：嗯，当然……，很抱歉。

——张：小声点儿。咱们屋里谈，屋里谈，好吧？

牛：啊，好好好。怕成这样儿。

——何：当然。恩，事情是这样，再有两个月就到六一儿童节了。孩子嘛，祖国的花朵，民族的希望，一年呢，就这么一个节，咱们当大人的，平时可以不管，到节了，总得为孩子们办点儿实事儿，诶，你说对吧？

李：恩，你说你说。

C行为导向类：建议、商量、催促、要求……

这类活动，说话人重在引出听话人的行为反应，有些与一般所谓的“祈使”比较接近。

● 建议或征询：

——“咱们一起做吧？”马林生开口道。马锐把报纸一合，啪地拍在桌上，率先噔噔走向屋外的小厨房。

——“一个人打乒乓球有什么意思？我跟你一起打吧。”他们院外头的胡同里有两张水泥砌的乒乓球台，那是和他们胡同搞“军民共建”的驻军某连修的。

——刘：还是老陈回来再决定吧。

——接着听到女孩大声说：“太阳晒过来了，到我家去聊吧，我家没人。”

——“刘老师，你来讲事情的经过吧。”他转身对一个胸部肥大的女老师说。

——“去玩吧。”马林生怏怏地说。

——“那咱们就去划船吧，去紫竹院或者北海。”“行，你看着办吧。”

“建议”是一种常见的活动，可用“我建议”打头，也可以用“吧”辅助表达，但二者不能同时出现，这说明“吧”有独立表达某种活动的倾向。

● 希望得到言语回应：

——“你喜欢去哪公园吧，你说?”“哪儿都成。您怎么，星期天想动弹动弹了?”

——“你说吧，哪儿啊?”“你第一次请我妈吃饭的地方。”

《八百词》和《语法讲义》都说，“你喜欢去哪公园吧?”类似于祈使句，相当于“你说……吧”。

● 要求：

——我也弄不清应该怎么念，你往下说吧，我懂你的意思。

——“收起你的自尊心吧，你现在还顾得上它?”马林生讥讽地望着儿子，“你现在就不能把自己当人。按我写的把检查抄好，明天交到学校去。”

● 弱祈使：

——牛：诶，这是什么玩意儿啊？余：这个呀，看看吧，矿泉壶。

——“不不不不不，要有一个新开端。瞧着吧，我会变一个人的，变得让你都认不出来。”马林生充满信心地说，洋洋自得地瞅着儿子，“你会吓一跳的。”

● 温和的催促：

——牛：咳呀，快去吧，快去吧。呆会儿人家觉着咱们不重视人家了。

——“走吧，我带你去医院缝针。”

——何：看不出来。还真看不出来。我跟你们直说得了，省得你们心里老不踏实。

李：快，直说吧。她可坚持不了多一会儿。

有人可能会说，你列举这么多用法，让人怎么掌握呢？有些明显是句子本身赋予的，不是“吧”特有的。这种质疑虽也有一定的道理，可我们认为还很不够，因为一则人的活动是异常复杂多样的，二则正是这些活动赋予了相关语言符号以意义。我们认为语言的意义至少有两个层次，一个是内在的认知层次，一个是外在的活动（对象）层次，前者是起点，当然重要，后者是终点，相对而言更为重要。一个语言成分具有什么意义，要从它的实际用例（终点）中去发现、去提取，但这种提取不要轻易远离对象。为什么学语言需要实践，单学几个抽象概念是远远不够的。为什么一个实词，除了所谓的理性义外，还有色彩义，这个色彩义就是语境和使用者赋予的。理性义是存在的，但它只是言语表达的线索（起点），词语的理性义最终还要靠实际的言语表达所关联的人的活动所赋予。

这样说，不是否认内在意义的重要性，事实上本文的重要任务之一就是分析“吧”的某些起点性功能或意义，不过我们要清楚，它同其“活动”义是不排斥的，相反，它们是互相促进的。

四 “吧”的主观性：交互性和委婉性

如上所析，“吧”能直接参与许多表达活动，间接参与各种精神和物质活动，研究者肯定关心，它是以什么身份参与的呢？要回答这个问题，就要探究属于“吧”自身所有的意义。不过我们要知道，这个意义不是恒定的、唯一的，因为本质上它还是人的各种活动所赋予的，活动在变化，其中的主观性在变化，意义就会变化。作为一个用法复杂（参与活动多样）的词，所谓“自身的意义”也是相对的、暂时的、多样的、多层的，甚至可能是“功能性”的。

在参与的各种活动中，虽然“吧”的功能并不完全一致，但有两个方面值得特别注意。第一是交互性，第二是委婉性。这两个特性，如我们之前所述，已有学者分别论及，本文讨论它们的特点有二：一是在“人的主观活动”基础上讨论它们，二是将两种特性联系起来。前面我们列举了“吧”的各种活动，从中可以或多或少地感觉到“吧”的相关特性，从某种意义上说，“吧”的特性是与活动紧密结合起来的，本节集中讨论这两种特性，并将二者联系起来。

先看所谓的交互性。交互性的本质是特别认可听话人的存在，Traugott（2006）在讨论主观性问题时，特别区分出“交互主观性”（inter-subjectivity），其主要所指与我们后面要讨论的“委婉性”有关，本文的交互性范围要广泛一些，即将交互性活动的一种特性称为交互性。典型的“交互”当然指“互动性”，如问答式中的信息互动，问答是一种交流，如果“答”是一种行为，也可算是互动，因为我们认为语言、话语是人的活动的一部分。广义的交互还应该包括我们称为“表达”的某些情况。“表达”的类别当然很多，“吧”所参与的也有一定的交互性，因此有些测度问，虽然说话人并不打算听话人回答，但是听话人其实是可以回答的。虽然是这样，但我们认为“表达”里的交互性的层次还是要“高”些，要抽象些。具体地说，“吧”在这个层次的交互性体现为一种委婉性和不确定性，也即对听话人“面子”的照顾，形成一种隐性的交互，因此可在“委婉性”层次来讨论。

在典型的交互用法中，“吧”所直接依附的成分，会对听话人形成某种“压力”（语力），迫使他做出某种回应。如：

何：怎么样？这一夜还行吧？

李：太行了，凡是敢去的谁要能忘了这一宿，我就不姓李。

这个例子中，问话人问“还行吧”，正常情况下听话人应该回答。值得注意的是，虽然有些句末虚词在命题意义上是可有可无，但这里的“吧”显然不是这样，不能说“怎么样？这一夜还行？”试比较“吗”的情况，询问句“你去吗？”一般情况下也不能说为“你去？”，这时我们说“吗”是“功能性”的，也即没有这个“吗”，某种“询问”活动就不便甚至不能进行。从这个角度看，“吧”对于构成测度问也是功能性的。显然，这种构成测度问的功能是其交互性的基础（如此看来，“吗”也有这种交互性）。

“吧”的这种交互功能经常形成一些固定性结构，如“好吧?”、“行吧?”、“你说对吧?”，在表“担心”的句子中，“不会/没……吧”则是另一种功能性“构式”。

有些“吧”字句可以两解，如：

余：嗯。领导咱就不说了啊，说说这四个群众吧。得两男两女吧。

刘：是。

“得两男两女吧”这句话，语料中带句号，此时意味着记录台词者强调说话人的肯定性，其实可能应该用问号，这从有回答可以看出来。这个例子中其实也包含一个构式“得……吧”，是一种偏向肯定性推测活动。有些测度问句中，“吧”换为“吗”，则可变为一般的询问句，但是我们不能说“得两男两女吗?”。“也许（……）吧”、“可能吧”、“大概吧”也是常用的搭配，不过可能侧重表达而不是交流。

在行为性交互活动中，经常可见重叠式，如“快去吧快去吧”、“看看吧”、“瞧瞧吧”之类。“你说吧”似乎是要求言语性回应，其实是要求行为性回应，“你说”是一种行为要求，这一点学者已经指出。

测度问一般是有倾向的，如果“吧”前带“呢”，则肯定性更强，这种句子虽然书面语不多，在口语里时有出现。如：

李：余德利，我要没瞎说你这拿老刘当托儿，打谁的主意呢吧。

余：哎唷，东宝诶，哎，火眼金睛，诶唷，我告诉你呀，要不是你这模样儿长得有点儿可疑啊，哎，咱俩要是合作那天衣无缝。

此例如果不用“吧”，那句子的测度性就不能体现出来。

我们再看“吧”的第二种值得注意的主观性——委婉性。显然，一个人说话主要是传递信息，按理说如实地、肯定地表达就是了，委婉地表达，主要指不明确、不肯定、不直接地表达，就表明他有所顾虑，顾虑的对象一般就是听话人，包括对其“面子”的照顾。交互活动如果要提高成功率，则双方互相尊重、合作经常是必要的，“委婉”是其中的重要“手段”，所以，“委婉性”与“交互性”是密切相关的。

从因果关系看，可以认为，“吧”用于测度时增加了不肯定性，这种不肯定正是其委婉性的主要来源。其他情况可能也会产生某种不肯定性。如果是“好吧？”之类的组合，说话人主动的咨询，“交由听话人确认”（徐晶凝 2008），当然说话人就没有直接肯定了，所以也是委婉的。另一种情况，如“也许吧”类组合中，副词“也许”因其语义特征也贡献了“不肯定性”，不过此类也许应该视为“亲合”，即物以类聚，与“好吧”的性质有所不同，二者是配合才得以实现特定功能，“好吧”能换为“好不”，但“也许吧”不能说“也许不”。

值得注意的是，在我们所列举的“吧”所参与构建的活动中，直接交互性活动不是主要的，侧重单向表达的活动的类别更多，甚至“担心”类活动也可以认为具有相当的“单向性”。也就是说，在现实用法中，“吧”的主要功能是增加表达的“委婉性”，而不是比较初级的交互功能。这可能有多方面的原因。首先是“吧”功能或意义的自然发展，其次，言语交际活动中，双方追求交际成功是主流，因此为达到这种成功而经常使用的手段，如“委婉性”，也是很常见的，现实的需要遇上合适的形式或手段，成就了“吧”的主要功能。当然，其一般交互功能，即参与构建所谓的测度问，也仍然存在，且有时与“委婉”功能不能截然分开，这都是现实需求与可能的手段互动的结果。

读者一定会注意到，有些“吧”字句并不能简单地用“委婉性”来解释，更不能由一般的交互性（“你说对吧”）解释，如“酸就酸点吧，能酸起来也说明自己不老”，这可能与“吧”具有不同来源有关。这类“吧”带有某种“不在乎”的意味，我们推测它可能是动词“罢”（“罢休”义）虚化而来。

还有些“吧”字句，也不能用普通的交互性来解释：虽然有的似乎能用“罢”的虚化义来解释，如有些表“决定”的句子，“这么办吧”、“这么着吧”，可以说为“这么办算了”、“这么着算了”，“我看还是……吧”、“让……吧”可以说为“我看还是……算了”、“让……算了”；但多数还是不行，如“好吧”、“那好吧”、“算了吧”。还有些就更难解释了，有些表假设的句子，如“大伙儿选我当队长。当吧，能力有限；不当吧，又不好推脱”。这些情况一方面说明表达活动的多样性、交叉性，也即本文对句子的表达主观性的认识还是初步的，另一方面也说明我们对“吧”的认识还有很多盲点，其中重要原因可能是我们对其来源、对其演变路径和方向缺乏研究有关，限于篇幅，这里不展开分析。

五 结 语

“吧”是现代汉语普通话的基本语气词，具有功能的特殊性。从主观性角度看，“吧”能参与构建很多活动类型，主要有两大类，一类是测度性活动，一类是祈使性活动，这些活动所带有的主观性会“迁移”到“吧”身上，使它具有测度性和祈使性。“吧”所构建的其他活动，则可能是这两大类活动的变化与发展。在这两种活动中，“吧”发展出交互性和委婉性两种性质或功能，这时其主观性更进一步，因为它们涉及到听说双方，具有交互性。

参考文献：

[1] 曹广顺. 近代汉语助词 [M]. 北京：语文出版社，1995.

[2] 贺阳. 试论汉语书面语的语气系统 [J]. 中国人民大学学报，1992 (5).

[3] 冯春田. 近代汉语语法研究 [M]. 济南：山东教育出版社，2000.

[4] 胡明扬. 北京话的语气助词和叹词 [J]. 中国语文，1981 (5～6).

[5] 胡裕树. 现代汉语 [M]. 上海：上海教育出版社，1995.

[6] 刘月华，潘文娱，故韡. 实用现代汉语语法 [M]. 增订本. 北京：商务印书馆，2001;

[7] 吕叔湘主编. 现代汉语八百词 [M]. 北京：商务印书馆，1980.

[8] 齐沪扬. 语气词与语气系统 [M]. 合肥：安徽教育出版社，2002.

[9] 屈承熹，李彬. 论现代汉语句末情态虚词及其英译——以“吧”的语篇功能为例 [J]. 外语学刊，2004 (6).

[10] 冉永平. 言语交际中“吧”的语用功能及其语境顺应性特征 [J]. 现代外语，2004 (4).

[11] 孙锡信. 近代汉语语气词 [M]. 北京：语文出版社，1999.

［12］太田辰夫．中国语历史文法［M］．北京：北京大学出版社，1987．

［13］向熹．简明汉语史［M］．北京：商务印书馆，2010．

［14］徐晶凝．现代汉语话语情态研究［M］．北京：昆仑出版社，2008．

［15］张小峰．关联理论视角下语气词“吧”在祈使句中的话语功能探析［J］．南京师大学报（社会科学版），2009（5）．

［16］赵元任．中国话的文法［M］．中译本《汉语口语语法》．吕叔湘译．北京：商务印书馆，1979．

［17］朱德熙．语法讲义［M］．北京：商务印书馆，1982．

［18］Chauncey C. Chu（屈承熹）．汉语话语语法（A Discourse Grammar of Mandarin Chinese）［M］．Peter Lang Publishing Inc，1998．

［19］Li & Thompson. Mandarin Chinese：a Function Reference Grammar［M］．University of California Press，1981．

（四川师范大学文学院　成都 610068）

Subjectivity of Particle“吧［pa⁴］”

He Wenbin

（College of Liberal Arts，Sichuan Normal University）

Abstract：“吧” is a basic particle in Mandarin，and its function is complex and diverse. This article is based on Subjectivity Theory，we have observed the different functions of “吧” from “the diversity of people's activities”，and discussed the differences and relationships in nature and functions such as imperative, estimate, euphemism, and interaction. In activity types, "吧" can help to compose many activities, mainly including two: the estimate and the imperative. The subjectivity could be brought to "吧". The other activities about "吧" could be the change and development of the two main activities. From those two activities, "吧" develops the interactivity and the euphemism, which has more subjectivity, because it involves the listener and the speaker, it is intersubjective.

Key words: basic particle; 吧 ; subjectivity

从集合论看“除了”句式①

陈　颖②

摘　要　本文以集合论为基础，讨论“除了A，B+VP”句式的语义和用法，指出该句式的本质在于基于集合的一致性，而非简单的排除或加合，使用目的是符合交际的足量准则、对比强调以表达主观义，并由此解释以往指出的各种例外。

关键词　集合论；除了句式；语义；语用

一　问题的提出

在“除了他俩以外，谁都没有去过”一类句式中，“除了”

①　本文为四川省哲学和社会科学高水平研究团队“四川方言研究”（2015—2017）成果。

②　作者简介：陈颖，四川内江人，四川师范大学文学院副教授，硕士生导师，文学博士，主要从事现代汉语语法研究。

被认为是“范围类介词”，“在介合作用中……跟范围排除点的意义相联系”（邢福义，1996）。句式中的“除了”还可以是“除/除去/除开/除却”，“以外”还可以省略或者是“外/之外/而外”。这些选词不影响整个句式，可以概括为“除了 A，B+VP”，“除了 A”为前项，“B+VP”为后项。

人们从使用频率、句式描写、句法功能等角度进行了多种探索，主要研究句法格式及变化式、语义关系及使用条件。通常从语义和形式上将“除了”句式分为“排除式”和“加合式”两大类：

排除式：后项以“都/全”为呼应词，如“除了小李，全班都是党员”，即“全班是党员”排除了“小李”；

加合式：后项以“也/还/又”为呼应词，如“除叫他赔偿损失外，又判了十五年徒刑”，即“判了十五年徒刑”是在“叫他赔偿损失”基础上的加合。

这样的分类能在对外汉语教学中解决一些问题，但难以对所有包含“除了”的句式做统一解释。大多数研究者将“除了……就是/还是……”看作是例外，如“她的脸上除了幸福还是幸福”，“除了吃饭，就是睡觉”，而使用者很难将这些句子和排除/加合式的用法区分开来。

同时，“排除/加合”说总有例外，否定和疑问是较大的干扰因素。“除了”句式的前项加上谓词后，前后项的肯定否定情况有四种可能，如下表所示：

<table>
<tr><th colspan="2"></th><th>后项用“都”[排除式]</th><th>后项用“也”[加合式]</th></tr>
<tr><td colspan="2">前项无谓词</td><td>除了他俩，别人都去过。[排除]</td><td>除了他俩，别人也去过。[加合]</td></tr>
<tr><td rowspan="4">前项有谓词</td><td>前项肯定后项肯定</td><td>除了他俩去过，别人都去过。[加合]</td><td>除了他俩去过，别人也去过。[加合]</td></tr>
<tr><td>前项肯定后项否定</td><td>除了他俩去过，别人都没去过。[排除]</td><td>*除了他俩去过，别人也没去过。</td></tr>
<tr><td>前项否定后项肯定</td><td>除了他俩没去过，别人都去过。[排除]</td><td>*除了他俩没去过，别人也去过。</td></tr>
<tr><td>前项否定后项否定</td><td>除了他俩没去过，别人都没去过。[加合]</td><td>除了他俩没去过，别人也没去过。[加合]</td></tr>
</table>

从上表可见，排除式前后项的肯定否定一致时，即便有“都”，也可以表示加合，而加合式前后项的肯定否定不一致时则不成立。

“除了”句式为疑问语气时，即使有“都”，也可以表示加合关系，如“昨天下午除了游泳，他都做什么事了?”（郑懿德、陈亚川，1994）而后项如果使用了任指疑问代词，有无“都”均表示排除关系，如“除了他俩，谁都没去过”。这些现象都值得我们从新的角度进行思考。这一句式在对外汉语教学中有一定难度，应该寻求更为简单有效的处理方法。

二　“除了”句式的本质

过去的研究比较关注“除了”句式的内部差异，而忽略了这一句式的共性。

（一）句式的核心在于集合这个整体

《说文》："除，殿陛也。从阜，余声。""除"的本义是指土石工程的附加多余部分，即在结算造价时应予以扣掉的部分。也就是说，"除"的意思不光指排除掉的，还考虑到了剩余的，这就必然涉及到整体、全部，即集合。

"除了"句式的核心不在于是"排除"还是"包含"，而在于整体这个集合，即说话人心目中已经预先设定了某个集合具有某种属性。这个集合有时在句中明确指出，有时则隐含未见，不易觉察。集合包括绝对和相对两种：

绝对集合是指范围确定、明确的集合，如："除了这一间以外，所有的房间全住满了。"因此常有明确的范围词"任何、所有、整个"等；相对集合是指随说话人表达需要临时形成的集合，范围模糊，集合的成员由交际双方共有的知识背景来确定，如："除了王军霞的金牌外，两块竞走金牌都赢得非常悬。"依靠共有知识或上下文可以推断这里的集合是"三块竞走金牌"。

（二）排除式的语义

排除式"除了 A，B 都/全 VP"，A 和 B 同为集合 I 的子集，并互为补集，子集 B 内部具有一致的属性 VP，A 不具备属性 VP，被排除在 B 之外，可以表示为：$A \subset I$，$B \subset I$，$A = \sim B$，$\exists c VP(c) \cap (c \in B)$。(图 1)

例[①]1　白熊除了追逐猎物时下水，一般都在冰上活动。

集合 I 是"活动"，子集 A"下水"不具备子集 B 的属性"在冰上"，被排除。

---

① 前标"例"的用例均来自 CCL 语料库。

例 2 在这些公共财产中，除了天然资源外，都是劳动人民辛勤劳动的成果。

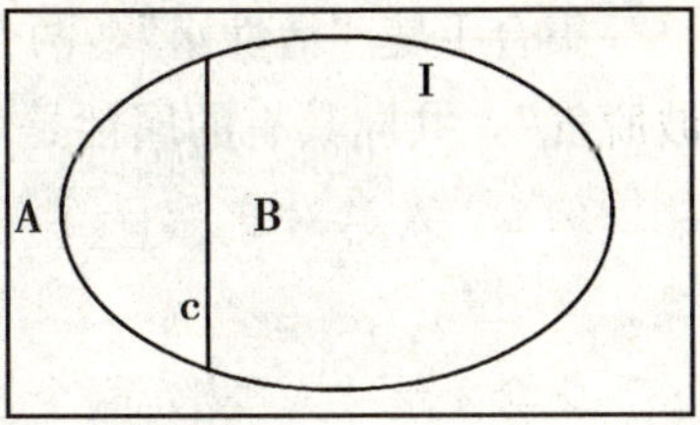

图1

集合I是“公共财产”，子集A“天然资源”不具备属性“劳动人民辛勤劳动的成果”，被排除，句内未指明子集B，可推断为I减去A即“公共财产”减去“天然资源”的部分。

例 3 除了自己很少的开销外，这些工钱的大部分都被她们寄回老家。

集合I是“工钱”，子集A“自己的开销”被排除，因为不具备子集B“大部分”的属性“被她们寄回老家”。

排除式中往往有表示子集B绝对范围的“任何/每/一切/全部/所有/整个/各地”，也有表示排除少量之后子集B内部一致范围的“一般/主要/基本”等。这一类的特点正是“排除特殊，强调一致”（吕叔湘 1996）。

（三）加合式的语义

加合式“除了A，B也/还/全VP”中的A和B也都是集合I的子集，互为补集，A具备属性VP，B同样具备属性VP，可以表示为：A⊂I，B⊂I，A=～B，∃cVP（c）⋂（c∈I）。（图2）

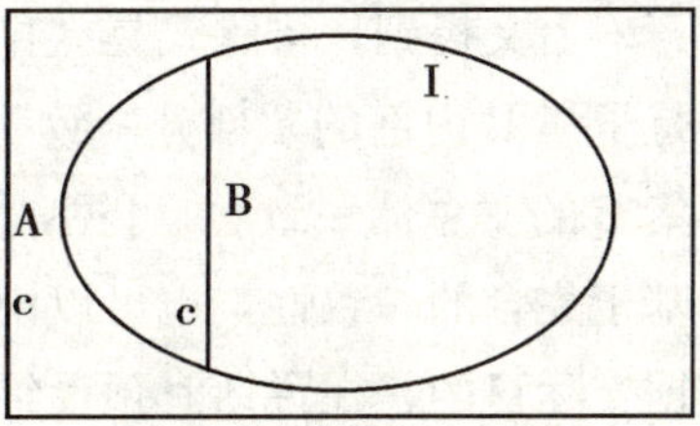

图2

例 4 活性水除了用加热法制得外，也可借助超声波脱气制得。

集合I是“活性水”，两个子集分别是“加热法”和“超声波脱气”，共同具有的属性是“制得的方法”。

例5 人类对自然除了依赖之外，又感受到一种懵懂的恐惧。

集合I是“人类”，两个子集分别是“依赖”和“懵懂的恐惧”，共同具有的属性是“对自然的感受”。

例6 在人的血液中，除了大量红血球以外，还有白血球。

集合I是“人的血液”，两个子集分别是“红血球”和“白血球”，共同具有的属性是“存在/具有”。

所以，加合式中没有表示绝对范围的词语，但往往使用“许多、常常、有些、有时”等表示子集B的补充说明的性质，这一类的特点正是“排除已知，补充其他”（吕叔湘1996）。

以往的研究对“除了”句式的内部关系分析得十分详尽，如沈开木将“除了”句式的逻辑—语义关系分为六种：事物和部分/方面/条件/所挨受的动作/动作/相同属物属事（沈开木1998）。实际上“事物”就是集合，“部分/方面”等都可以看成是子集。

上文提到，排除式是“排除特殊，强调一致”，这个“一致”是子集B内部的“部分一致”，相应的，加合式则是子集A和子集B的“总体一致”。可见，“除了A，B+VP”句式的本质是基于集合的一致性，也可以说是这一构式的语法意义。说话人根据交际目的，在说话时预设绝对或相对的集合，用“除了A，B+VP”句式强调某种范围的一致，带有不同程度的主观性。

三 “除了”句式的作用

排除式的表义重点在于后项作为整体具有某种属性，加合式的表义重点在于后项和前项成为一个整体集合，具有共同的属性。所以，即使不用前项“除了A”，后项也可保持句法完整。用不用“除了A”，语义差别不大。

排除式：除了他俩，我们都去过。≈我们都去过。

加合式：除了他俩，我们也去过。≈我们也去过。

“除了A”这一看似羡余的结构，其作用主要在以下三方面：

（一）完善“足量准则”

Grice交际“合作原则”（Cooperative Principle）的“足量准则”（Quantity Maxim）是指话语所提供的信息量正好是交际所需要的，不多也不少（Grice1975 P. 45）。后项“B+VP”是表达重点，但采用“除了”句式，可以将话说得完整、准确。

例7 除了稍小一点外，这套房间还不错。

“这套房间”是临时性的相对集合，子集是各种属性，说具有“不错”的属性之前排除“稍小一点”，表达更加准确，经得起推敲和质疑。

例8 除了生病，我天天去上课。

“天天”是绝对集合，子集是各种条件，子集A“生病”被排除，子集B“其他各种条件”未指明，具有“去上课”这一属性，表达统一性的同时，将话说得更圆满而不留漏洞。

（二）用于对比强调

集合的个体或属性都可以用于对比，在句法上体现为各种成分，“分句 A 是作为一个对比项而提出来的，因此，不需要加以对比的内容就没有必要在 A 中出现。分句 B 中一定要出现与 A 相应的对比项。”（刘颂浩 1995）也就是说，A 的存在是为了对比并强调 B。

例 9　除了未出生的人，谁都会犯错误。

子集 B“谁”是表任指的疑问代词，是绝对范围，将子集 A“未出生的人”排除，是为了把话说得更加绝对，通过对比个体强调属性“会犯错误”的必然性。

她长那么大，除了郭立枢，还没有爱过别人。（引刘颂浩例）

这里的集合 I 是“她爱过的人”，子集 A“（爱过）郭立枢”和子集 B“没有爱过别人”这两种属性进行对比，强调“郭立枢”的唯一性。

（三）特殊子集凸显主观性

“除了 A，B+VP”句式的本质是基于集合、强调一致，由此可以较好地理解以下两种特殊的子集关系。

1.“除了 A，就是 B”

前后两项看起来没有排除或加合的关系，通常被看作选择关系。实际上，A 和 B 仍属于同一集合的子集，互为补集，强调非此即彼。而这一集合通常由主语表现出来。

例 10　全明星赛除了关于篮球，就是关于女人。

例 11　摇滚乐手的日常生活除了吃饭、睡觉外，就是练琴。

例 10 的前后两项“关于篮球”和“关于女人”都被预设在“全明星赛（的话题）”这一集合中，例 11 则更是明确地指出“吃饭、睡觉、练琴”都在“摇滚乐手的日常生活”这一集合里。

2.“除了 A，还是 A”

这一格式和加合式相似，只不过补充的子集B和子集A的内容相同，表示集合I的成员既对内一致又对外排他。这就带上了明显的主观性——因为子集完全相同，则产生会话含意“完全排他”。

例12　我看到、听到的除了邓小平，还是邓小平。

可见，集合能较好地说明该句式中A和B的语义关系，也能较好地说明采用该句式的原因和作用。

四　集合论对各“例外”现象的解释力

以前研究指出的种种例外，用集合也可以有比较统一的解释。

（一）副词“都/也”的影响

采用了“都”和任指词的句子，必然表示排除义。“都”作为分配性加合算子，其作用在于“把VP所指谓的属性分配给前面B这个子集中的各个成员，A这个子集中的各个成员自然跟VP无缘。”（袁毓林2005）

例13 除了膝盖有些劳损外，原来的腰伤都已经康复。

后项使用了任指词的句子也是这样，任指词表示后项的所指范围无一例外，相当于“都”的分配性加合功能，所以即便没有呼应词“都”，也一定表示排除。

例14　除了执勤上哨，任何人不准离开营房。

更常见的情况则是任指词和“都”共现，更加强调排除特殊之后的一致性。

例15　除了这些密探的上司之外，谁都不知道他们的真实身份。

“也”作为类同性加合算子，“加合的是 A-VP 和 B-VP 两个陈述形式。这样，A 这个子集中的各个成员跟 B 这个子集中的各个成员一样跟 VP 有缘。”（袁毓林 2005）因此，“也”必然表示加合义。

例 16 我们中国除了北京，还有上海、广州两个城市也有可能成为艺术之都。

（二）否定对句式的干扰

这是由于前后项的肯定否定不一致，一正一反自然就不能进行类同性加合，所以“除了他俩去过，别人也没去过”不成立。

“除了 A，B 都 VP”句式在前后项肯定否定一致时能表加合，将其归为“都”的作用，是被表面现象所蒙蔽。“都”仍然只负责子集 B 内部的分配性加合。类同性加合是由前后项肯定否定一致带来的，呼应词“也”可以不出现。比较下面两例可以看出：

除了他俩去过，别人都去过。＝除了他俩去过，别人也都去过。

除了他俩没去过，别人都没去过。＝除了他俩没去过，别人也都没去过。

有“都”无“也”的加合句虽然不多，但可以接受，不影响理解，在口头表达边想边说的情况下更容易出现。

（三）疑问对句式无影响

疑问“除了”句式通常是加合式，针对子集 B 发问，使用“还、也、又”等呼应词与子集 A 进行类同性加合。

例17 除了您以外，楼里还有什么人吗?

例18 你除了表示同情之外又能做些什么呢?

例19 除了这个之外，是不是有别的事情也让你对这地方觉得很不舒服呢?

“都”在“除了”疑问句中与否定句的情况一样，表示加合只是假象。“都”仍然只负责对子集B的成员进行分配性加合。“都+动+疑问代词”格式可以看作是隐含了复数性的话题，“都”约束的对象正是“省略或隐含在预设中的话题性成分”（袁毓林2007）。

例20 昨天下午除了游泳，他都做什么事了? =除了游泳，他都还做什么事了?

可以用“也/又/还”对子集A进行类同性加合，可见这一例的加合并非由“都”造成。真正的排除式是不能添加“也/又/还”的，如“除了你俩去过，别人也都没去过”不成立。

例21 您除了不习惯北平的伙食，别的都满意了吧?

该例在“都”前使用了“别的”，明确地指出了“都”的分配性加合的范围，从句意上看也是排除式的用法。语料调查结果显示，这一类“除了”疑问句中的排除式的确只占少数。

（四）“其他、等”的出现

它们在排除式和加合式中都可以出现，是因为相对集合范围的不确定性。根据说话人的意图，对这样的集合既可以用“都”强调子集B的内部一致性，也可以用“也”强调子集B和子集A的类同性。还可以两种意图兼具，那么根据“范围原则”，辖域广的副词出现在辖域窄的副词之前（袁毓林2002），必定使用“也都”。

例22 除了月球以外，其他天体对地球的引力也都能引起潮汐现象。

除了月球以外，其他天体对地球的引力也能引起潮汐现象。

除了月球以外，其他天体对地球的引力都能引起潮汐现象。

例 23　除了摄影包被彻底“搜身”外，所有的相机和镜头也都要打开检查。

除了摄影包被彻底“搜身”外，所有的相机和镜头也要打开检查。

除了摄影包被彻底“搜身”外，所有的相机和镜头都要打开检查。

通过多变的句法形式和语义关系从集合的角度观察“除了”句式，具有较强的概括力和一致性，也较易看清语义关系多变的原因主要在于副词辖域的层级性，可以从认知角度为对外汉语教学提供新的思路。

参考文献：

[1] Grice, H. P. *Logic and conversation*, P. Cole &J. Morgan (eds) Syntax & Semantics Vol 3. New York: Academic Press, 1975.

[2] 刘颂浩. “除了”句式中的省略和对比//第四届国际汉语教学讨论会论文集 [C]. 北京：北京语言学院出版社，1995.

[3] 陆俭明. 汉语语法语义研究新探索 [C]. 北京：商务印书馆，2010.

[4] 吕叔湘. 现代汉语八百词 [C]. 北京：商务印书馆，1996.

[5] 沈开木. “除”字句的探索 [J]. 汉语学习，1998 (2).

[6] 肖奚强. “除了”句式句法语义分析 [J]. 汉语学习，2004 (2).

[7] 邢福义. 汉语语法学 [M]. 长春：东北师范大学出版社，1996.

[8] 殷志平. “除了……以外”的语义辨析 [J]. 汉语学习，1999

(2).

[9] 袁毓林. 多项副词共现的语序规则及其认知解释 [J]. 语言学论丛，2002 (26).

[10] 袁毓林. “都”的加合性语义功能及其分配性效应 [J]. 当代语言学，2005 (4).

[11] 袁毓林. 论“都”的隐性否定和极项允准功能 [J]. 中国语文，2007 (4).

[12] 郑懿德，陈亚川. “除了……以外”用法研究 [J]. 中国语文，1994 (1).

（四川师范大学文学院　成都 610068）

Syntactical Structure “除了 A，B＋VP” Based on Set Theory

Chen Ying

(College of Liberal Arts，Sichuan Normal University)

Abstract：Based on the set theory，this article has discussed semantics and usage of the syntactical structure “除了 A，B＋VP”，and pointed out that essential nature of the syntactical structure is based on set of consistency，rather than simple exclusion or addition. Aimed at consisting with the quantity maxim and emphasizing the subjectivity by comparison，thus explaining various exceptions that occurred before.

Key Words：set theory；“除了 A，B＋VP”；semantics；pragmatics

“T_1＋（的）＋T_2”结构的语义内涵分析

段京雨[①]

摘　要　汉语中存在着这样一种特殊的复合时间结构——T_1＋（的）＋T_2，T_1、T_2 均是具有指示性的时点。在言语交际过程中，人们常使用“T_1＋（的）＋T_2”这类复合时间结构的语言表达式，将原来具有一定距离的“事件”（包括已然事件和未然事件）拉回到现时，从而产生加强现场感的语用效果。本文试着对这一结构的构成和语义内涵进行分析，同时从汉语时制结构等多角度探讨其构成理据。

关键词　复合时间结构；语义分析；构成理据

① 作者简介：段京雨，女，四川师范大学文学院语言学及应用语言学专业2014级研究生。

一 问题的提出

任何事物都处于一定时空关系之中，人们常用语言来描述和记录自身所感知的时空关系，因而形成了各自语言系统中的时间系统和空间系统。在现代汉语里，时间词语是表达时间概念的主要形式，包括表示时间的词和表示时间的短语。若根据时间词语在表义功能上的不同，可将其分为时段时间词语和时点时间词语。时段时间词语表示时间的长短，回答多长时间的问题，如"两天"、"三年"、"一个月"、"一会儿"等；时点时间词语表示某个特定的时间，回答什么时候的问题，如"今天"、"两年前"、"上个月"、"这个时候"等。而在现代汉语中存在这样一种特殊的复合时间结构，如下：

（1）在去年的这个时候，非典疫情的肆虐让人们忧心忡忡。作为刚刚上任的新一届政府总理，您所承担的压力是常人难以体会到的。（《温家宝总理答中外记者问——在第十届全国人民代表大会第二次会议举行的记者招待会上》，国务院公报，2004年3月14日）

（2）白世镜骂道："……姓段的，我可不听你这一套，你会讨女人欢心，怎么她又来害你？请了，明年今日，是你的周年祭。"（金庸《天龙八部》）

（3）现在这个时候，他正伏案工作。

追根溯源，在古代汉语中亦有此类表达。而在所查找的古代汉语语料中，关于"去年此时"的语料15条、"明年今日"的语料60条、"去年今日"的语料323条，可以说明的是这类复合时间结构古已有之，历史悠久。如下：

(4)“去年今日此门中，人面桃花相映红。”（唐·崔护《题都城南庄》）

(5) 再三琐琐碎碎，嘱付叮叮咛咛。你且道他叮咛嘱付个甚么？卓拄杖曰：“记取明年今日，依旧寒食清明。”（宋·平江府报恩光孝禅寺（臣）僧（正受）《嘉泰普灯录卷第一》）

上述例句中的划线部分均是时点时间词语加上时点时间词语的复合。其中，“现在这个时候”这一时间表达式中的“现在”和“这个时候”构成复指关系，都指向“现在时间”，表示强调意义，强调事件发生在当时。例（1）（2）（4）（5）中的“去年的这个时候”、“明年今日”这些时间表达式中的“这个时候”、“今日”都指向“现在时间”，而整个时间表达式的所指时间为“去年”、“明年”即事件时间指向“过去”或“将来”。也就是说，这几例中的说话时间与句内参照时间同时，但事件时间都未指向“现在时间”。像例（1）（2）（4）（5）这类时间表达式，实质是一种与时间性相关的特殊的语法现象，其中的语义内涵尤其特殊，值得探讨。为论述方便，本文将此类时间表达式简记为“T_1＋（的）＋T_2”，其中，“的”在某些情况下可省略。本文语料主要来源于北京大学汉语语言学研究中心开发的语料库、国家语委汉语语料库以及北京语言大学现代汉语语料库。

二　“T_1＋（的）＋T_2”结构构成成分分析

为深入挖掘“T_1＋（的）＋T_2”的语义内涵，本文先从其语表结构形式出发，即对“T_1＋（的）＋T_2”的构成进行分析。

据分析可得，“T_1＋（的）＋T_2”是以当前时间为基准构成的复合时间结构，且T_1、T_2都必须是表示时点的时间词语，T_1指示是表“过去”或“将来”的时间词语，T_2指示是表“现在”的时间词语，这个复合时间结构的所指时间取决于T_1。

（一）T_1、T_2均以当前时间为基准

在“T_1＋（的）＋T_2”这一复合时间结构中，T_1、T_2必须是以当前时间为构成基准的时间词语。时间词语的产生是空间隐喻的结果，依照不同的基准或者标准，可以形成不同的时间基准。李向农（1997）[1]认为当前基准是以说话人自身所处的现实时间即说话时间为基准点构成时间词语。若说话人以自己的说话时间为基点，或者以此为参照而形成的可以判定一定的时间顺序的时间概念，那就可以称为“当前基准”。

若以说话人的说话时间为基准，则可将时间词语分为三类：一是指示“现在”的时间词语，如“此时（此刻）”、“今天”、“现在”、“这个时候”、“这个月”等。需要注意的是，由于近指代词“这”与“现在”有密切的关系，比如“这时”、“此时（此刻）”、“这个时候”都可指示当前，表示“现在”；二是指示“过去”的时间词语，如“昨天”、“前天”、“上一周/上个星期”、“上个月”、“去年”、“过去”以及“表时量的数量短语＋前”（“两周前”、“三十年前”）等；三是指示“将来”的时间词语，如“明天”、“后天”、“下个星期”、“下个月”以及“表时量的数量短语＋后”（“三天后”、“两个月后”）等。也就是说，T_1、T_2包含在上述时间词语中。根据排列组合的逻辑和时间逻辑，我们认为T_1只能是指示“过去”或“将来”的时间词语，T_2为指示“现在”的时间词语。

（二）T_1、T_2 均具有“时点”属性

前面已经谈到，T_1、T_2 均是以当前时间为基准的时间词语。若进一步研究，我们发现 T_1、T_2 还都是表示时点的时间词语。时点作为时间序列上的一个一个的点，可以用来定指古往今来的一个时间或者特指相对于说话时间的某个时间，常可以用来回答“什么时候”的提问。而关于“时点”的语言表达式常包括时间名词，如：“今天”、“明年”、“上午”、“星期一”、“此时/此刻”、“傍晚”等；表时间的方位名词，如：“上周”、“下周”、“上个月”、“下个月”；表示时间的方位短语，如：“两年前”、“两年后”、“三个月前”、“三个月后”等；或由“这（个）”“那（个）”跟“时候”“时间”构成的偏正结构等；或表示年份、月份、日期的词语，如：“1999 年”、“光绪六年”、“正月”、“初三”等。然而，由于 T_1、T_2 必须是以当前时间为构成基准的时间词语，因此，T_1、T_2 只能是以当前时间为基准的表示时点的时间词语。在上述所列举的表示时点的时间词语中，像“傍晚”、“上午”、“星期一”以及表示年份、月份、日期的时间词语是不能进入“T_1＋（的）＋T_2”这个复合时间结构中的。

（三）时点“量”长度的确立

当 T_1、T_2 满足上述的“当前基准”和“时点”这双重属性时，T_1 的时点“量”长度还必须大于 T_2 时点“量”长度，也即 T_1 所指时间的范围大于 T_2 所指时间的范围。陆俭明（1991）[2] 指出“时间的点（即时点）可大可小，大到可以指说话之前或说话之后相对有限的整个历史阶段，小到可以只指某一瞬间，这就是说时点的直径可长可短。”时点作为时间链条上的一个一个的点表示特定的时间，存在着量级域的问题。由于时间是抽象的、无形的，人们只能借助周围其他运动着的物体的周期变化以及空间方式来感知时间的存在。时间的"量度"就是指人们依靠物体在空间中的有规律运动将抽象的时间观念进行划分。"日"的观念源于太阳的东升西落；"月"的观念来自月亮的盈亏周期运动；"年"的概念可能与农作物的熟制相关，《说文解字·禾部》中说："年，谷熟也。"后来"年"发展成为记时单位。戴浩一(1990)[3]认为时间词语连用的排列顺序总是范围大的在前，范围小的在后，早的在前，晚的在后，这是时间顺序规律。

若满足 T_1 的时点"量"长度大于 T_2 的时点"量"长度，即 T_1 的所指范围必须要大于 T_2 的所指范围，那么可接受的时间词语的组合是：

A. 去年的今天（"量"长度：年 > 日）

B. 下个星期的今天（"量"长度：星期 > 日）

C. 明年此时（"量"长度：年 > 时）

这里特别需要注意的是某些满足"T_1 的时点'量'长度大于 T_2 时点'量'长度"，但仍然是不可接受的时间词语的组合。例如："下个星期的后天"、"去年的上一个星期"，它们也是 $T_1 > T_2$，但这是不规范的表达，甚至让人觉得莫名其妙，本文将在后面对其进行深层次的讨论。而且还有一类时属关系，即时间与时间的关系，如"昨天的傍晚""明年的秋天"，它们也存在 T_1"量"长度大于 T_2，但这并不属于我们所要讨论的时间表达式的范围。因为"傍晚"、"秋天"等虽属于表示时点的时间词语，但它们不是以当前时间为基准，而是以天象基准构成的时间词语。

综上所述，即可得知：第一，T_1、T_2 均是以当前时间为构成基准，T_1 只能是指示“过去”或“将来”的时间词语，T_2 为指示“现在”的时间词语；第二，T_1、T_2 均具有“时点”属性且 T_1 的时点“量”长度大于 T_2 时点“量”长度。总之，“T_1＋（的）＋T_2”的结构构成见表一。

表一

<table>
<tr><td></td><td>T_1</td><td rowspan="4">＋
（的）
＋</td><td>T_2</td></tr>
<tr><td rowspan="3">时间名词/时间短语</td><td>“去年”、“明年”</td><td rowspan="3">“今天”、“现在”、“此时（此刻）”以及“这个时候”</td></tr>
<tr><td>表时量的数量短语＋前/后，如：“三年前”、“五个月前”、“两天后”等</td></tr>
<tr><td>“上/下＋周”、“上/下（个）＋星期、“上/下＋（一）个月”</td></tr>
</table>

三　“T_1＋（的）＋T_2”结构语义内涵分析

从句法结构而言，“T_1＋（的）＋T_2”属于“的”字偏正结构。而在语义上，这个复合时间结构的内部形成双向限制的关系，即 T_1 限制 T_2，同时 T_2 对 T_1 也起到了限制作用，并且当说话人使用这个复合时间结构进行言语交际时，它的语义重心也发生了转移。

（一）T_1 与 T_2 之间的双向限制关系

语法学家们普遍将“名词＋的＋名词”即“N_1（的）N_2”的结构内部的语义范畴，分为两大范畴：一是领属/非领属；二是限制/描写。而本文所讨论“T_1＋（的）＋T_2”的这一复合时间结构中的 T_1、T_2 都是时间名词或名词性的时间短语，二者构成限制关系。

首先，按照"的"字偏正结构的语义认知顺序，一般认为是前项修饰后项，也就是说 T_1 限制 T_2。在这个复合时间结构中，T_2 作为表示"现在时间"的时点，它在时间序列上可以随意的游走，过去有"今天"和"现在"，将来也会有"今天"和"现在"。而 T_1 限制 T_2 即是将 T_2 固定在时间序列上，取消其不固定性。

其次，前面我们说到，T_1、T_2 都是表示时点的时间词语，T_1 的时点"量"长度大于 T_2 时点"量"长度，当一个时间点的"量"长度足够长时，我们可以在其后加上一个"量"长度足够短的时点共同来确立语境中更为精确的时间定位①。例如："去年，我学习了语法知识"与"去年的今天，我学习了语法知识"，这两例都是时间名词作时间状语，但后者所表达的时间精确性明显强于前者。可见，T_2 对 T_1 也起到了限制作用。因此，"T_1＋（的）＋T_2"的复合时间结构中的 T_1、T_2 是互相限制的关系，形成整体来指示时间。

（二）语义重心转移

所谓语义重心（focus）是指在言语交际过程中，交际者最为关注的信息。它通常是一句话中说话人所要传达的重点信息，也是听话人接收的新信息中的重点信息。我们认为"T_1＋（的）＋T_2"这个复合时间结构中，T_1 所指示的时间为言语交际中的说话人所要传达的信息重点。

① 李向农在《现代汉语时间表达中的"特指时段"》中指出"时段"具有定量性，"时点"具有定位性。

1. T_1 指示过去，T_2 指示现在

第一种情况是 T_2 为“现在时间”，T_1 为“过去时间”，“T_1 ＋（的）＋T_2”复合时间结构的所指时间为“过去”，整个偏正结构的语义重心在 T_1，如：

（6）两个月前的今天，江泽民主席曾亲临我校视察，今天，克林顿总统及夫人一行又到我校访问，我们感到十分高兴。（《美国希望与中国建立一种新关系》，光明日报，1998 年 6 月 30 日）

例（6）是新华社于 1998 年 6 月 29 日发表的一篇通讯报道，由《光明日报》次日刊载。当时克林顿在北京大学发表了题为“美国希望在新世纪里与中国建立一种新关系”的演讲。其中，“两个月前的今天”是指以“今天”为参照点，向前推两个月，表过去时间，其所指时间取决于“两个月前”。而“今天”在这里又为说话时间，表示现在时间。若以公元纪年表示，报道中的“今天”就是指 1998 年 6 月 29 日，“两个月前的今天”是指 1998 年 4 月 29 日，这里的“两个月前的今天”与“今天”对比着使用，实际上揭示了这两个时间发生的事件相似，即江泽民和克林顿先后到过北京大学。

2. T_1 指示将来，T_2 指示现在

第二种情况是 T_2 为“现在时间”，T_1 为“将来时间”，“T_1 ＋（的）＋T_2”复合时间结构的所指时间为“将来”，整个偏正结构的语义重心在 T_1，如：

（7）秋闱之后，便是后年的春闱，因而想到洪钧在明年此时，或者已经北上，不知可有便中一聚的机会？（高阳《状元娘子》）

例（7）中，“秋闱”是对科举制度中的乡试的借代性叫法，

考中即为"举人"。"春闱"是指会试，考中即为"贡士"，取得参加殿试的资格。句中的"明年此时"是指以"秋闱"这个时间向前推一年，表将来时间，其所指时间取决于"明年"。"明年此时"和说话的当下"秋闱之后"处在一年中同一时间段。二者对比着使用，实际上揭示了这两个时间发生的事情可能出现变化，即洪钧在"我"说话时刻仍在此地，但"明年此时"他可能已不在此地。

此外，还存有一种情况是，即在第一部分中所谈到的像例（3）的"现在这个时候"这类时间表达，它也是复合时间结构，以说话时间为参照点，但与前面两种情况不同的是，"现在这个时候"所指示的时间为"现在"，此时 T_1 与 T_2 不是限制关系，而是复指关系，表示强调的意义，强调当前时间。

正如前面所强调的是，本文探讨的主要是前两种情况，即 T_1 是指示"过去"或"将来"的时间词语，T_2 是指示"现在"的时间词语。在"T_1＋（的）＋T_2"这一复合时间结构中，不仅所指时间范围取决于 T_1，而且语义的重心也在 T_1。

四　"T_1＋（的）＋T_2"结构的构成理据

通过前面的论证，我们推导出"T_1＋（的）＋T_2"这个复合时间结构的具体时间所指取决于 T_1，而且 T_2 在这个时间结构中具有了两重身份。T_2 的第一重身份是作为 T_1 的参照点，用以确定 T_1 的所指时间；第二重身份是内含于 T_1 的一个时间点，这个时间点退去它的参照点属性，如果将其放置于时间的线性序列中，那么它就不仅属于 T_2，还可以属于 T_1，这就是说，昨天有“现在”，今天有“现在”，明天也有“现在”。

（一）汉语时制结构的规定性

语言学界普遍认为汉语的时间系统主要由三部分组成：时相、时制、时态[4]。龚千炎（1995）[5]33指出现代汉语的时制结构系统，就是由说话时间与事件发生时间、另一参照时间与事件发生时间纵横交错所构成。具体说来，任何事件的发生或变化都会呈现出一定的时间性，并且会持续一定的时间。而当我们通过语言形式将事件的时间属性表达出来时，就是我们所谓的“时制”（tense）。首先，若从外部观察整个事件发生的时间，那么可以建立起包含“过去—现在—将来”的时间系统，也就是说，根据事件发生在说话时间之前、或说话时间之后、或与说话时间同时，可分为过去时、将来时、现在时。其次，若从句子内部观察，则用另一参照时间来与事件发生时间形成互相参照，根据事件发生在参照时间之前、或参照时间之后、或与参照时间同时，又可分为先事、后事、当事。由此，汉语的时制结构系统形成了九种基本的结构，包括：先事—过去时、先事—现在时、先事—将来时；当事—过去时、当事—现在时、当事—将来时；后事—过去时、后事—现在时、后事—将来时。我们常常用S代表说话时间，用R代表另一参照时间，用E代表事件时间。

然而，在我们日常言语交际过程中，以说话时间为参照的外部时间（过去时、现在时、将来时）会因为语境的指示作用而不会指明，但另一参照时间（先事、当事、后事）即内部时间却需要明确的成分来表现。如，“下个月末，我们还没离开学校呢。”这个句子里面，说话时“我们”还没离开学校，因而E>S，为将来时。而另一参照时间R由“下个月末”标记出来，事件

"还没离开学校"与参照时间同时，因而 E＝R，为当事。

其实，汉语的时制部分不仅仅是词汇成分的表现，它也具有抽象概括的语法性质。总而言之，汉语的时制系统是一个词汇——语法范畴。而本文所要讨论的"T_1＋（的）＋T_2"这个复合时间结构，正是通过这样一种独特的句法结构来指示时间，表现时制。如：

（8）去年的这个时候，联合国秘书长加利先生代表联合国郑重宣布，10 月 17 日为国际消除贫困日。（陈俊生《向绝对贫困宣战—国务委员、国务院扶贫开发领导小组组长陈俊生在国际消除贫困日纪念活动报告会上的讲话》）

（9）翠儿看一眼她的肚子，马上调转头去，道："小姐也会有孩子的，明年的今天，何家一定也会其乐融融！"（朱秀海《乔家大院》）

例（8）中，"去年的这个时候"这个复合时间结构，相对于说话时间 S，事件发生在说话之前，则 E＜S，为将来时，由"去年"标示出来；而相对于另一参照时间 R，事件时间发生在当时，则 E＝R，为当事，由"这个时候"标记出来。例（9）中，"明年的今天"这个复合时间结构，相对于说话时间，事件发生在说话之后，则 E＞S，为将来时，由"明年"标示出来；而相对于另一参照时间，事件发生在当时，则 E＝R，为当事，由"今天"标记出来。总而言之，例（8）为当事—过去时，例（9）为当事—将来时。由此，我们可以说"T_1＋（的）＋T_2"所形成的复合时间短语是将外部时间（以说话时间为参照）和内部时间（以另一参照时间为基准）统一于一体，从而形成特殊的时制结构。

（二）“现在时间”的相对性

在“T_1＋（的）＋T_2”中，T_2为指示“现在”的时间词语，而“现在时间”具有相对性。马庆株（1991）[6]认为“过去、现在、将来”等是以说话时间作为参照的，他们都是相对时间词。“现在”的参照时间是“说话时间”，而“说话时间”是不确定的，因此“现在”的所指具有相对性，而且它的具体所指与说话时的语境密切相关。总而言之，“现在”可以是现在时间，可以是过去的某个时间点，也可指将来的某个时间点。这也就是我们前面说到的昨天有“现在”，今天有“现在”，明天也有“现在”。因而，“现在时间”具有相对性，这使得它与“现在时”有时一致，有时矛盾。我们如果仅仅是从语境对其进行判断，就会得出同一个时间词表示不同时制的结论来。如：

（10）今天我洗了一天的衣服。

（11）今天我只吃了一碗饭。

（12）今天我们有一个重要的会议要举行。

像上面的几个例子，例（10）、例（11）所述事件已成为过去，在时制上属于当事——过去时；例（12）所述事件在说话时则还没有发生，在时制上属于当事——将来时。对此我们总不能说“今天”既属于过去又属于将来。究其原因，其实这种说法是混淆了时间（time）和时制（tense）的概念。

综上所述，T_2作为表示“现在”的时间词，当它以“参照点”身份出现时，它与T_1就构成了“过去—现在”或“现在—将来”的对比，这属于时制范畴。而当它以“时点”身份出现时，它就成了过去的某个时间点或者将来的某个时间点，这属于时间范畴。正是由于作为“现在时间”的T_2具有相对性，因此

T_1 和 T_2 能复合，且形成互相限制的关系。

（三）时间指示的选用与心理距离

本文认为作为时点的 T_1、T_2 具有指示性的作用，而语用学中所探讨的指示常常和距离有关。据语用学理论，指示词可划分为“指近词”（proximal terms）和“指远词”（distal terms）。若以说话人所处时空为中心，那么靠近说话人的位置为空间近指，如“this”、“here”；反之，远离说话人的位置则用“that”、“there”，这为空间远指。而时间指示词也有近指与远指之分，比如，英语中的“this time ”、“that time”，汉语中的“这时”、“那时”都具有指近或指远的语用效果。而且在英语中，句子中无明确的时间状语时，时态的使用也是以说话人为中心，会随着说话人对事件的主观认知而在心理上呈现一定的远近距离。“现在时旨在拉近说话者对动词表示的时间事件的心理距离，过去时则是扩大这种距离。”[7] 因而，“英语动词的现在时有一种用法，叫做‘历史现在时’（historical present），也就是用现在时的动词来描述过去发生的事情。”[8]68 而最近不少学者发现时态与时间指示的关系相当紧密，雍毅（2008）[9] 试图从语用学“时间指示”的角度，分析虚拟条件句中谓语动词使用过去时态的原理。我们知道汉语缺乏形态变化（尤其是动词的形态变化）来表示时态，即使是在时制结构中，也常用除动词以外的词汇手段来指示时间。而“T_1＋（的）＋T_2”这个复合时间结构具有指示性，也是典型的时间指示结构，它的选用与心理距离紧密联系。如：

（13）去年的这个时候，联合国秘书长加利先生代表联合国郑重宣布，10 月 17 日为国际消除贫困日。（陈俊生《向绝对贫困宣战—国务委员、国务院扶贫开发领导小组组长陈俊生在国际

消除贫困日纪念活动报告会上的讲话》）

（14）一年前的今天，我就是从这儿跳下去的，被人给救起来了。（影片《甲方乙方》）

（15）去年的今天，香给我做了一顿好吃的；前年的今天，和几个朋友在一家尼泊尔餐厅吃了一顿；今年的今天，自己一个人吃了一顿。（小品《今天》）

（16）白世镜骂道："……姓段的，我可不听你这一套，你会讨女人欢心，怎么她又来害你？请了，明年今日，是你的周年祭。"（金庸《天龙八部》）

（17）翠儿看一眼她的肚子，马上调转头去，道："小姐也会有孩子的，明年的今天，何家一定也会其乐融融！"（朱秀海《乔家大院》）

观察以上几例，例（13）、例（14）分别采用具有指示性的复合时间结构"去年的这个时候"和"一年前的今天"作状语来表现"历史现在时"。这里以说话人说话时间为参照点，采用表现在时间的"这个时候"和"今天"将原来具有一定距离的"历史事件"拉回到现时，产生加强现场感的语用效果，似乎事情刚刚发生，从而缩短心理距离。例（15）中"去年的今天"、"前年的今天"与"今年的今天"三者对举使用，突出一种不同时间里的比较，进而体现一种变化，即前年和去年"我"都有人陪同一起吃饭，而今年却是"我"独自一人，通过不同时间里的比较，从而表现出"我"的一种失落感。此外，例（16）、例（17）都采用了同义的复合时间结构"明年今日"和"明年的今天"，虽然从听话人角度看，此二者的表达效果各自侧重不同，但站在说话人角度看，它们都产生了积极的交际效果。例（16）是将未来可能发生的糟糕事件拉近到“现时”，一是说话人向听话人强调“今日你必死”，增强说话人威慑力；二是通过缩短心理距离，让听话人感知“死期周年祭”的时间近在眼前，增强听话人的恐惧感。而例（17）则是将未来可能发生的美好事件拉近到“现时”，通过缩短心理距离，表达对未来的期许。通过语言事实的观察和论证，本文认为“T_1＋（的）＋T_2”这个复合时间结构在言语交际的过程具有重要的语用价值，这是不容忽视的。

五　结　语

在汉语的“T_1＋（的）＋T_2”的这一复合时间结构中，T_1 是指示“过去”或“将来”的时间词语，T_2 是指示“现在”的时间词语。从表层结构上看，“T_1＋（的）＋T_2”是以当前时间为基准构成的复合时间结构，但从深层结构探索，本文总结三点：第一，深层语义决定表层结构，二者是双向限制关系，这样的双向限制，使得结构不会松散且易固定下来。第二，语用功能将语义和语法统一起来。T_1 是 E-S 时间即讲述时间（话语产生的时间），也就是前面说到的外部时间，而 T_2 是 E-R 时间即被讲述时间（故事自身的时间），也就是前面说到的内部时间，其中 T_1 所代表的 E-S 时间是整个复合时间结构的语义重心。第三，在言语交际中，交际者使用“T_1＋（的）＋T_2”这类复合时间结构的语言表达式，将原来具有一定距离的“事件”拉回到现时，缩短交际双方的心理距离，从而产生加强现场感的语用效果。

参考文献：

[1] 李向农. 论现代汉语时点时段的功能类型 [J]. 华中师范大学学报（哲学社会科学版），1997（2）.

[2] 陆俭明. 现代汉语时间词说略 [J]. 语言教学与研究，1991（1）.

[3] 戴浩一. 以认知为基础的汉语功能语法刍议（下）[J]. 国外语言学，1991（1）.

[4] 陈平. 论现代汉语时间系统的三元结构 [J]. 中国语文，1988（6）.

[5] 龚千炎. 现代汉语时相时制时态 [M]. 北京：商务印书馆，1995.

[6] 马庆株. 顺序义对体词语法功能的影响 [J]. 中国语言学报，1991（4）.

[7] 王亚坤. 从认知参照点看时间指示的时态选用问题 [J]. 盐城师范学院学报（人文社会科学版），2009（5）.

[8] 何兆熊. 新编语用学概要 [M]. 上海：上海外语教育出版社，2000.

[9] 雍毅. 从时间指示看虚拟条件句中谓语动词的过去时态 [J]. 西安外国语大学学报，2008（2）.

（四川师范大学文学院，成都 610068）

Semantic Connotation of "T_1 +（的）+ T_2"

Duan Jingyu

(College of Liberal Arts, Sichuan Normal University)

Abstract: In Chinese, there is a special compound temporal structure —T_1 +（的）+ T_2. T_1 and T_2 are both indicative point-in-time. In the process of communication, people often use this kind of compound temporal structure to pull the past events (including already events and bud events) back to the present, to strengthen the pragmatic effect of presence. This article has tried to analyze the composition and semantic connotation of the structure, and to explore the rationale of its constitution from different standpoints such as the tense in Chinese.

Key words: compound temporal structure; semantic analysis; rationale of constitution

四川遂宁话韵尾-n 变-i 现象

张　强①

摘　要　四川遂宁地区方言龈鼻音韵尾-n 与前高元音韵尾-i 存在互变现象。文章对遂宁方言韵尾-n 变为-i 语例进行类型分析，-n 与-i 在声学感知方面有联系。龈鼻音-n 与前高元音-i 逆向语音演变现象是听觉感知引发的，是语音因素协同作用的结果。

关键词　遂宁方言；声学分析；听觉感知；逆向音变

一　引言

2015 年 8 月笔者在四川涪江中游遂宁地区作方言田野调查

①　作者简介：张强（1986—），男，山西太原人，四川师范大学文学院汉语言文字学专业 2014 级博士研究生，研究方向为历史语言学、实验语音学。

(西南官话岷江以东以北部分①)。听校音归纳音系过程中发现了与鼻尾增生相反的另外一条逆向语音演变现象，鼳鼻音韵尾-n脱落增生前高元音-i韵尾，有音法特殊性。

二 遂宁地区方言语例

还，《广韵·删韵》[1]户关切，意为“还原”或“还有”，音［ɦɣuan］平声，而“还有”之“还”今普通话读［xai²］，这是历史音变中类似的例子。

四川遂宁、南充、乐至、安岳地区方言田野调查期间，笔者发现三种语音现象：

1. 遂宁等地方言蟹摄开口二等见晓组现代-i韵尾变为鼻尾-n例

例字	解（解放）	解（解开）	介	界	戒	疥	械	蟹	懈	谐
音韵	见蟹上	见蟹上	见怪去	见怪去	见怪去	见怪去	匣怪去	匣蟹上	见卦去	匣皆平
中古音	kɣæ	kɣæ	kɣæi	kɣæi	kɣæi	kɣæi	ɦɣæi	ɦɣæ	kɣæ	ɦɣæi
遂宁音	tɕian3	tɕian3	tɕian5	tɕian5	tɕian5	tɕian5	tɕian5	ɕian5	ɕian5	ɕian2
北京音	tɕiɛ3	tɕiɛ3	tɕiɛ5	tɕiɛ5	tɕiɛ5	tciɛ5	ɕiɛ5	ɕiɛ5	ɕiɛ5	ɕiɛ2

① 湖广话约相当于西南官话成渝片。参见《中国语言地图集》第1版（中国社会科学院语言研究所、澳大利亚人文科学院 1987)。《中国语言地图集》第2版（中国社会科学院语言研究所、中国社会科学院民族学与人类学研究所、香港城市大学语言资讯科学研究中心 2012)，称之为西南官话川黔片成渝小片。

2. 遂宁等地方言现代-i 韵母增生鼻尾-n 例

例　字	蓖	毅
音韵	帮齐平	疑未去
中古音	pei	ŋɨi
遂宁音	pin1	ȵin5
北京音	pi5	i5

3. 四川遂宁、南充、乐至、安岳地区方言，存在着另外一条平行逆向语音演变，龈鼻音韵尾-n 变为前高元音-i 韵尾的语音现象。

例字	延	岩	舜	喘	艳	疝
音韵	以仙平	疑衔平	书稕去	昌狝上	以艳去	生谏去
中古音	jiɛn	ŋɣam	ɕiuin	tɕhiuɛn	jiɛm	ʃɣan
遂宁音	iai2	ŋai2	suei5	tshuai3	iai5	suæi5
北京音	iɛn2	iɛn2	ʂuei5	tʂhuan3	iɛn5	ʂan5

三　声学感知分析

笔者认为，四川遂宁方言蟹摄开口二等见晓组韵尾变为鼻尾、鼻尾增生、龈鼻音韵尾-n 变为前高元音-i 韵尾这三种语音现象与口腔舌位声学感知有联系。

[i] 舌面、前、高、不圆唇元音。发音时，唇形呈扁平状，舌头前伸使舌尖抵住下齿背。[n] 舌尖中、浊、鼻音。发音时，

舌尖抵住上齿龈，软腭下降，打开鼻腔通路，气流振动声带，从鼻腔通过发音；阻碍解除时，气流冲破舌尖的阻碍，发出轻微的塞音。

遂宁地区方言第 1 类语音现象是前高元音韵尾-i 变为龈鼻音韵尾-n。第 2 类语音现象是前高元音韵母-i 之后增生龈鼻音韵尾-n。第 3 类语音现象是龈鼻音韵尾-n 变为前高元音-i 韵尾。这 3 类语音现象存在某种关联，笔者类型分析发现是前高元音-i 与龈鼻音-n 互变。第 1 类语音现象与第 3 类语音现象平行互补。第 3 类语音现象是新发现。

发高元音时，软腭上升，气流并不容易从鼻腔中溢出，但是高元音在听感上更容易被听成元音带鼻化或鼻韵尾。Ohala 采用 ‘nasal olive’ 技术做了一项实验，用来解决印第安语中的鼻音增生问题（在印地语中鼻化元音和浊塞音之间会增生出鼻尾），结论是：高元音容易引发‘颤噪效应’（microphonic effect）。虽然在发高元音的时候软腭是关闭的，但是实验仪器还是能够检测到鼻腔中的振动，而且 F1 低的音最明显，这包括高元音［i］和浊辅音［d］［b］；F1 高的音（低元音）基本上没有颤噪[2]。从声学角度来看，高元音［i］、［u］的 F1 以及浊塞音的浊音杠频率都很低，在 300Hz 左右，而鼻音的 F1 频率也很低，Keith Johnson 通过计算得出鼻音的 F1 频率为 407Hz，实际测量的结果大致在 400Hz 左右，这使得高元音和浊塞音在听感上接近于鼻音[3]。这说明前高元音-i、龈鼻音-n 声学参数与物理性质相近，听感相似。这可以很好地解释遂宁地区第 1 类、第 3 类语音现象，尤其是第 3 类。

龈鼻音韵尾-n 脱落增生前高元音韵尾-i，鼻音在鼻腔中的共鸣频率取决于鼻孔到声门的长度，所有的鼻音不管其发音部位前与后，在鼻腔中的共鸣频率是一样的；而鼻音在口腔中的反共鸣则取决于收紧点到声门的长度，也就是跟发音部位相关[4]。i 的发音部位与 n 相同，i 在听感上与 n 更接近。从而进一步说明遂宁地区第 1 类、第 3 类语音现象的原因，尤其是第 3 类。

遂宁地区方言第 2 类语音现象，蓖 pin1，毅 ȵin5，-i 之后增生鼻尾-n；前高元音韵尾之后增生龈鼻音韵尾。其中“毅”的声母是龈腭音 ȵ。

关于四川方言其它韵摄鼻尾增生现象，笔者曾有专文论述[5][6]。本文是在此基础之上的补充。

高元音倾向于和鼻音声母组合。这种音节结构中，高元音发音时口腔空间小，容易引起鼻腔共鸣，鼻音韵尾增生。“Dang&Honda 实验显示，在发高元音和浊塞音时，即使当软腭已经关闭，鼻腔中仍有相当大的声音辐射。这表明软腭一旦振动，就能把声音从口腔传送到鼻腔。这种穿透软腭与鼻腔的耦合（transvelar nasal coupling）主要作用于低频声波（不超过1000Hz），会影响高元音的第一共振峰。从鼻腔中传播出来的低频共振，增大了成阻时候声波的振幅，同时造成内爆音和鼻音的某些听感相似”[7]。可以很好地解释遂宁地区方言第 2 类语音现象的变化原因。

音节中元音辅音同时起语音作用，鼻尾增生的听觉感知会更明显。高元音和鼻音的 F1 频率都很低。使得高元音容易产生鼻音听感。协同发音（co-articulation）的缘故，高元音 i、u 会带上鼻流，变为鼻化元音 ĩ、ũ，使得共振峰带宽变宽、F1 频率升高”［Zhou1］[3]。高元音共振峰能量变弱，而鼻音的共振峰能量也比较弱，两者的声学表现更接近，更容易增生出鼻尾来，从而进一步说明遂宁地区方言第 2 类语音现象的变化原因。

遂宁地区方言第 3 类韵尾-n 变-i 语音现象，是听觉感知引发的音变。听话人的"误听"个人行为一旦在某个言语集团扩散，造成有规律的音变现象，导致音变发生[8][9]。遂宁地区方言这类逆向音变是突变（abrupt shift），而非渐变（gradual shift）。

四　结　论

笔者对遂宁地区方言第 3 类现象龈鼻音韵尾-n 脱落变为高元音-i 韵尾语例进行分析，得出结论：龈鼻音韵尾-n 脱落变为前高元音-i 韵尾是听觉感知引发的音变，语音因素协同作用的结果。

参考文献：

[1] 周祖谟. 广韵校本 [M]. 北京：中华书局，2011.

[2] Ohala，Manjari & Ohala，John J. Nasal Epenthetsis in Hindi [J]. Phonetica，1991 (48).

[3] 袁丹. 汉语方言中的鼻尾增生现象 [J]. 语文研究，2014 (3).

[4] Johnson，K. Acoustic and Auditory Phonetics [M]. Oxford: Blackwell Publishing Ltd，2003.

[5] 张强. 四川盐亭等六县市方言音系调查研究 [D]. 四川师范大学，2012.

[6] 张强. 西昌方言鼻尾增生及高元音韵尾互变现象 [C]. 四川省语言学会第十八届学术年会，2015. 10

[7] 朱晓农，寸熙. 试论清浊音变圈——兼论吴、闽语内爆音不出于侗

台底层［J］. 民族语文，2006（3）.

［8］Labov，William. Principles of Linguistic Change，Social Factors［M］. Vol 2. Oxford：Blackwell Publishing Ltd，1994.

［9］Ohala，John J. The listener as a source of sound change［C］// Papers from the Parasession on Language and Behavior. Chicago：Chicago Linguistic Society，1981.

（四川师范大学文学院　成都 610068）

Phenomenon of coda －n ＞ -i in Suining Speech，Sichuan Province

Zhang Qiang

（College of Liberal Arts，Sichuan Normal University）

Abstract：There are the variability between nasal coda －n and high vowels coda -i in Suining dialect in Sichuan. We analyze the types of language example，-n and -i has relationship in acoustic perception. Phonetic reversing-shift phenomenon among nasal －n and high vowel -i is result of auditory perception，and of phonetic factor synergy.

Key words：suining speech；acoustic analysis；auditory perception；reverse change

川北巴中、剑阁等地话部分知系字读龈音与川西南自贡、西昌话之对比①

杨 波②

摘 要 本文以方言田野调查资料，将四川北部分平翘舌的通江、南江、平昌、巴州、剑阁五县六点的知系声母今音读龈音（平舌音）情况作归类分析，再将其与四川西南分平翘舌的自贡、西昌地区的此种情况做比较，得出一个共同的现象：中古知系声母今读龈音的字在四川境内分平翘舌的汉语方言中相对稳定。这种现象值得重视，这是四川地区汉语方言的一个共同特征，是

① 本文为四川省哲学和社会科学高水平研究团队“四川方言研究”（2015－2017）项目阶段成果。

② 作者简介：杨波，四川师范大学文学院汉语言文字学专业2013级研究生。

早期同一种方言的底层遗留。

关键词 四川地区；方言语音；龈音声母；对比；中古音系

中古汉语《切韵》音系发展到现代汉语北京音有一点相对明显的对应关系就是：中古知二和庄组、知三和章组先分别合流，然后这两组再最终合流为今现代汉语北京语音的卷舌音［tʂ］、［$tʂ^h$］、［ʂ］[1]，精组洪音声母发展为今现代汉语北京音的平舌音（龈音[2]）ts、ts^h、s，其中知系有个别例外字读龈音，下面以方言处理系统北京语音数据库①为本将此类例外字的常用字列举如下：

组	母	例外字	声母读音	字数
知组	澄	择泽赚	ts	3
庄组	庄	窄责滓阻诅邹；侧	ts；ts^h	7
	初	测厕策册篡	ts^h	5
	崇	骤	ts	1
	生	洒涩瑟啬色缩所搜馊森	s	10

此前周及徐教授在《四川自贡、西昌话的平翘舌声母分布》[3]一文中详细讨论了四川自贡、西昌及宜宾三点在平翘舌分布上的语音情况。指出四川西南地区分平翘舌的方言有一个普遍的规律：知组字与章组字共变为翘舌音，庄组字则依所配合的韵的主元音舌位的

① 此为上海师范大学潘悟云教授开发的方言处理系统北京语音数据库。

高或低，分别演变为龈音和卷舌音（个别例外字不计在内）。现将该文中古知系读龈音的字依中古声母列于下表①：

	自贡	今音	西昌	今音
知	摘	ts	摘	ts
彻	撑拆	ts^h	撑拆	ts^h
澄	择泽	ts	择泽宅；搽	ts；ts^h
庄	争窄责眨蘸睁阻邹滓臻簪；侧挡	ts；ts^h	争窄责眨蘸皱滓邹阻债筝臻；侧挡	ts；ts^h
初	篡策册搀窗初楚础衬测厕创	ts^h	策册篡测厕衬初楚础	ts^h
崇	助；巢馋崇愁锄豺；士仕事	ts；s^h；s	助乍；巢崇愁锄铡；士仕事	ts；ts^h；s
生	朔生牲甥省傻洒潲疏梳蔬搜馊森所数缩瘦漱涩瑟色啬虱爽参师狮；产	s；ts^h	生牲甥省洒潲色涩瑟森瘦蔬疏梳漱数搜馊缩所师虱率参	s

经调查，在四川境内除自贡（仁富小片）、西昌、宜宾个别点分平翘舌外，此特征还分布在四川其它地区如广元剑阁、巴中等地。现就已经做过实地方言调查的剑阁县金仙镇、白龙镇及巴中市南江、通江、平昌、巴州六点②做比较，分析其中古知系字读龈音的情况。

上述几点的地理位置分布如图③：

① 此表据周及徐教授文录入。

② 金仙、白龙点由笔者与周及徐教授实地调查录音；南江、通江、平昌点由笔者实地调查录音；巴州点由周及徐教授与周岷实地调查录音。

③ 此图由笔者用 Arc view 地理信息处理系统绘制。

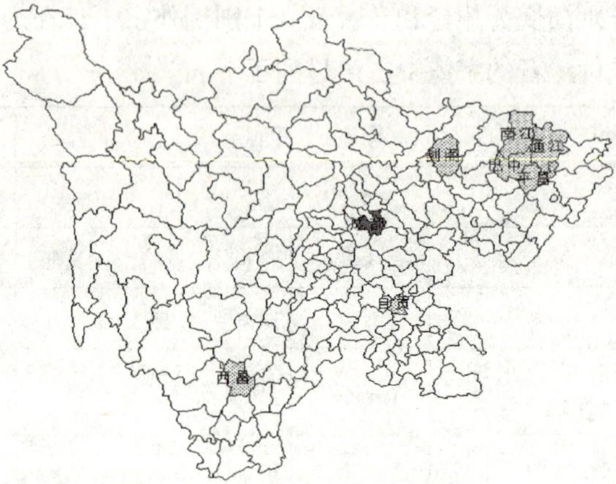

一　南江中古知系字今读龈音情况

组	母	字[4]	声母读音	字数
知组	彻	撑牚畜	ts^h	3
	澄	宅泽择	ts^h	3
庄组	庄	阻滓邹皱醮眨窄争睁责筝臻；捉侧挡	ts；ts^h	15
	初	初楚础厕搀篡衬测策册	ts^h	10
	崇	愁馋崇；助	ts^h；ts	4
	生	省傻蔬疏梳所数潲馊搜瘦漱森渗涩瑟朔色啬生牲缩虱	s	23
章组	章	锥	ts	1
	书	戍	s	1

庄组最多，有 52 个字，知组 6 个，章组 2 个，属个别情况。

二　通江中古知系字今读龈音情况

组	母	字	声母读音	字数
知组	知	摘	ts	1
	彻	撤趁戳撑牚拆	ts^h	6
	澄	搽择泽宅；赚	ts^h；ts	5
庄组	庄	阻滓邹皱蘸眨争睁责臻筝；侧挡	ts；ts^h	13
	初	初楚础厕搀察衬测策册	ts^h	10
	崇	巢愁馋崇；助栈乍	ts^h；ts	7
	生	省傻疏梳蔬所数馊搜瘦漱森涩瑟朔色啬生甥牲虱梢筲潲缩	s	25

庄组最多，共55个，知组12个。

三　平昌中古知系字今读龈音情况

组	母	字	声母读音	字数
知组	知	摘	ts	1
	彻	撑拆；畜	ts^h；s	3
	澄	搽秩惩橙择泽；篆	ts^h；ts	7

组	母	字	声母读音	字数
庄组	庄	阻滓邹皱醮眨窄争睁责筝臻；侧挡捉	ts；ts^h	15
	初	初楚础厕搀篡衬窗测策册栅	ts^h	12
	崇	巢愁馋崇；助撰乍	ts^h；ts	7
	生	渗；省傻疏梳蔬所数梢潲馊搜瘦漱森涩瑟朔色生牲甥缩虱	ts^h；s	24
章组	章	帚锥	ts	2
	书	舒庶戍	s	3
	禅	侍	s	1

庄组最多，共 58 个，知组 11 个，章组 6 个。

四　巴州中古知系字今读龈音情况

组	母	字	声母读音	字数
知组	知	砧粘沾	ts	3
	彻	侦；拆撑牚逞撑	ts；ts^h	6
	澄	箸篆传掷择；秩搽泽宅重	ts；ts^h	10
庄组	庄	眨责筝臻睁争斋；侧	ts；ts^h	8
	初	察厕揣础楚初搀篡衬测策册	ts^h	12
	崇	骤柴豺愁崇馋巢	ts^h	7
	生	数山涩渗森瘦潲漱数所蔬梳疏傻省馊牲朔色搜生瑟甥省缩啬；产闩	s；ts^h	28
章组	昌	侈	ts^h	1

庄组最多，共 55 个，知组 19 个，章组只有 1 个。

五　剑阁金仙中古知系字今读龈音情况

组	母	字	声母读音	字数
知组	知	拄	ts	1
	澄	池驰秩；术；治痔滞稚	ts^h；s；ts	8
庄组	庄	扎眨捉滓阻皱抓爪；侧	ts；ts^h	9
	初	搀衬初楚础	ts^h	5
	崇	馋崇；骤助锄	ts^h；ts	5
	生	色啬瑟涩森傻筛山衫杉删生牲甥省瘦梳疏蔬漱数栓闩搜馊缩率所鞘洒；渗	s；ts^h	31
章组	章	朱珠诸主煮注蛀铸锥赘	ts	10
	昌	炊；枢	ts^h；s	2
	禅	上芍甚盛殊熟署蜀薯墅树属	s	12
	船	赎述术	s	3
	书	书舒输暑黍鼠戍恕庶	s	9

庄组最多，共 50 个，知组 9 个，章组较其它点最多，有 36 个。

六　剑阁白龙中古知系字今读龈音情况

组	母	字	声母读音	字数
知组	彻	彻撤牚撑	ts^h	4
	澄	秩滞	ts	2
庄组	庄	侧；争皱爪滓邹阻	ts^h；ts	7
	初	测衬初楚础篡	ts^h	6
	崇	崇愁；骤助	ts^h；ts	4
	生	洒色啬瑟涩森僧傻潲生牲省瘦梳疏蔬漱数朔缩所；渗	s；ts^h	22
章组	书	摄	s	1

庄组最多，共 39 个，知组 6 个，章组 1 个。

比较总表：

	知	彻	澄	庄	初	崇	生	章	昌	船	书	禅
北京			择泽赚	阻窄责滓邹侧	测厕策册篡	骤	涩瑟啬色缩所搜馊森洒					
南江		撑牚畜	择泽宅	阻窄责滓邹皱眨争筝臻蘸睁捉侧挡	初楚础衬搀篡厕测策册	崇馋愁助	省傻蔬疏梳数潲瘦漱朔生牲虱涩瑟啬色所搜馊森缩渗	锥			戍	

	知	彻	澄	庄	初	崇	生	章	昌	船	书	禅
通江	摘	撑牚撤拆趁戳	择泽宅 搽赚	阻责滓 邹皱眨 争筝臻 蘸睁侧 掐	初楚础 衬搀厕 测策册 察	崇馋巢 助乍愁 栈	省傻疏梳数 潲瘦漱朔生 牲虱蔬甥涩 瑟啬色缩所 搜馊森梢筲					
平昌	摘	拆畜撑	择泽搽 秩篆惩 橙	阻窄责 滓邹皱 眨争筝 臻蘸睁 侧掐捉	初楚础 衬搀厕 篡测策 册窗栅	崇馋愁 巢助乍 撰	省傻疏梳数 潲瘦漱朔生 牲虱蔬甥涩 瑟色缩所搜 馊森梢渗	锥帚			戍舒庶	侍
巴州	砧粘沾	撑牚拆逞侦	择泽宅 搽秩篆 箸传掷 重	责眨争 睁侧筝 臻斋	初楚础 衬搀厕 测篡策 册察揣	崇馋愁 巢骤柴 豺	省傻疏梳数 潲瘦漱朔生 牲蔬甥涩瑟 啬色缩所搜 馊森山产渗 闩		侈			
金仙	拄		秩滞池 驰朮治 痔稚	阻滓皱 眨捉爪 侧扎抓	初楚础 衬搀	崇谗助 骤铡	省傻梳疏数 瘦漱生牲甥 蔬涩瑟啬色 缩所搜馊森 洒山渗率筛 衫杉删栓闩 鞘	锥朱珠诸主煮注蛀铸赘	炊枢	赎述术	戍舒庶书输署黍鼠恕	上芍甚盛殊熟署蜀薯墅树属

	知	彻	澄	庄	初	崇	生	章	昌	船	书	禅
白龙		牚撑撤彻	秩滞	阻滓邹皱争爪侧	初楚础衬测篡	崇愁骤助	省傻梳疏数潲瘦漱朔生牲蔬涩瑟啬色缩所森洒渗僧				摄	
自贡	摘	撑拆	择泽	阻窄责滓邹眨争臻蘸睁簪侧𢭃	初楚础衬搀厕篡测策册窗创	崇馋巢愁助锄豺士仕事	朔生牲甥省傻洒潲疏梳蔬搜馊森所数缩瘦漱涩瑟色啬虱爽参师狮产					
西昌	摘	撑拆	择泽宅搽	阻窄责滓邹皱眨争筝臻蘸债侧𢭃	初楚础衬篡策册测厕	崇愁助巢锄铡乍士仕事	生牲甥省洒潲色涩瑟森瘦蔬疏梳漱数搜馊缩所师虱率参					

上表中楷体字表示仅在个别点出现，不具普遍性。

将各点比较稳定的知系读龈音字列在下表：

		二等	三等
知组	知	摘	
	彻	撑牚拆	畜撤
	澄	择泽宅搽赚	秩篆滞
庄组	庄	窄责眨争筝蘸睁捉爪	皱阻滓邹臻侧𢭃
	初	篡策册窗	初楚础衬搀厕测
	崇	馋巢铡	崇愁助骤乍锄士仕事
	生	省傻潲朔生牲洒甥梢	蔬疏梳数瘦漱涩瑟啬色所搜馊森渗缩虱师参率
章组	章		锥
	书		戍舒庶

其中楷体字表示至少三个点读龈音，其余字表示有两个点读龈音。各点读龈音字皆在这些固定字基础上各有增减，略有差异。这表明四川地区汉语方言各点知系字（读卷舌音）和精组洪音字（读龈音）在不同程度逐渐发生混同，在此混同过程中，卷舌音字在减少，龈音字在变多，知系字（读卷舌音）混入精组（读龈音）之中。

以上九点知庄章三组今音声母读龈音字个数对比表：

	北京	南江	通江	平昌	巴州	金仙	白龙	自贡	西昌
知组	3	6	12	11	19	9	6	5	7
庄组	22	52	55	58	55	50	39	64	57
章组	0	2	0	6	1	36	1	0	0

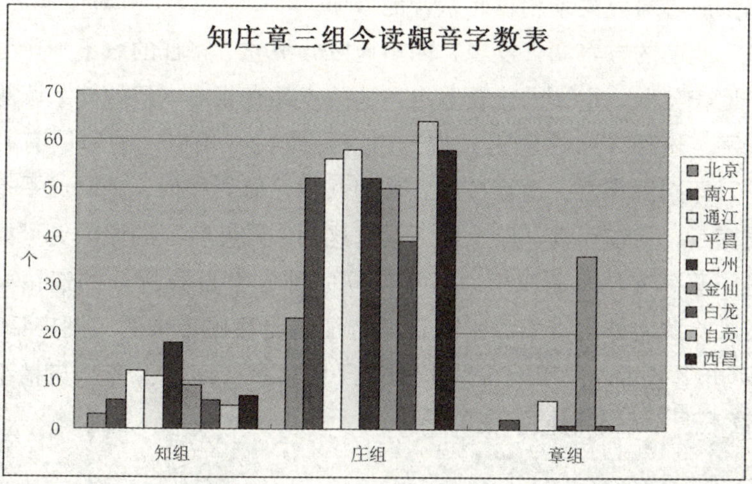

通过比较可知：

除北京外的八点（含自贡、西昌）知系字读龈音的字集中在庄组，尤其是生母、庄母和初母，此外是知组。另外除金仙章组此类字较多外，其余四点章组此种情况皆属个别。

北京音知系读龈音的字集中在庄组和澄母，其余皆无。高晓虹（2002）指出，北京话读同精组的庄组字应该分入声与非入声的两类来分析，其中大部分入声字读同精组是文读音，可以断定是外方言影响的结果，而且不限于庄入字，也影响知组梗二等入字。非入字读同精组的原因则不是很明确，……可能也是外方言影响所致。……就目前所知情况看，明朝南京话（明代官话）有此可能是影响北京话此种特点的方言。[5]而本文所比较的八点知系读龈音的字基本涵盖北京音中此类特征的常用字。相较北京音的平翘分布，这八点知系读龈音的字更多，归类更复杂，与中古知系声母对应关系相较北京音更繁琐。

此前的方言调查发现，四川地区分平翘舌特征的点不少，分布比较分散，本文的比较看出：这些点又有相对一致的知系读龈音字。这种一致性值得重视。语言一致性（相似）的原因有几种，即同源存古、语言接触、普遍共性、偶然相似、趋同或平行演变[6]。相较而言，以上地区具有这种一致性特征的原因更可能是同源存古，即是四川地区早期同一种方言自身特征的遗留发展，除此之外的点不分平翘舌的特征是受移民带来的“湖广话”（不分平翘舌）的影响[7][8]并伴随自身知系（读卷舌音）与精组（读龈音）逐渐混同演变的结果。

参考文献：

[1] 冯蒸．唐作藩《音韵学教程》知、庄、章声母合流方式说商榷//语言历史论丛［M］．第八辑，成都：巴蜀书社，2015．又刘俊一．试论中古庄、章、知三组声母的合流过程［J］．曲阜师院学报，1963（1）．

[2] 彼得·赖福吉（Peter Ladefoged）．语音学教程［M］．第五版．北京：北京大学出版社，2011．

[3] 周及徐．四川自贡、西昌话的平翘舌声母分布［J］．四川师范大学学报，2013．

[4] 中国社会科学院语言研究所．方言调查字表［M］．北京：商务印书馆，2012．

[5] 高晓虹．北京话庄组字分化现象试析［J］．中国语文，2002（3）．

[6] 罗伯特·迪克森（Dixon. R. M. W）．语言兴衰论［M］．朱晓农等译．北京：北京大学出版社，2010．

[7] 周及徐．南路话和湖广话的语音特点——兼论四川两大方言的历史关系［J］．语言研究，2012（3）．

[8] 周及徐．从语音特征看四川重庆"湖广话"的来源——成渝方言与湖北官话代表点音系特点比较［J］．四川师范大学学报，2012（3）．

（四川师范大学文学院　成都 610068）

Comparison of Alveolars between the Six Dialects in Northern Sichuan and Two Dialects in Southwestern Sichuan

Yang Bo

(College of Liberal Arts, Sichuan Normal University)

Abstract: According to the data from fieldwork, we

classified and analyzed the characters of Zhi series pronouncing as alveolar [Ts-] in the six dialects of northern Sichuan province such as Tongjiang，Nanjiang，Pingchang，Bazhou and Jiange，then compared them with the corresponding characters in the two dialects of southwestern Sichuan such as Zigong and Xichang，in which the initial systems are of alveolar [Ts-] and of retroflex [Tʂ-]. A common phenomenon is found：that the characters of Zhi series in Middle Chinese are pronounced as alveolar is quite stable in the Sichuan area. The phenomenon deserves attention，it is a common feature of Sichuan dialects，and it is also one of the remains of the common dialect in the early stage.

Key words：Sichuan；dialect sound；initial alveolar；comparison；mid-ancient Chinese phonology

四川长宁话音系及其声学特征[①]

何治春[②]

摘　要　长宁话是入声独立的方言，属于西南官话灌赤片岷江小片。本文在方言调查材料的基础上，归纳整理长宁方言的音系。通过实验语音实验，发现一些之前并未被提及的现象，如ɿ和u在入声与非入声中的差异。

关键词　四川方言；长宁话；音系；声学特征

一　概　说

长宁县是四川省宜宾市代管县，位于四川盆地南缘，宜宾市

---

①　本文为四川省哲学和社会科学高水平研究团队“四川方言研究”（2015—2017）项目阶段成果。

②　作者简介：何治春，四川师范大学文学院汉语言文字学专业2014级研究生。

腹心地带，地理坐标为东经 104°44′22″～105°03′30″，北纬 28°15′18″～28°47′48″，南北长约 60 千米，东西宽 30 千米，全县面积 1000.2 平方千米，下辖 7 乡、11 镇。本文的长宁话指的是长宁中心区长宁镇及周边老翁镇、竹海镇百姓所操方言。长宁话在方言分区上为西南官话灌赤片岷江小片，属于“南路话”①。关于长宁话前人做过一些研究，比如杨时逢[1]，马菊[2]。作为本地人，笔者认为前人的研究还有不尽人意的地方。结合实验语音学[3][4]，笔者拟在方言调查的基础上拟做出一些补充。发音人信息如下：

（1）伍仕海，65 岁，长宁县长宁镇人，初中学历，退休小学教师，从未在县外长期住居。

（2）刘显华，71 岁，长宁县竹海镇人，高中学历，从未在县外长期住居。

（3）郑绍林，71 岁，长宁县老翁镇人，高中学历，退休小学教师，从未在县外长期住居。

二　音　系

（一）长宁话声调

长宁话有 5 个声调，列举如下：

① 关于“南路话”参见周及徐《从移民史和方言分布看四川方言的历史——兼论“南路话”与“湖广话”的区别》一文。

声类	调值	例　字
阴平	45	多知巾丁妖淤/拖科搓通休
阳平	31	图驼缠权 /拿螺泥龙
上声	51	打府摆古/卡普土苦伞/马哪岭拢雨饮
去声	24	付贝惯教/沛炮看散/杜肚但荡像憾/亮浪论嫩
入声	34	笔逼各脚侧/迫凸突雀测血/昨截夺特薄习/没纳力落若约月译欲

下图 1、2 是长宁话 5 个声调的声调图：

图 1　长宁话声调等长图

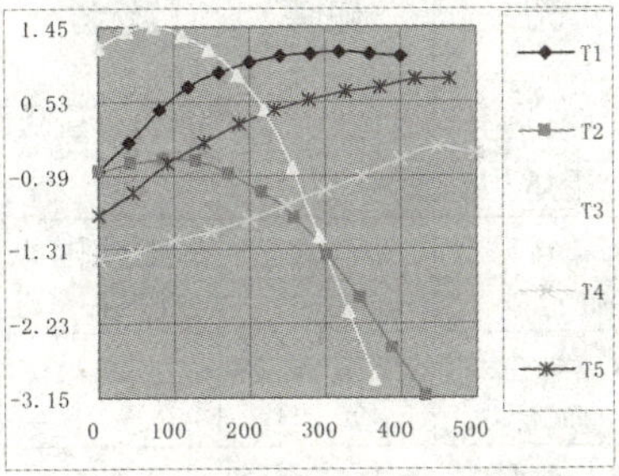

图 2　长宁话声调绝对时长图

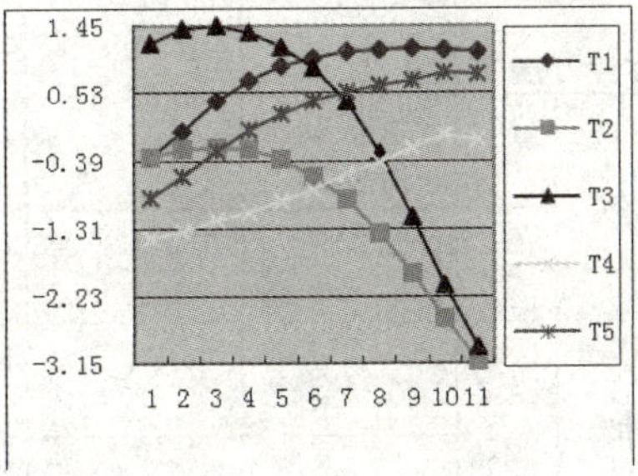

声调说明：

阴平：长宁话阴平是个高升调，跨越五度域的 4、5 两个声域，升段主要在声调的前半部分，后半部分较为平缓。

阳平：长宁话阳平是个中降调，跨越五度域 3、2、1 三个声域，调体前部有非区别性质的微升。

上声：长宁话的上声是个高降调，跨越整个五度域，在五个声调中调域最宽。同阳平一样，上声调体前部同样有非区别性质的微升。

去声：长宁话的去声是个低升调，跨越 2、3、4 三个声域，调体前缓后急，末尾有轻微下降。

入声：长宁话入声是个中升调，跨越 3、4（5）两个声域。

根据图 2，我们可以发现在统计上长宁话声调的长短关系是：去声＞入声＞阳平＞阴平＞上声，这证明入声已经丢掉了其原有“短促”的特性，失去塞尾，彻底舒化，在声调长度上升至比阴平、阳平、上声还要长不少。

（二）长宁话声母

长宁话有 20 个辅音声母，1 个零声母，它们分别是：

调音部位 / 调音方法		双唇	唇齿	龈	龈腭	软腭
塞音	送气	p^h坡泼拼品胖爬婆		t^h 汤梯烫图驼突		k^h 枯苦盔筷坎磕
	不送气	p 巴保爸步抱笨		t 端电打肚杜笛		k 工耿国果过骨
塞擦音	送气			ts^h 搓查初次吃尺	$tɕ^h$ 墙悄青疆却桥	
	不送气			ts 左遮猪紫姊汁蛰	tɕ 蕉将爵交脚觉	
擦音	清		f 夫非赴妃符肥	s 撒沙斯使石失	ɕ 习夕星兴胸形	x 挥回豪号含缓
	浊		v 无五吴悟污乌	z 如人热日锐阮		
鼻音	浊	m 妈母模猫模梦			ȵ 牛严验酽业孽	ŋ 藕偶雁硬额昂
边音	浊			l 挪奴罗奶路里		
零声母	ø 无物儿耳愚月爱哀雨宇					

声母音值说明：

(1) p：音值同北京话，VOT 最长为 20.02ms，最短为 8.42ms，平均值为 13.77ms。

(2) p^h：音值同北京话，VOT 最长为 124.55ms，最短为 65.3ms，平均值为 86.29ms。

(3) t：音值同北京话，VOT 最长为 19.56ms，最短为 8.13ms，平均值为 13.44ms。

(4) t^h：音值同北京话，VOT 最长为 108.17ms，最短为 64.91ms，平均值为 82.91ms。

(5) k：音值同北京话，VOT 最长为 60.56ms，最短为 14.68ms，平均值为 33.54ms。

(6) k^h：音值同北京话，VOT 最长为 138.88ms，最短为 72.68ms，平均值为 99.38ms。

(7) m：双唇鼻辅音三个共振峰明显，时长最长为 175ms，最短为 53ms，m 平均时长为 83ms。

(8) l：舌尖—龈鼻音共振峰明显，时长最长为 100ms，最短为 62ms，平均时长为 74ms。

(9) ŋ：舌面后—软腭鼻音共振峰较 m、l 要弱些，最长为 170ms，最短为 70ms，平均时长为 121ms。

(10) v：唇齿浊擦音基本融入后面的擦化元音 u^v，在语图上不能明确切分出来。

（三）长宁话韵母

韵尾＼四呼	开口呼	齐齿呼	合口呼	撮口呼
无韵尾	ʅ 知支尸实石	i 眉鸡皮习滴	u 普步录绿蜀	y 女徐据需玉
	ʌ 巴爬麻拿查	iʌ 家芽雅亚假	uʌ 耍瓜寡夸花	
	o 左所科可过	iu 曲局菊狱欲		
	ɵ 薄莫剥驳末		uɵ 托索着戳焯	yɵ 雀爵鹊削虐
	æ 撒法发达擦	iæ 鸭甲瞎掐恰	uæ 刷刮括滑挖	
	e 贼哲撤浙舌	ie 别列孽聂血	ue 国或	
	ɤ 个割葛各搁			
	ɚ 儿耳二而尔			
元音韵尾	ai 泰来材柴该		uai 乖怪拐快怀	
	ei 遮車蛇赊杯		uei 雷累类泪回	
	au 报刀窖咬敲	iau 交绞孝沼悄		
	əu 兜楼走凑周	iəu 流修球休优		
鼻音韵尾	an 南咸丹闲仓	ian 娘将强香央	uan 端疮床窗双	
	ən 沉森村孙尊	in 禁今秦银斤	uən 昆棍婚温顺	yn 永泳军巡运
	iɛn 监检盐前延		yɛn 圈拳原元玄	
	oŋ 某牡猛萌蒙	ioŋ 熊融容用庸		

韵母说明：

长宁话共有 39 个韵母，其中无韵尾韵母 20 个，元音韵尾韵母 8 个，辅音韵尾韵母 11 个。iu、æ、iæ、uæ、ɵ、uɵ、yɵ、e、 ie、ue、ɤ 是入声韵。长宁话有单元音韵母有 11 个，下图 3 是单元音声位图。

图 3　长宁话元音声位图①

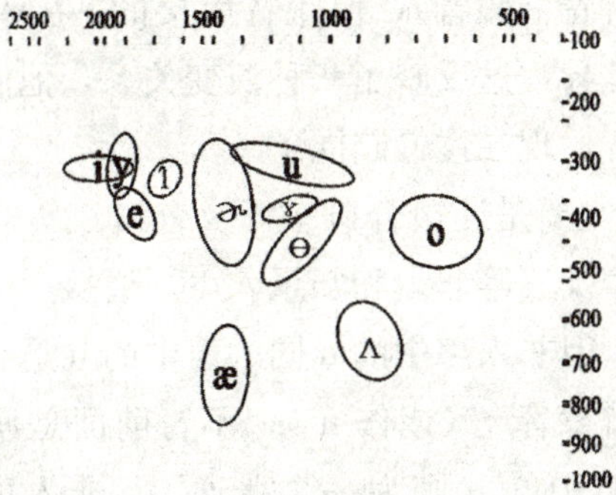

图 4　u 在入声与非入声的区别

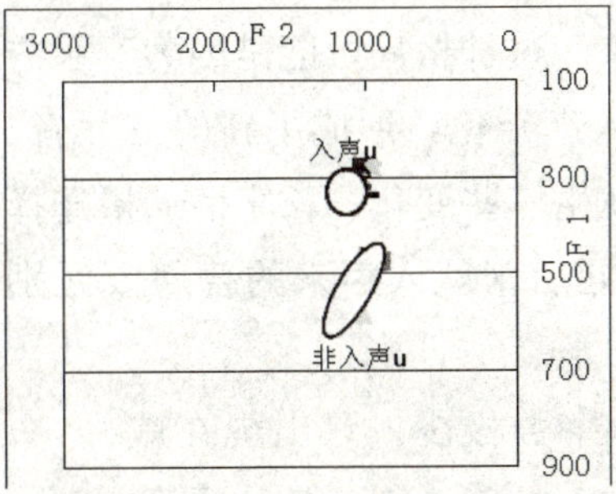

图 5　ɿ 在入声与非入声的区别

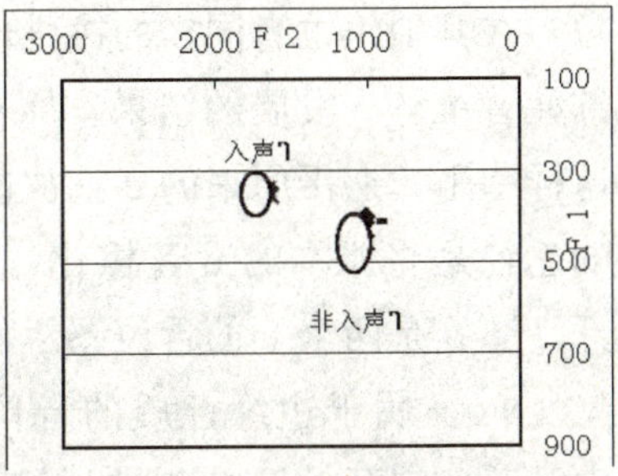

ɿ：读 ɿ 的主要是蟹止摄开口三等知系，深臻曾梗开口三等知系入声。但非入声的 ɿ 和入声的 ɿ 有显著差异。根据分组考察

① 因为 ɿ 和 u 在入声与非入声中差距较大，此处的 ɿ 和 u 都以入声中元音的数据为准，未取入声和非入声的平均值。

得出非入声的ɿ的 F1、F2 分别为 441、1028 赫兹，而入声的 F1、F2 分别为 338、1668 赫兹，从图中（图 4）可以看出入声ɿ的舌体要比非入声的ɿ要前要高，但他们是互补的。长宁话无翘舌音，只有平舌音（龈音），但龈音后接的ɿ在入声与非入声中却有如此大的差异，这反映了一种演变关系，他们原来可能是根本不同的两个音，现在慢慢趋同了。

u：读 u 的主要是遇摄合口一等及合口三等非组和知系，臻摄合口一等入声及三等非组和知系入声，通摄一等入声及三等非组及知系入声。但非入声中的 u 同入声中的 u 是有差异的，非入声的 u 近似唇齿擦音 v（或作 u^v），不管前面是何声母，都有较大摩擦。而入声中的 u 则为一个普通 u。非入声的 F1、F2 为 523、1047 赫兹，入声的 F1、F2 为 306、1014 赫兹。当然我们说的擦化的 u 并不时单指在非组中 u 受前面唇齿声母同化的现象，在其他组也有同样的擦化现象。这种格局可能是因为音系内部元音推链式发展的结果。原本入声开化，形成了新的 u 元音，这样一来，遇摄原来的 u 就被迫发生一些变化。长宁话遇摄选择的途径是将原本的 u 音擦化，以同后来从入声来的普通 u 区别开。图 5 是两个 u 的舌位图。

ɤ：ɤ 属于边缘性质的音位，字数极少，只出现在咸开一、山开一、宕开一见组个别入声字中，如磕、割、各、恶等。

iu：读 iu 的主要是通摄合口三等精组、见系入声字以及曾摄合口三等入声。

ɵ：读 ɵ 的主要是宕摄开口一等帮组入声，江摄开口二等部分唇音字，如驳、剥。

uɵ：读 uɵ 的主要是宕摄开口一等端系入声，合口三等知系入声；咸摄开口一等见系个别字，如合、盒。

yo：读 yo 的主要是宕摄合口三等精泥组及见系，山摄合口三等精泥组及合口三四等见系。

æ：读 æ 的主要是咸山摄开口一等端系，开口二等知系入声，以及咸山摄三等合口和山摄二等开口唇音入声字。

iæ：读 iæ 的主要是咸山摄开口二等见系入声字。

uæ：读 uæ 的主要是山摄合口二等入声，字少。另外，uæ 也作为 uɵ 和 ue 的白读形式存在，如"括"字有 khuɵ35、khue35、khuæ35 三音，其中 khuæ35 是最早的白读层，khue35 次之，khuɵ35 为文读。

e：读 e 的主要是咸山摄开口三等知系入声，曾摄开口三等庄组入声，梗摄开口二等知系入声。

ie：读 ie 的主要是咸山摄开口三等精泥组、见系入声，四等端泥组、见系入声。

ue：ue 属于 uɵ 白读层次，字数极少，主要是曾摄合口一等入声字，如国、或、惑。

an：读 an 的主要是咸山宕江摄开口一二等，开口三等知系舒声（但宕三庄组和江二知庄组今读 uan），山摄一等合口帮组舒声，咸山摄合口三等非组舒声，宕摄合口三等唇音字舒声。其中部分二等见晓组字今读细音 iɛn，部分洪细两读，洪音为白读，细音为文读，如"闲"有 xan31、ɕiɛn31 两读，后者白读，前者文读。

ian：读 ian 的主要是宕摄开口三等精泥组、见系舒声，江摄开口二等见系舒声（但部分不腭化，今读洪音 an）。

uan：读 uan 的主要是山摄合口一等端见系、二等知见系、三等知系舒声；宕摄合口一等三等见系舒声；宕摄三等庄组和江摄二等知庄组今也读 uan。另外，uan 也作为 uen 的白读存在，如“横”白读为 xuan31，文读为 xuən31。

iɛn：读 iɛn 的主要是咸摄二等见系（部分）、三等精泥组及见系、四等端泥见晓组舒声；山摄开口二等见系（部分）、三等帮精泥组及见系、四等帮端见系舒声；

yɛn：读 yɛn 的主要是山摄合口三等精泥组及见系、四等见系舒声，但部分合口三等来母字今读齐齿不读撮口。

ən：读 ən 的主要是深摄知系舒声，臻摄开口一等、开口三等知系舒声、合口一等帮端系舒声、合口三等非组精泥组（部分）舒声字。

带 n 尾的韵母中，当主元音为［一低元音］的 ə、i、u、y 时，韵尾 n 与前面的主元音界限较为分明，且占据了音节时长的一半以上。当主元音为［一高元音］的 a、ɛ 时，n 与前面的元音就不太容易截然分开，但主元音大部分仍然是一个口元音，只是在元音末尾有鼻化现象，而非杨时逢记录的整个都是鼻化元音。图 6 是 n 在［一低元音］后代表音节的语图，图中我们可以通过共振峰 F2 明显突变判断出 n 和前接元音的分界。而图 7 中 n 前接［一高元音］，我们就不能从语图上分辨出 n 和元音的分界，它们间有一个过度的鼻化阶段。这证明 n 在高元音和低元音后的表现是有差异的。

图 6　长宁话“孙、兵、魂”语图（高亮处为主元音）

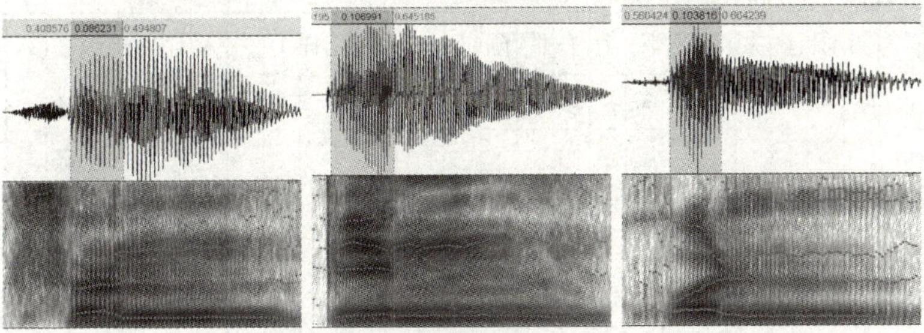

图 7　长宁话“庞、奖、蒜”语图（高亮处为主元音）

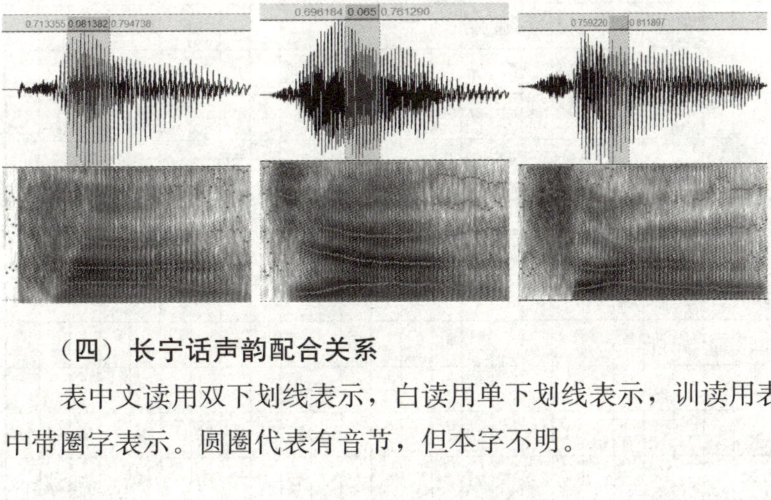

（四）长宁话声韵配合关系

表中文读用双下划线表示，白读用单下划线表示，训读用表中带圈字表示。圆圈代表有音节，但本字不明。

表 1

	y					ʌ				iʌ					uʌ					o				
	阴	阳	上	去	入	阴	阳	上	去	阴	阳	上	去	入	阴	阳	上	去	入	阴	阳	上	去	入
p						巴	爸	把	坝			○								波		簸	播	
ph						○	爬	趴	帕											坡	婆	颇	破	
m						妈	麻	马	骂											摸	磨	抹	磨	
f																								
v																								
t								打	大											多		躲	剁	
th						它														拖	驼	妥	唾	
l		驴				拉	拿	哪	那	○										啰	螺	裸		
ʦ						渣		○	炸						抓		爪					左	坐	
ʦh						差	查	嚓	叉								○			搓	○		锉	
s						沙		洒	啥								耍			梭	○	锁		
z																○								
ʨ	居		举	锯						家		假	架											
ʨh	区	瞿	取	砌																				
ɕ	需	徐	许	序						虾	斜		卜											
ȵ			女							○														
k							○	○							瓜	○	剐	挂		哥	○	果	过	
kh						○	○	卡	胯						夸		垮	跨		科		颗	课	
x						哈	○	傻	下						花	华		化		喝	何	火	货	
ŋ						轧																我		
ø	淤	鱼	雨	遇		阿	啊			桠	芽	雅	压		挖	娃	瓦			窝	鹅		卧	

表 2

	ɿ					i					ıı					iu					r				
	阴	阳	上	去	入	阴	阳	上	去	入	阴	阳	上	去	入	阴	阳	上	去	入	阴	阳	上	去	入
p						逼		比	闭	逼			补	布	不										
ph						○	皮	鄙	屁	匹	铺	菩	普	铺	扑										
m						咪	迷	米		蜜		模	母	墓	木										
f											夫	扶	虎	户	复										
v											乌	吴	五	雾											
t						低		底	第	笛	都		堵	杜	独										
th						梯	提	体	替	踢		图	吐	兔	突										
l							离	里	例	力		卢	鲁	路	六										
ʦ	知	糍	纸	字	质						猪		煮	做	卒										
ʦh	痴	辞	此	次	吃						粗	锄	楚	处	出										
s	斯	时	死	是	十						书		数	树	蜀										
z					日							如	汝		辱										
ʨ						鸡		姐	借	急										足					
ʨh						期	其	起	气	漆										曲					
ɕ						些	斜	写	谢	熄										续					
ȵ							泥	你	腻	逆															
k																									割
kh																									磕
x																									
ŋ																									恶
ø						衣	爷	也	夜	一					屋					疫					

表 3

	ɵ	uɵ	yɵ	æ	iæ	uæ	e	ie	ue	ɚ					ai					uai				
	入	入	入	入	入	入	入	入	入	阴	阳	上	去	入	阴	阳	上	去	入	阴	阳	上	去	入
p	薄			八			北	别							○		摆	败						
ph	泼			拔			迫	撇								牌	○	派						
m	末			抹			墨	灭								埋	买	卖						
f				发																				
v																								
t		夺		答			得	叠							呆		逮	带						
th		脱		塔			特	铁							胎	抬	大	太						
l		落		辣	○		勒	列							奶	来	奶	耐						
ʦ		昨		砸		○	则								灾		仔	在		○	○	○	○	
ʦh		撮		擦			撤								猜	才	彩	菜		揣				
s		说		杀		刷	色								筛			赛		摔		甩	帅	
z		弱					热																	
ʨ			脚		甲			节																
ʨh			确		掐			切																
ɕ			学		瞎			血																
ȵ			虐					业																
k						刮	格		国						该		改	盖		乖		拐	怪	
kh						括	克		扩						开		凯	概				块	快	
x						滑	黑		或						○	鞋	蟹	亥		欢	怀		坏	
ŋ							额								挨	捱	矮	爱						
ø			虐			袜		叶		○	儿	耳	二							歪		崴	外	

表 4

	ei				uei				au				iau				əu				iəu			
	阴	阳	上	去	阴	阳	上	去	阴	阳	上	去	阴	阳	上	去	阴	阳	上	去	阴	阳	上	去
p	杯			背					包		保	爆	标		表									
ph	批	陪	呸	佩					泡	刨	跑	炮	飘	瓢	瞟	票								
m	妹	煤	美	魅					猫	毛	卯	冒	○	苗	秒	妙								
f	非	肥	匪	费																				
v																								
t									刀		倒	到	叼		○	掉	都		陡	斗	丢			
th					推	颓	腿	退	掏	涛	讨	套	挑	条	调	跳	偷	头	敨	透				
l					○	雷	磊	类	捞	劳	老	闹	○	聊	了	料		楼	篓	漏	溜	刘	柳	
ts					追	贼	嘴	罪	糟	遭	早	皂					邹		走	咒				
tsh					吹	锤	(碎)	脆	操	曹	草	造					抽	愁	丑	臭				
s					虽	随	水	岁	骚	苕	少	邵					搜		手	受				
z								锐		饶	扰	绕						揉						
tɕ													交		绞	叫					鬏		久	就
tɕh													悄	桥	巧	翘					秋	求		
ɕ													消		小	笑					修	○	朽	锈
ȵ															鸟	尿					○	牛	扭	○
k									高	○	搞	告												
kh									敲	○	考	烤												
x									薅	豪	好	号												
ŋ									熝	熬	咬	傲					欧		藕	怄				
ø	诶				萎	为	尾	味					妖	摇	舀	要					优	由	有	又

表 5

	an				ian				uan				iɛn				yɛn			
	阴	阳	上	去	阴	阳	上	去	阴	阳	上	去	阴	阳	上	去	阴	阳	上	去
p	班		绑	办									边		〇	变				
ph	潘	盘	〇	胖									篇	便	〇	片				
m	〇	忙	满	漫										棉	免	面				
f	翻	烦	仿	饭																
v																				
t	单		挡	荡					端		短	断	颠		点	店				
th	汤	谈	躺	探					湍	团	〇		天	田	舔					
l	〇	蓝	漤	浪		梁	两	晾		鸾	卵	乱		连	脸	练				
ʦ	脏		展	錾					钻		转	赚								
ʦh	参	残	惨	灿					疮	床	闯	撞								
s	桑	尝	偿	上					双		爽	算								
z		然	染	让							软									
ʨ					将		奖	降					兼		减	见	捐		卷	倦
ʨh					框	强	抢	像					迁	前	浅	欠	圈	权	犬	劝
ɕ					香	详	想	向					先	嫌	显	县	鲜	悬	癣	旋
ȵ					孃	娘							〇	年	撵	验				
k	刚		敢	干					关		广	惯								
kh	刊	扛	坎	炕					宽	狂	款	框								
x	夯	闲	喊	汉					慌	还	缓	晃								
ŋ	安	严	〇	雁																
ø					央	阳	仰	样	汪	王	网	望	烟	盐	演	燕	冤	原	远	怨

表 6

	ən				in				uən				yn				oŋ				ioŋ			
	阴	阳	上	去	阴	阳	上	去	阴	阳	上	去	阴	阳	上	去	阴	阳	上	去	阴	阳	上	去
p	奔		本	笨	宾		饼	病									绷		○	蹦				
ph	喷	彭			拼	平	乒	聘									○	棚	捧	碰				
m	闷	门		焖	○	民	敏	命									蒙	萌	猛	梦				
f	分	坟	粉	奋													风	冯	讽	凤				
v																								
t	登		等	顿	丁		顶	定									东		懂	洞				
th	吞	腾	○	○	厅	停	挺	听									通	同	桶	痛				
l	○	棱	冷	嫩		林	岭	另									聋	龙	拢	弄				
ʦ	尊		整	正													中		种	重				
ʦh	村	存	逞	秤													葱	从	宠	冲				
s	孙	晨	沈	剩													松		怂	送				
z	仍	人	忍	认														氄						
ʨ					巾		井	近					军			菌							窘	
ʨh					青	勤	请	浸					倾	琼	顷							穷		
ɕ					心	行	醒	信						寻		训					胸	熊		
ȵ																								
k	跟		耿	更							滚	棍					工		拱	共				
kh	坑		啃						昆	○	捆	困					空		孔	控				
x	哼	痕	很	恨					昏	魂	哄	混					轰	洪	哄	哄				
ŋ	樱		○	硬																				
ø									温	文	稳	问	晕	荣	永	泳	翁			瓮	雍	庸	勇	用

参考文献：

［1］杨时逢．四川方言调查报告［M］．台北："中央研究院"历史语言研究所，1984.

［2］马菊．泸州等八县市方言音系调查研究［D］．四川师范大学，2011.

［3］朱晓农．语音学［M］．北京：商务印书馆，2010.

［4］石峰．语音平面实验录［M］．北京：北京语言大学出版社，2012.

（四川师范大学文学院，成都 610068）

Phonologic System and Phonetic Characteristics of Changning Speech in Sichuan Province

He Zhichun

（College of Liberal Arts，Sichuan Normal University）

Abstract：Changning speech，which belongs to Minjiang sub-district，Guanchi district of Southwestern branch of Northern Dialect，is a dialcct characterized with entering tone. Making use of the tools of experimental phonetics，we discribes the phonetic system of Changning speech based on field investigation ，and has discovered some phenomena that had not been mentioned by previous studies，such as the differences between［ʅ］and［u］in checked tone and non-checked tones.

Key words：Sichuan Dialect；Changning speech；Phonolohy；Phonetic characteristics

四川南充礼乐乡音系特点[①]

李 敏[②]

摘 要 本文在田野调查的基础上，描写分析南充嘉陵区礼乐乡方言音系情况。礼乐话具有流摄一等见系增生-i-介音、宕江摄开口字变为前鼻音韵尾、曾梗摄变为前鼻音韵尾，入声独立，残存入声韵特点等特征。

关键词 四川南充；方言音系；语音特征

一 概 况

（一）地理位置

礼乐乡位于四川南充嘉陵区西部，距嘉陵城区 18 公里。东

① 本文为四川省哲学和社会科学高水平研究团队“四川方言研究”（2015—2017）项目阶段成果。

② 作者简介：李敏，女，四川师范大学文学院汉语言文字学专业 2014 级研究生。

连花园乡，南接一立镇、大通镇，西依龙蟠镇，北连双桂镇、桃园乡。途径 318 国道，距离遂西高速、兰海高速、沪蓉高速较远，交通较为闭塞。

嘉陵区礼乐乡卫星地形图

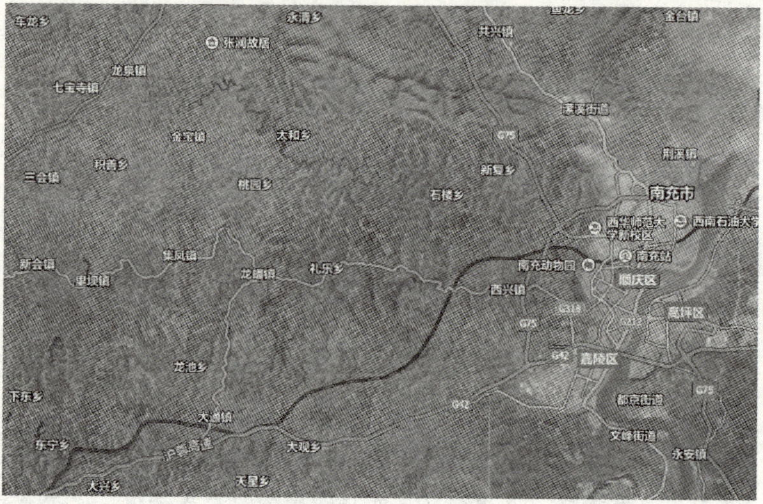

（二）前人研究

杨时逢《四川方言调查报告·南充》为 1941 年董同龢记音，发音人 20 岁，南充城内人。金小梅《中古入声字在南充方言中的读音研究》于 2003 年选取龙蟠镇 500 常用入声字做为调查内容。两者虽对南充方言进行了语音调查，但未涉及礼乐乡话。

（三）田野调查情况

调查时间：2015 年 10 月 25 日。调查地点：南充市区。发音人基本情况：刘松禄，男，1949 年 11 月 12 日出生，南充礼乐乡龙头山村人，初中文化程度，工人，讲本地话。调查人：李敏。本次调查得到礼乐乡人民政府的支持，在此表示感谢。

本次田野调查使用上海师范大学潘悟云教授研发的语言田野系统（TFW）和Mini Box声卡、德国拜尔动力TG H55C调查录音，以中国社会科学院语言研究所李荣、丁声树编制的《方言调查字表》为基础，结合四川方言自身的特点有所删减，另制声韵字表，发音人用本地话依次读字表。笔者使用TFW听记音，再由导师周及徐教授听校音，使用Praat软件进行声调测值，最后得出礼乐乡语音系统。

二 音 系

（一）声母

发音方法＼发音部位		双唇	唇齿	龈音	龈腭音	软腭
塞音	不送气	p 波拜币办薄		t 多斗搭袋动		k 歌瓜共皖汞
	送气	ph 遍破怕皮仆		th 他台托甜童		kh 括昆逛垮客狂
塞擦音	不送气			ts 左座再杂张治赵楂状珠殖	tɕ 酒荐聚姜巨杞械胶捐	
	送气			tsh 粗残赐词超除叉柴齿酬虫	tɕh 妻千切全启恰琴穷	

发音方法 \ 发音部位		双唇	唇齿	龈音	龈腭音	软腭
擦音	清		f 府飞复虎壶封	s 素酸索饲松柿疏摔属射食舒署		x 火花黑禾豪黄
	浊		v 戊无巫物	z 绕然热辱孕	ɕ 寻西肖肃显兄协	
鼻音	浊	m 妈美秒灭忙		n 姥暖赖奶怒路拉脸隆	ȵ 鸟宜业咬验研逆	ŋ 我爱奥安恩恶
零声母	ø 阿儿蛙外杨要王渊威文阴云					

声母除零声母共20个，声母特点：

1. 不分平翘舌。古精组洪音和知系字今读 ts-、tsh-、s-。如："子作再纸支注抓"等读 ts，"醋材词超池侧初助串城"等读 tsh-，"锁赛丝饲事刷射舍试市"等读 s-。

2. 不分尖团。古精组细音和见系细音全读 tɕ-、tɕh-、ɕ-。如："尖兼"等读 tɕ-，"齐其"等读 tɕh-，"修休"等读 ɕ-。

3. 古晓组在-u 韵前读为 f-，其余的韵母前，晓组字读 x-。如："呼湖壶户互"等读 f-，"花灰换谎混"等读 x-。

4. 泥（娘）来洪混细分。在今洪音韵母前，泥（娘）来母都读 n-；古来母在今细音前读 n，古泥（娘）母在今细音前读

ȵ-。如："奴女脑纳炉吕姥辣"等读 n-，"礼离利理"等读 n-，"泥念扭碾"等读 ȵ-。

5. 部分见系二等字读洪音：见母"街窖"读 k-，匣母"吓下鞋蟹咸陷衔限苋项行杏茎"读 x-。

6. 单韵母 u 前少数明微母字有 v，大多数没有 v。如："戊无巫物"。

7. 日母止摄读 ə，如："儿尔二而耳饵"。其余全读 z-，如："惹乳染润扔"。

8. 影疑母开口洪音多读 ŋ-，如：影母"爱安恩樱"，疑母"我碍熬岩"。疑母开口三四等大都读 ȵ-，与泥（娘）母细音相混，如"宜义议拟毅咬凝逆"等读 ȵ-。

9. 部分不送气音读为送气音，如："鄙痹遍绊拔勃"读 ph-，"堤导夺"读 th-，"躁骤"读 tsh-，"歼浸笺捷截"读 tɕh-，"溉概跪"读 kh-。部分送气音读为不送气音，如："譬佩"读 p-，"凑翅触"读 ts-，"酷"读 k-。

10. 少数泥（娘）母字读为零声母，如："娘 iɛn2、匿 ie5、尼 i2、腻 i4、你 i3、尿 iau4、年 iɛn2、拈 iɛn1"。

（二）韵母

韵头 韵尾	开口呼	齐齿呼	合口呼	撮口呼
无韵尾	ə 儿尔二而耳饵	i 闭底蹄里七寄	u 部途绿阻古吴	y 女趣薛举靴雨
	ɿ 紫四知迟史汁			
	o 播婆多昨说窝	io 雀脚确学药钥		
	ɤ 鸽磕渴阁鹤可棵壳			
	e 德摘责者骼黑	ie 别蝶列节谢叶	ue 括国阔扩或	ye 绝雪缺月越
	A 巴杷罚大他楂	iA 家价掐霞夏芽	uA 袜厦瓜挂夸花画	
元音韵尾	ai 摆埋太袋奶栽踩丐鞋	iɛi 皆阶介届戒谐械	uɛi 揣帅喘乖怪快歪坏	
	ei 贝秘悲批披培媒肺黑		uei 微堆兑雷垒泪嘴翠税桂	
	əu 豆楼奏抽州寿肉	iəu 丢留酒秀究球牛幼邮		
	au 保泡毛倒脑枣赵少糕窖	iau 表票庙鸟调悄笑教桥舀		

韵尾＼韵头		开口呼	齐齿呼	合口呼	撮口呼
鼻音韵尾		an 班反胆南伞扇染竿唐糖	iɛn 乡片店天帘练剪浅建牵羊腔江	uan 晚短钻酸专川馆宽院	
			in 宾冰品民订听挺定领睛辛京银婴		yn 俊军群训云荣永营
		ən 本崩绷分灯吞省橙郑圣根硬杏		uən 文准春唇绳润孕魂	yɛn 全先选卷劝肩元冤掀弦沿丸
		aŋ 帮棒邦胖盲芳港	iaŋ 联①	uaŋ 王网撞庄闯爽光矿慌黄	
		oŋ 朋某茂否蜂冻桶农宋冲绒巩	ioŋ 穷凶熊拥容庸勇用		

韵母共 37 个，韵母特点：

1. 臻摄舒声合口一三等端系字丢失-u-介音，如合口一等“敦墩顿屯囤盾钝嫩论尊村寸存蹲孙损”读-ən，合口三等“伦沦轮笋”读-ən。

2. 蟹摄舒声合口一等端组字、山摄舒声合口一等端泥组字保留-u-介音，如：蟹摄舒声合口一等“堆对腿蜕内雷累”等读-uei，山摄舒声合口一等“端团段暖乱”等读-uan。

① iaŋ 韵只有一字，联 niaŋ2。

3. 麻三精组见系部分字韵母读-i，如：精组“且些邪斜”，以母“耶也野”。其余麻三字读同成渝话，如：“姐借写泻卸谢”读-ie。果摄戈韵“茄”，蟹摄齐韵“携”也读为-i。

4. 咸山梗摄入声开口三等见系部分字读-i，如：咸摄入声开口三等“业”，山摄入声开口三等“孽竭揭”，梗摄入声开口三等“液”。

5. 咸山宕摄入声开口一等见系（合盍曷铎）部分字读-ɤ，如：咸摄“鸽磕”，山摄“渴”（山合三“粤”读ŋɤ5），宕摄“阁鹤”。少数果摄舒声开合口一等见系字也读-ɤ，如：开口一等“可”，合口一等“棵颗课”。臻摄入声合口一等见系“骨”，江摄入声开口二等“角壳”也读-ɤ。

6. 曾开一、梗开二入声帮端知见系字读-e，读同成渝话，如：帮系“北百柏伯迫拍魄白墨默陌麦脉”，端系“德得特肋则贼塞”，知系“摘拆择责册”，见系“格骼革隔刻克客额扼黑赫核”。

7. 山臻摄入声合口一三等帮知系端泥组部分字读-o，如：山摄“末夺拙说”，臻摄合口一等“不猝”[①]、合口三等“出率勿”。

8. 臻摄入声合口三等精见组部分字读-io，如“戌掘”。

9. 深臻曾梗摄入声开口三四等帮端见系（缉质迄职昔陌三锡）读-ie，如：深摄缉韵“立笠泣集辑急级及习袭吸”，臻摄质韵“必笔疾吉漆逸”、迄韵“讫乞”，曾摄职韵“逼即极息熄媳”，梗摄昔韵“僻辟积迹脊籍藉昔惜席夕”、陌三韵“碧隙”、锡韵

① “猝”为清母字。

“劈觅的滴敌笛狄踢历绩寂击激戚锡析”。

10. 曾梗入声合口三等见系、通摄入声三等精组见系部分字读-io，如：曾合三“域”，梗合三“疫”，通合三精组“宿足续旭”、见系“育狱浴”（通合一“速”读 ɕio5）。

11. 通摄入声合口一三等帮知系端泥组读-o，如：合口一等“仆木督笃读秃凿谷”，合口三等“目穆福竹筑粥烛触促缩叔束熟”。

12. 流摄开口一等侯韵见系字增加-i-介音，如：见母“勾沟狗苟垢够构”，溪母“抠口叩扣寇”，疑母“藕偶”，匣母“猴厚馅”，影母“欧呕沤”。匣母“侯喉候后吼”读同成渝话，没有增加-i-介音。

13. 宕摄开口一三等端知见系，江摄开口二等见系读为-iɛn/-an。如：

宕摄开口一等“当抗挡杭桑棠汤浪炕烫狼糖糠缸肮脏苍荡葬藏赃趟躺郎钢”读-an。

宕摄开口三等知系“掌昌杖樟涨瓤畅章肠裳让赏长障”读-an。

宕摄开口三等“娘酿良粮凉量梁两亮谅辆将浆蒋奖糨抢墙匠相箱湘襄想祥详像姜疆僵羌强央秧殃香乡享向羊洋杨阳扬养痒样”读-iɛn。

江摄开口二等“江豇降腔巷”读-iɛn，“扛窗项”读-an。例外：港 kaŋ3。

（三）声调

声调	调值	代表字
阴平	35	波巴杯包般奔潘非丢冬猜些追张窗孤鸡归医庵
阳平	31	爸蒲排模副台桃浓灵糍秦床神蛾挨渠
上声	52	谱饱板本丙马武朵扭旅澡耻乳鼓瓦眼许雨友
去声	224	臂爆喷碰费钓闹料奏罪细蒜送羡趁哨过欠亚燕翼液
入声	32	八必博逼朴薄麦发德突雀昨泽适入盒鸭

共5个声调，入声独立，虽有入声调，但并不是所有的古入声字今都读入声，古入声字有一部分今读为舒声。部分今已归入阴平、上声、去声调，与普通话相同，部分古入声字已归入阳平调，与湖广话相同，如：“末沫蜜膜物勿贼哲杀斥束若弱岳乙悦”等。入声调中有个别字为古阳平字，如：“鼻覆达搽查涮赦”。

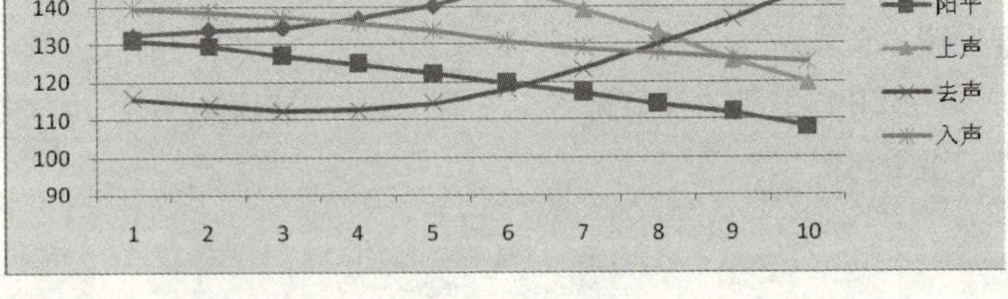

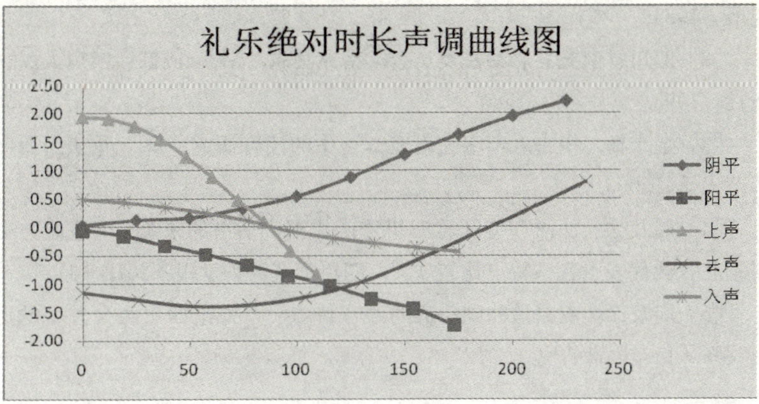

三 结 论

南充礼乐乡方言具有的语音特征从音系特点上可以分为三类。一是在较为封闭的环境中自己所独有的特征。如：日母止摄读 ə；流摄开口一等侯韵见系字增加-i-介音；宕江摄开口字变为前鼻音韵尾。二是距离南充市区较近，受南充语音影响，具有成渝地区湖广话的语音特征。如：不分平翘舌，不分尖团，部分入声字归入阳平调。三是存古的特征。如：入声独立，通摄入声韵读-o，残存入声韵的特点。入声独立，麻三精组见系读-i，深臻曾梗摄入声开口三四等帮端见系读-ie，山臻摄入声合口一三等帮知系端泥组部分字读-o 等特征表明其具有南路话语音特征，而南路话是明代以前本地主流方言[4]。

参考文献：

[1] 杨时逢. 四川方言报告［M］. 台北：“中央研究院”历史语言研

究所，1984.

［2］四川省南充县志编纂委员会．南充县志［M］．成都：四川人民出版社，1993.

［3］金小梅．中古入声字在南充方言中的读音研究［D］．重庆：西南师范大学，2003.

［4］周及徐．从语音特征看四川重庆“湖广话”的来源——成渝方言与湖北官话代表点音系特点比较［J］．四川师范大学学报，2012（3）．

［5］周及徐．南路话和湖广话的语音特点——兼论四川两大方言的历史关系［J］．语言研究，2012（3）．

（四川师范大学文学院　成都 610068）

Phonetic System and the Characteristics of Liyue Speech in Nanchong City，Sichuan

Li Min

（College of Liberal Arts，Sichuan Normal University）

Abstract：Based on the field investigation，this paper describes the characteristics of Liyue Speech in Nanchong City. It is unique in Sichuan dialects with some features such as the residual of the checked-tone rime in phonological system，the retaining of the ancient ending - tone，the initials［k-、kʰ-、h-、ŋ-］can be together with -iəu. Moreover，the coda［ŋ-］of some words has become to alveolar nasal coda［n-］.

Key words：Nanchong speech，Sichuan dialect；phonetic system；phonetic feature

《蜀碧》注释

王欣璐注释[①] 周及徐审校

编者按：《蜀碧》四卷，清彭遵泗撰。彭遵泗（1702—1758），字磬泉，丹棱（今四川省眉山市丹棱县）人。乾隆二年进士，选翰林院庶吉士，曾任兵部员外郎等官。《蜀碧》记述明末清初四川战乱始末以及张献忠在蜀大屠杀的暴行，这与四川方言的变迁有直接的关系。记述起于明崇祯元年（1644），止于康熙二年（1662）。《蜀碧》征引史料丰富，包括《明史》、《明史纲目》、《明史纪事本末》等书，详载张献忠在四川的暴行。鲁迅评此书：这是“讲张献忠祸蜀的书，其实不但四川人，而是凡有中国人都该翻一下的著作”（《且介亭杂文·病后杂谈》）。这里选择其中二、三两卷，节选并加以注释，以供关心这段历史的读者参考。

① 校注者简介：王欣璐，女，四川师范大学文学院2012级本科生。

卷二

（起甲申，止本年十二月）[1]

甲申，（是年三月十九日，闯贼李自成陷京师[2]，怀宗殉社稷[3]。）五月，我大清世祖章皇帝定鼎燕都[4]，是为顺治元年。（是岁八月，献贼陷蜀。）……

【注释】

[1] 括号部分：本文所据文献为甘肃省古籍文献整理编译中心所编《中国西南文献丛书》中《蜀碧》，原文版本为据1935年中华书局《丛书集成初编》排印清嘉庆张海鹏辑刊《借月山房会钞》本所影印本。原文在正文下有时列有双行小注。在本文中，原文双行小注用括号表示。甲申：崇祯十七年，1644年。

[2] 李自成（1606—1645）：明末农民起义首领，号闯王。陕西米脂（今陕西省榆林市米脂县）人，崇祯二年（1629）加入农民起义，后成为首领。崇祯十六年（1643）进占西安，1644年正月，建立大顺政权，年号永昌。同年三月，攻克北京，推翻明王朝。四月，在山海关被清军与明总兵吴三桂合兵击败，逃归西安。顺治二年（1645）在湖北通山九宫山战死。陷：攻破。

[3] 怀宗殉社稷：怀宗，指明思宗朱由检（1610—1644），庙号“怀宗”，年号崇祯。1644年，李自成军攻破北京后，朱由检于煤山（景山）自缢身亡。

[4] 大清世祖章皇帝定鼎燕都：指清世祖即位于北京。清世祖：即顺治皇帝爱新觉罗·福临（1638—1661），清朝第三位皇帝，清朝入关的首位皇帝，谥号章皇帝。定鼎，建立王朝。燕都，即北京。

本段记写了在甲申年（1644），李自成攻破北京、崇祯皇帝自尽、顺治皇帝即位、张献忠攻入四川等大事。

〇张献忠复自楚寇蜀[1]。正月，夔府陷[2]。〇[3]

先是，崇祯十六年[4]，献忠破江西、广东诸郡县，再入岳州[5]。或有进策东下取吴越者[6]，献忠以左良玉驻武昌[7]，忌之，乃决议入蜀。时蜀抚陈士奇[8]，性率傲，无他筹略，缘劾候代[9]，军不放粮。十三隘口无分遮者[10]，贼至梅子坡山而饥，以无兵，故入之。秦良玉驰援[11]，众寡不敌，溃。正月，陷夔府。

【注释】

［1］本句指张献忠从湖北侵入四川。张献忠（1606—1647）：陕西定边县（今陕西省榆林市定边县）人，明末农民起义首领。1644年8月在成都建立大西政权。顺治三年（1647）年1月在交战中被清军射杀于四川西充县。寇，劫掠，侵犯。

［2］夔府：即明清夔州府，隶属四川布政使司。治所在今重庆奉节县。辖境相当于今重庆市东北部的部分地区、达州市区及达州北部及东部、湖北西部的部分地区。陷：被攻陷。

［3］底本上加“〇”处安排体例为：重要时间后加“〇”；总述某件事，在首尾处有“〇”；对不同的人、事分别注解，用“〇”隔开。本文删去了层次分段的“〇”，改为提行。

［4］崇祯十六年：1643年。

［5］岳州：明清为岳州府，相当于今湖南省岳阳市，州治在今岳阳市岳阳县。

［6］吴越：今浙江、江苏等地。

［7］左良玉（1599－1645）：字昆山，临清（今山东省聊城市临清市）人。初在辽东与清军作战，崇祯十七年（1644）三月封宁南伯。南明弘光帝朱由崧即位后，又晋为侯，镇守武昌。武昌：今属湖北省武汉市。

［8］蜀抚：四川巡抚，四川省军政总管。巡抚，本身无品级，临时派遣到地方巡视和监督地方民政、军政，品级均依原官。陈士奇（1587—1644）：字弓甫，号平人。漳浦县铜山所（今福建省漳州市东山县铜陵镇）人。崇祯十五年（1642）秋，陈士奇任右佥都御史（正四品，属都察院，管理官员的监察），巡抚四川，张献忠入侵四川后，不屈而死。乾隆朝谥忠烈。

［9］缘劾候代：缘：因为。劾：弹劾，检举揭发。指崇祯十六年（1643）十二月，朝议陈士奇不称职，等候另派人来代替他的职务。

［10］十三隘口无分遮者：当地的十三个重要关险都没有分派人把守。隘：险要的地方。分遮：分头拦截。遮：拦。

［11］秦良玉（1574－1648）：字贞素，四川忠州（今重庆忠县）人，明朝末年著名女将，世袭石砫宣抚使。宣抚使，于西南少数民族地区置，管理军民，参用土官，俗称土司。明朝灭亡后，南明王朝追谥秦良玉为“忠贞侯”。秦氏参加抗击清军、奢崇明和张献忠等。曾画全蜀形势，请陈士奇增兵守十三关隘，陈氏置之不问。

本段记叙张献忠攻入夔府的前因。张献忠图谋入蜀，时任四川巡抚的陈士奇不称职，正在等待接替的人，军队不发粮食，又没有在入川的重要关口安排防守。

○贼入万县[1]，贡生吴献棐被执[2]。不屈，死。○

献棐被执，强以为参军[3]，不受。贼怒，断臂解腕而死[4]。其子之英，痛父，亦被磔焉[5]。

时，贼攻梁山[6]。邑人高宗舟（副榜）率乡勇守北门[7]，城陷，疾归家，令妻孥皆自尽[8]。作书付仆[9]，使间道达父所[10]，而身统家奴二十余人巷战[11]。被重伤[12]，死。奴辈从之。又执庠生古元直妻谭氏[13]，氏大骂，触阶而死。贼掩其尸而去。

【注释】

［1］入：本文指城市在无守御的情况下攻陷。万县：今重庆市万州区。

［2］贡生：科举制度中，生员（秀才）一般属于本府、州、县学，选取成绩优异者入京师国子监读书，则为贡生。执：逮捕，捉拿。

［3］参军："参谋军事"的简称，即军事参谋。

［4］解腕：砍掉胳膊。解，用刀分割动物或人的肢体。

［5］磔（zhé）：斩杀。

［6］梁山：今重庆市梁平县。

［7］邑人：县里的人。邑，县。副榜：科举时代会试或乡试取士，除正榜外另取若干名，列为副榜。乡勇：乡兵，地方武装。

［8］妻孥（nú）：妻子儿女。

［9］作书：写信。付：交付。

［10］间道：从小路走。父所：父亲住的地方。

［11］统：统率。

［12］被：遭受。

［13］庠（xiáng）生：科举时代称府、州、县学的生员。明清时为秀才的别称。

本段记叙张献忠攻入万县及梁山。

○贼屯万县。○

江滩水涨，贼不得上[1]，留屯者三阅月[2]。民皆逃避，贼诱以降者不杀。既出，悉驱之入水。

【注释】

［1］上：逆江水向前。

［2］阅月：经一月。阅，经历。

本段记叙张献忠因江水上涨阻留万县三月，百姓逃散。张献忠诱百姓降，出来投降者皆被驱赶溺死水中。

○夏四月，参将曾英败贼于忠州[1]。○

贼至忠州，英率水师迎之[2]，用火攻。烧其舟百余号[3]，贼死以千计。及英等还守涪州[4]，贼遂悉众屯忠州葫芦坝[5]。

参将曾英及守道刘鳞长与贼战于涪州[6]，败绩。

贼徒健斗者十余万，负载者倍之，置横阵四十里，左步右骑，翼舟而上[7]。时，英与鳞长守涪州水路，赵荣贵[8]守梁山陆路。贼至，荣贵望风先遁[9]，英接战而败。退至五里望州关[10]，贼追及，斫伤其颊[11]。英手杀数人，跳而免[12]，与鳞长走川南。

【注释】

[1] 参将：明镇守边防与重要地方的统兵官员，位次于总兵、副总兵，无品级，无定员，品级依原本官衔。曾英：福建莆田（今福建省莆田市）人，曾经封平蜀侯，与张献忠部队战斗中战死，乾隆朝谥节悯。忠州：属重庆府，今重庆市忠县。

[2] 水师：水军。迎：迎击；抵御。

[3] 号：量词。

[4] 涪州：属重庆府，州治在今重庆市涪陵区，辖武隆（今重庆市武隆县）、彭水（在今重庆市彭水苗族土家族自治县）二县。

[5] 悉：都，全都。葫芦坝：在今重庆市忠县西拔山镇汪家洞村。

[6] 守道：明代辅佐布政使司（明分全国为十三布政司）的官员，官职为“道员”，又被称为“守道”，分管各布政使司辖区部分地区的钱谷等事。刘鳞长（1598—1661）：字孟龙，号乾所，晋江（今福建省泉州市晋江市）人。明万历进士，历任工部都水司主事、员外郎、南京户部郎中、四川建昌参议，川东参政等官。明亡后在清朝廷做官。

[7] 此句意为：贼众共有十多万善于战斗的精兵，负载军需物品的人也有二十余万，列成阵势横向有四十里，左边是步兵，右边是骑兵，分列在船队的左右沿江而上。健：健壮；善于。横阵：横陈的阵势。翼：分列左右势如两翼。

[8] 赵荣贵：陕西三原（今陕西省咸阳市三原县）人，本为流贼，后携自己占据的保宁归顺明王朝，封为定随侯。后来与清军战斗，战死。

［9］望风先遁：见到动静就先敌而逃。

［10］望州关：位于今重庆市涪陵区城南的望州山上。

［11］斫（zhuó）：砍。

［12］跳：同“逃”。免：逃脱。

本段记叙明参将曾英最初在忠州打败了张献忠部队，但等到曾英回到涪州，张献忠又占据了忠州。曾英同涪州的地方官员与张献忠战于涪州，最终战败逃走。

〇六月二十日，贼陷重庆。瑞王常浩及巡抚陈士奇以下各官死之[1]。〇

重庆下流四十里曰铜锣峡[2]，上江要路，士奇宿重兵以守[3]。六月八日，献忠入涪，分舟师溯流犯峡[4]，而己则登山疾驰一百五十里，破江津[5]，掠其船，顺流而下。十七日，夺佛图关[6]。贼得关峡，反出其下，兵士惊扰，不能支，遂溃[7]。贼数十万至城下，士奇等日夜登陴[8]，衣不解带，以火灌滚炮击贼，死无数。于是贼发民墓凶具，负以穴城，而置大炮为火攻[9]。至二十日夜，黑云四布，贼于城角藏火药数十筒，晨起，以火箭齐射药处，火发地裂，城遂陷[10]。王与各官俱遇害。

……

【注释】

［1］瑞王常浩：朱常浩（1591－1644），明神宗朱翊钧第五子，本封在汉中，避战乱逃至四川，四川总兵侯良柱助其到重庆。

［2］铜锣峡：在今重庆市东的江北区。

［3］宿重兵：派驻大量的军队。

［4］舟师：水军。溯流：逆流而上。犯：进攻；侵犯。

［5］江津：地名，今重庆市江津区，位于重庆城区的长江上游。

［6］佛图关：在今重庆市城西的渝中区。

［7］此句意为：贼众夺得了长江上游的江津和佛图关等地，反过来夹击下游的（明军守卫的）铜锣峡，守军惊慌骚动，不能支撑，于是溃败。

［8］陴：指城墙。

［9］此句意为：在这时，贼众掘开百姓的墓穴、取出棺材，用它们做遮挡，在城下挖洞，又准备了大炮用火攻城。发：打开。凶具：棺材。负：背着，顶在头上。穴：指挖墙洞。

［10］火箭：古代用引火物附在箭头上射到敌阵引起焚烧的一种箭。发：点燃，燃烧起来。

本段写了张献忠攻入重庆的经过。重庆下游有铜锣峡，是沿江而上的重要通道，巡抚陈士奇本派兵守卫铜锣峡，而张献忠分出水军在此作战，自己又带军登山向前，攻破上游的江津等地，顺流而下先破佛图关，再破铜锣峡，再沿江而上，攻入城内。作战中，挖出棺材作盾牌，在城墙脚下埋火药，用火引发，最终攻陷重庆。

陈士奇，字平人，漳浦人，闽之能文家也[1]。天启进士[2]。崇祯十五年来抚川[3]，缘劾候代。贼既入夔，将吏谓公曰："卸事抚军[4]，可以去矣。"公曰："贼自我入川来[5]，我去何以对君父[6]？义与封疆共存亡耳[7]。"城陷，与关南兵备副使陈纁[8]、知府王行俭[9]、巴县知县王锡[10]、指挥顾景俱死[11]。

行俭，字质行，江南宜兴进士。贼缚于演武场，大骂不绝，贼脔之[12]。

锡，字古田，江西新建进士。被执，慷慨激烈，与士奇备受五毒[13]，磔死。

景闻城陷，入王府，以己所乘马乘王，鞭而走，遇贼呼曰："贼宁杀我，无犯帝子。"贼戕王[14]，景死之。

自瑞王以下，死者万人。是日，天大雷电，昼晦[15]。献怒，架飞炮向天击之[16]，天为之霁[17]。……

〇贼断军士臂三万七十余人。〇

时，重庆军士尚存三万七十余人，贼尽断其臂而纵之[18]。

【注释】

[1] 闽：今福建地区。

[2] 天启进士：陈士奇于天启五年（1625）考取进士。

[3] 崇祯十五年：1642 年。抚川：指来四川做巡抚。

[4] 卸事抚军：已经交卸职事的巡抚。卸：交卸。

[5] 贼自我入川来：贼在我的任上进入四川。

[6] 君父：特称天子。

[7] 义：按照道义。封疆：疆土，这里指陈氏所任职的四川。

[8] 兵备副使：官职类似于道员，即上文"守道"，来自布政司或按察司的副使等属官，官职本身无品级，品级随原先官衔为准，临时性差遣去相应辖区，监督军事，并可直接参与作战行动。陈纁：字纮公，钟祥（今湖北省荆门市钟祥市）人。崇祯进

士，历官榆林道副使，随瑞王入蜀，张献忠破城，举家殉难。乾隆朝谥节悯。

[9] 知府：在明代是行政区划“府”的行政长官，管辖所属的州、县。王行俭：字质行，南直隶常州府宜兴县（今江苏省宜兴市）人，崇祯十年（1637）考取进士，授南京户部主事，后升至郎中。之后任荆州府知府、重庆府知府，乾隆朝谥忠烈。

[10] 巴县：今重庆市主城区。王锡：字古田，江西新建（今江西省南昌市新建县）人，乾隆朝追谥忠烈。

[11] 指挥：明代兵制用卫所制度，最大是都司，都司划分一般以省为单位，下为卫，每卫辖前、后、中、左、右五千户所，下是百户所，大多以五千六百人为一卫，一千一百二十人为一千户所，一百十二人为一百户所。卫的指挥使简称指挥。

[12] 脔：切割成小块。

[13] 备受：尽受。五毒：古代的五种酷刑：械、镣、棍、拶（zǎn）、夹棍。

[14] 戕：杀害。

[15] 晦：昏暗，不明亮。

[16] 飞炮：火炮。

[17] 霁：天晴。

[18] 纵：放走。

本段记叙张献忠攻陷重庆后，杀害重庆吏民的情形。自瑞王朱常浩而下，死难官民达万人，被砍去手臂的明军士兵达三万余人。

○贼分兵攻合州[1]，诸生董克治起兵拒战[2]，死之。○

重庆既陷，贼即分兵掠合州，克治倾家赀[3]，募勇壮杀贼。贼大至，遇于长安坪，与战不胜，退据硐中[4]。诱以爵位，不动。相守月余，贼凿山梯硐，举火薰之[5]。凡三千人，感克治风义，至死无一变心者，时比田横云[6]。入永川[7]，邑人蒋世铉，集义勇二百人，撄城固守[8]，后与贼战于东门，被执。劝之降，瞠目大呼曰："速杀我，不降也。"贼寸磔之[9]。

……

【注释】

［1］合州：明属重庆府，州治在今重庆市合川区，当时辖铜梁（今重庆市铜梁区）、定远（今四川省广安市武胜县）两县，相当于今重庆市西北部及广安市南部部分地区。

［2］诸生：明清时期经考试录取而进入府、州、县各级学校学习的生员。生员有增生、附生、廪生、例生等，统称诸生。拒战：抵御抗击。拒，抵御。

［3］家赀：家中的财产。赀，通"资"。货物，钱财。

［4］据：占有，占据。硐（dòng）：山洞。

［5］此句意为：相持了一个多月，贼众凿山为梯直通山洞，火烧里面的人。举火：点火。薰：烧灼。

［6］此句意为：总共三千人，被董克治的节操和义气感动，到死都没有一个改变心志的人，当时的人将他们与田横的事相比。田横（前250—前202）：是秦末齐国旧贵族，起兵卫国。汉高祖统一天下后，田横与五百人困守孤岛，高祖要求他们投降，田横为保全大家性命，去了京城，在离京城不远处自刎而死。五百壮士听说后都投海而死。

[7] 永川：今重庆市永川区。

[8] 攖城：同“婴城”。环城。攖，围绕。固守：坚守。

[9] 寸磔：碎解肢体，古代的一种酷刑。

本段记述张献忠攻入合州，当地人自己组织武装进行抗争，失败而死。

○秋八月初九日，贼攻成都，陷之。成都王至澍[1]、太平王至渌[2]、巡抚龙文光[3]、巡按刘之渤及诸文官俱死[4]，贼大杀三日。

贼自重庆趋成都，一路州县望风瓦解，烽火数百里不绝，成都大震[5]。蜀王谋迁于滇，按臣刘之渤力持不可。内江王不听[6]，与之争，王以六月十三日成行[7]。守门卒汹汹乱[8]，辎重妇女有被掠者[9]，王乃止。之渤与监纪同知方尧相等[10]，请王出财货[11]，招募死士[12]，向东杀贼，王以祖制为辞[13]。于是，城中一日数惊，火药局灾，雷震宫殿，大雨雹[14]。王惧，方出财招募三日，人无应之者[15]，而贼从资、简至矣[16]。是时，新抚龙文光、总兵刘佳印[17]，率三千兵自川北入援，谋守御，而王宗大姓逸去者半[18]。贼薄城下[19]，佳印出战，败还，文光见濠涸[20]，急遣郫县令赵佳炜决都江大堰以益之[21]。时，贼穴城，实以火药，又刳大木长数丈者合之，缠以帛，贮药，向城楼[22]。之渤等厉众奋击[23]，贼却二三里[24]。未几，雨大作，雷电交加，守陴者不能立。贼纵火攻城，穴西北坚以大炮击之，锦江楼崩，木石飞空蔽天，贼蜂拥而入[25]。城破，王率嫔妃沉于宫中八角井。太平王至渌从焉。文光等俱殉难，贼大杀三日。

成都王至澍，嗣王[26]。奉铨长子[27]，万历四十三年嗣[28]。

城陷，自沉于井。邱妃随王，宫人素馨等相继从死。

（志云：王先数日，赴社稷坛井侧[29]，闻贼入，投之，与此小异。）

……

【注释】

［1］成都王：朱至澍（shù）（？—1644），明太祖朱元璋十世孙。蜀恭王朱奉铨嫡子，万历三十年（1602）封世孙，四十三年（1615）封世子，后袭封蜀王。

［2］太平王：朱至渌（？—1644），万历四十四年（1616）封太平王。

［3］龙文光：（？—1644），字焕斗，柳州（今广西省柳州市）人，天启元年（1621）中举人，次年进士及第，先后担任江西上犹、新建知县，后任吏部主事。崇祯十六年（1643）十二月，升为右佥都御史（正四品，属都察院，管理官员的监察），代替陈士奇巡抚四川。

［4］巡按：明以一省为一道，派监察御史到各道巡视，考察官吏和治理情况，每年八月出巡，称巡按。刘之渤：字羽长，又字安侯，凤翔（今陕西省宝鸡市凤翔县）人。崇祯甲戌（1634）进士，授右佥都御史，巡按四川。

［5］本句意为：乱贼从重庆奔袭成都，一路上各州各县看到张献忠军队的踪迹就溃败，报警的烽火连绵几百里，成都大为惊恐。趋：向；趋向。震：惊惧。

［6］内江王：朱至沂（？—1644），万历四十一年（1613）封长子，同年袭封内江王。

［7］成行：准备起行；动身。

［8］汹汹：骚乱不宁的样子。

［9］辎重：指随军运载的军用器械、粮草等。

［10］监纪同知：负责监察的州级或府级的副长官。同知：明各州、府有同知，是州、府的副长官。方尧相：字绍虞，黄冈（今湖北省黄冈市）人，任成都府同知。

［11］财货：财务。货，财物，金钱珠玉布帛的总称。

［12］招募：募集人员。死士：敢死的勇士。

［13］祖制：帝王祖宗规定的制度。

［14］此句意为：在这时，城中一天内发生几件惊险的事，火药局着火，雷击宫殿，下大冰雹。灾：焚烧。震：雷殛；雷击。雨雹：下冰雹。

［15］应：响应。

［16］资：今四川省资阳市。简：今四川省简阳市。

［17］总兵：明初，各要地安排总兵官，无品级，无定员，多以公、侯、伯、都督充任，属临时差遣，后成常驻武官。

［18］王宗大姓：王族和世家大族。逸去：逃走。

［19］薄：迫近。

［20］濠：护城河。

［21］赵佳炜：（1598—1644），疑应作赵嘉炜。各记载多作此，且《蜀碧》后文中写为“赵嘉炜”。字景思，浙江山阴（今浙江省绍兴市山阴县）人。本监生，崇祯十六年（1643）任郫县主簿，崇祯十七年任郫县县令，张献忠入蜀时，正督修都江堰。益：增加（护城河的水量）。

［22］此句意为：当时贼众挖空了城墙下方，并填上火药，

又挖空了长几丈的大木头，将它合在一起，用帛缠上，其中贮藏火药，指向城楼。时：当时。穴：特指挖墙洞。实：形容词作动词，填实。刳（kū）：挖；挖空。

［23］厉：鼓励。奋击：奋力攻击，奋力搏击。

［24］却：退。

［25］此句意为：乱贼放火攻城，从西北方的土堆下钻出并用大炮轰击城楼，锦江楼倒塌，木头和石块飞起遮蔽了天空，乱贼蜂拥入城。纵火：放火。聚（jù）：聚积的土。

［26］嗣王：世袭继位之王。

［27］奉铨：即蜀恭王朱奉铨（？—1617），明朝第十二代蜀王。在万历六年（1578）受封世子，万历四十三年（1615）袭封蜀王，在位两年。

［28］嗣：君位或职位的继承人。此处用作动词，被选为继承人。

［29］社稷坛：旧时帝王祭土地神、谷神的场所。

本段描写张献忠攻陷成都的详细经过。张献忠未至时，蜀王计划迁云南未成，组织武装抵抗也未成。张献忠用在城墙附近挖地道、埋火药的办法，最终攻陷成都，纵兵屠杀三天。

〇贼略崇庆州[1]。……〇[2]……

〇贼入新津[3]。……〇……

〇贼略汉州[4]。〇……

〇贼略彭县[5]。士民祝丕传、鲁城隍等死之。〇

〇贼陷绵竹[6]。邑人杨国柱，巷战死；典史卜大经，自缢。〇

国柱，贡生，可贤子也。先是，崇祯庚辰，献逆获可贤，挟之曰：汝子国柱守城，召之降则免。可贤佯诺。临城，语其子曰："贼不满千，汝第坚守，勿以我为念。"贼忿杀之，攻城不克。至是城陷，国柱率士民数万与贼巷战，力竭，骂贼死。……

〇贼略绵州[7]。〇……

〇贼攻仁寿[8]。知县刘三策[9]、孝廉贾钟斗[10]、诸生刘士恺等拒战，死之。〇……

〇贼入汶川[11]，原任教谕高仲选死之[12]。〇……

【注释】

［1］略：夺取。崇庆州：明清属成都府，州治在今四川省崇州市，辖境约相当于今四川省崇州市和新津县地。

［2］此处及以下的"……〇……"，原文是记录张献忠入犯某地时，杀害当地官员、士人和家属的情形，以及官员和士人的生平。因篇幅长而省略，读者欲知其详可查对原文。

［3］新津：今四川省成都市新津县。

［4］汉州：属成都府，州治在雒县，即今四川省广汉市，辖境相当于今广汉市和德阳市区及德阳市西部地区。

［5］彭县：今四川省成都市彭州市。

［6］绵竹：今四川省德阳市绵竹市。

［7］绵州：属成都府，州治相当于今四川省绵阳市东，范围约为今四川省绵阳市区、绵阳市安县、江油市及德阳市以北一些地区。

［8］仁寿：今四川省眉山市仁寿县。

［9］刘三策：字叔简，鄱阳（今江西省鄱阳县）人，天启辛

酉（1621）举人。先任广西，后任四川仁寿知县。崇祯十三年（1640），城陷，不屈，被肢解。死赠尚宝司丞、乾隆年赐谥烈悯。（按：《（雍正）四川通志》、《胜朝殉节诸臣录》、《明史》等多书均将刘三策死的情况记作李自成入侵时事，与此记载不符。清徐鼒《小腆纪传》卷五十一列传第四十四有："顾绳诒，不详何处，官仁寿知县。先是，知县刘三策以城陷，死。赠尚宝司丞，越五年，再陷。绳诒死之。"若此记载属实，当是1640年刘三策死于李自成乱，1644年新县令顾绳诒死于张献忠乱，《蜀碧》误记为先县令刘三策。）

［10］孝廉：明、清对举人的称呼。贾钟斗：仁寿（今眉山市仁寿县）人，崇祯己卯（1639）举人。

［11］汶川：今四川省阿坝州汶川县。

［12］教谕：学官名。元、明、清县学均置，掌文庙祭祀、教育所属生员。高仲选：汶川岁贡（科举时代贡入国子监的生员的一种。明清两代，每年或两三年从府、州、县学中选送廪生升入国子监肄业，故称），原任大足县（今重庆市大足区）教谕。

本段记写了张献忠入川后入犯的各个城市以及官员和百姓死难的情况。

○冬十月初五日，贼陷邛州[1]。……○……

时，贼兵屯文笔山，驱士女登城环守[2]，彻夜鸣钲[3]，有假寐者立斩[4]。每日未曛[5]，即不许举火[6]。时遣夜不收，百许绕巷升屋，觇有灯光及偶语者，收之，左右数十家皆坐[7]。

○贼陷蒲江[8]。知县朱蕴罗死之。○

蕴罗，湖广江夏举人，蒲城陷，率兵巷战，被执不屈，贼杀之，全家俱死。……

【注释】

[1] 邛州：明属四川布政司，治所在今四川省成都市邛崃市，辖大邑（今成都市大邑县）、蒲江（今成都市蒲江县）两县。

[2] 环：围绕。

[3] 钲（zhēng）：一种古代乐器。形似钟而狭长，有柄，击之发声，用铜制成。行军时用来节止步伐。

[4] 假寐：和衣打盹。

[5] 曛：黄昏，傍晚。

[6] 举火：生火做饭。

[7] 此句意为：派出去巡夜的人彻夜不撤回，有一百多人绕着巷子、登上人家屋顶去巡查，看到有灯光和悄悄议论的人，就拘捕他们，附近几十家都要连坐。遣夜：夜晚巡视的人。收：撤回。升屋：登上屋顶。升，登，登上。觇：窥视；侦察。偶语：相聚议论或窃窃私语。收：拘捕。坐：连坐。

[8] 蒲江：今四川省成都市蒲江县。

本段记录了张献忠攻陷邛州的情形。

○邛州举人刘道贞，起兵拒贼，战于雅州小关山[1]，大破之。○

道贞，字墨仙，邛州名士，天启辛酉举人[2]。贼陷邛，道贞走沉黎[3]，激励土汉，与黎州指挥使曹勋合谋起兵[4]。贼至雅州，道贞及勋拒战于小关山，大破其众，斩首千级，贼败走。自是严道以南不被寇害[5]。

【注释】

［1］雅州：明雅州直隶四川布政司。州治在今四川雅安市雨城区，辖芦山（今雅安市芦山县）、名山（今雅安市名山区）、荥经（今雅安市荥经县）。

［2］天启辛酉：1621年。

［3］沉黎：即沈黎，汉代时置沈黎郡，地区在今四川汉源一带，在今雅安市汉源县有建黎乡。

［4］土汉：土族（少数民族）和汉族。黎州：明时黎州是千户所（千户所是明代一种“寓兵于农”、守屯结合的制度，详见前文“指挥”条注解），治所在汉源（今四川省雅安市汉源县北）。

［5］严道：在今四川省雅安市荥经县，位于四川盆地西缘，雅安市中部。

本段写了邛州人刘道贞在雅州组织对张献忠的抵抗，使严道县以南不受张献忠的残害。

〇十六日，流贼张献忠踞藩府[1]，称帝。僭号大西[2]，改元大顺[3]，以成都为西京。〇

贼僭位，置丞相六部以下等官[4]：命汪兆麟为左丞相，严锡命为右丞相[5]，南充江鼎镇为礼部尚书[6]，彭县龚完敬为兵部尚书[7]。封养子大将四人为王——孙可望平东王，刘文秀抚南王[8]，李定国安西王[9]，艾能奇定北王[10]。马元利、刘进忠、狄三品、张能第、化龙等为将军[11]。易王府正殿为承天殿[12]，以府门外屋为朝房[13]。诏民间皆称老万岁。又建东西二府，以

可望、定国居之，命皆称千岁。是日，殿前赐各官朝服，令丞相以下，朝罢齐集朝房议事。

【注释】

[1] 踞：占据。藩府：指在成都的蜀王府邸。

[2] 僭：超越本分，冒用在上者的职权、名义行事。

[3] 改元：君主改用新年号纪年。年号以一为元，故称“改元”。

[4] 丞相：有左右丞相，为百官之长。六部：隋唐至清，中央行政机构分吏、户、礼、兵、刑、工六部。

[5] 严锡命：绵州（今四川省绵阳市）人，丁丑（1637）进士。原任通州（今四川省达州市）知州，后投降张献忠，授为大学士。张献忠占据四川后，欲立碑，碑成后命向北，严锡命坚持提出要向南，鞭打一百，置于城外，三日后死。

[6] 江鼎镇：南充（今四川省南充市）人，先降马珂（李自成将领），后降张献忠，授礼部尚书，后因对祭天仪式的对答不敬被杀，满门也尽被杀（详见《蜀碧》卷三）。另有说为被强行带到成都，强授礼部侍郎，鼎镇归家，集全家七十九口自焚死，献忠怒，命捡他的骨头，扔到南门江中（如清冯苏《见闻随笔》、清叶梦珠《续编绥寇纪略》卷五均作此。）礼部尚书：礼部，考查吉、嘉、军、宾、凶五礼之用；管理全国学校事务、科举考试及藩属和外国往来事，最高长官为礼部尚书，明制为正二品。

[7] 龚完敬：原任云南临安府推官，献忠破成都时，完敬守丧在家，授兵部尚书。后令龚完敬考核官员，正考试时，下令尽杀，完敬不愿杀人，有所怠慢，被剥皮而死，将皮传阅示众，全

家尽杀。兵部尚书：兵部，管理各地驻军的粮草、军队的调动以及军队官员的任命等，最高长官为兵部尚书，明制为正二品。

[8] 孙可望（？—1660）：明末清初陕西延长（或作米脂）人（今陕西省延安市延长县或今陕西省榆林市米脂县）。小名旺儿，张献忠义子，后改投南明永历政权，为权臣，最后降清。刘文秀（？—1658）：陕西延安（今陕西省延安市）人。早年一直追随张献忠，大西国建立后，受封为抚南将军。献忠死后，与孙可望等率大西军余部数万人，进军云贵，联明抗清，在清军大举进犯西南前夕去世。

[9] 李定国（1621—1662）：字宁宇（又有说字一人，初名如靖），陕西榆林（今陕西省榆林市）（或作延安）人。公元1630年（崇祯三年），张献忠发动陕北饥民起义，收李定国为养子，改姓张，张献忠死后归顺南明政权。

[10] 艾能奇（？—1647）：一作艾云枝、艾奇能，又名张能奇，明末张献忠义子，陕西米脂（今陕西榆林市米脂县）人。献忠死后，带兵入云南，准备联明抗清，后遭埋伏，中毒箭而死。

[11] 化龙：张献忠部将中有马化龙、张化龙，皆为将军。

[12] 易：改变，更改。

[13] 朝房：供百官等候入朝的场所。

本段描写了张献忠在四川称帝以及安排官员、将王府改造为朝廷。

贼取井研陈氏女（即相国演女，或云胡氏女）[1]，立为伪后[2]。其迎入也，自南门五里外架桥，高十数丈，逾城直达藩府，左右五彩[3]。栏槛上结锦绷，络以明珠，象星辰；首尾悬水晶灯笼，象日月，一望如长虹亘天，迷离夺目[4]。谕众云[5]：“天赐后也。”封其兄为国戚。不十日，皇后赐死，其兄亦受极刑[6]。（自是令兵马于城上大桥出入。）

开科取士[7]。中乡试者八十人，中会试者五十人。以汉州樊姓为状元（一云姓刘），榜、探皆具。献自为万言策[8]，历评古今帝王，以西楚霸王为第一，命颁布学宫[9]。所取状元，后随川北，不知所终[10]。

或曰：传胪后赐美女酒缎，甫归，令人就其家斩之，其余俱以受职死[11]。

【注释】

[1] 井研：今四川省乐山市井研县。陈氏女：据顾山贞《客滇述》载：“严锡命受知于贼……尝言：‘陛下继嗣不广，皆由民间所掠女子不足以配圣德，今有故相陈演女，才德色俱全，宜正坤位。’贼即以陈氏为后。”陈演：1643—1644 年任大明内阁首辅（内阁为明、清最高官署，首辅为内阁的首席大学士，地位相当于宰相）。

[2] 伪：指非法政权。

[3] 本句意为：在迎娶陈氏女进入的时候，从南门的五里外架桥，高十几丈，越过了城墙上方，直接通到蜀王的府邸，桥上左右都是五彩锦缎。逾：越过，经过。

[4] 本句意为：栏杆上面扎着锦制的带子，缠绕上明珠，像星辰；栏杆的头和尾处，悬挂水晶做的灯笼，像日月，（整座桥）看上去就像彩虹贯穿了天际，光影迷离，眩人眼目。络：缠绕。亘：横度，贯穿。

［5］谕：上对下的文告或指示，也特指皇帝的诏令。

［6］极刑：处死，死刑。

［7］开科：原指科举考试时，设立各种科目，分科取士。后即指科举制的开考。

［8］万言策：泛指长篇的书面意见。策，古代称应试者对答的文字为策，也指一种议论文体。

［9］学宫：即学校。

［10］此句意为：所选拔的状元，后来随军去了川北，最后不知道结局。取：选拔。

［11］此句意为：在传胪唱名后，赐予这些进士美女和美酒、锦缎，（进士们）刚刚回去，就命人去他们家杀了他们，其他的人也因为接受职位而死。传胪：科举时代，殿试揭晓唱名的一种仪式。殿试公布名次之日，皇帝至殿宣布，由阁门承接，传于阶下，卫士齐声传名高呼，称为传胪。此外，明代称科举第二、三甲第一名为传胪。甫：刚刚。就：往；到。

本段记叙了张献忠纳后以及实施科举取士的情况。用盛大的仪式迎娶王后，家人也受到封赏，不久即被赐死。同时开科举，高中榜首的人后来也被杀死。

〇贼遣张化龙等陷龙安[1]。〇

……

贼遣刘进忠、马元利等略川北。

是时贼设铸局，取藩府所蓄古鼎、玩器及城内外寺院铜像镕液为钱。其文曰“大顺通宝”。令民间家悬顺民号帖，以大顺新钱钉之帽顶[2]。

……

又行保甲法甚严[3]，诸门各设一兵部、二都督[4]，讥呵出入[5]。民之出城者，先期报某甲姓名、以某事往、约某日归[6]。合符而入，有失期及逾时者，斩[7]。又将各处石碣碑坊，悉刬明朝年号[8]。有献忠二字者，尽去无遗[9]。又禁其下勿得触讳，郡邑人物，有犯必死。

……

【注释】

［1］龙安：当指龙安府，在今四川省西北平武县。

［2］此句意为：让民间每家都悬挂写着“顺民”的招贴，把“大顺通宝”新钱缝在帽子顶上。号帖：写着顺民记号的招贴。钉：缝缀。

［3］保甲法：统治人民的户籍编制。保甲编组以户为单位，户设户长；十户为甲，甲设甲长；十甲为保，保设保长；实行各户互相监视和互相告发的连坐法，以及各项强迫劳役办法。

［4］诸门：各个门。诸，各个。

［5］讥呵：稽查盘问。

［6］此句意为：出城的百姓，要提前通报自己的姓名、因为什么事要出去、约定哪天回来。

［7］此句意为：检查符信，相合后入城，有与约定期限不同的及超过时间的，都杀死。合符：合验符信。古代以竹木或金石为符，上写文字，分开为二，各拿其一，能合起来即为证明。逾时：超过规定的时间。

［8］刬：用锹或铲子削平。

［9］有献忠二字者，尽去无遗：有“献”或“忠”字的，就削掉，没有遗漏。

本段记述张献忠的部将攻占了龙安、川北等地，张献忠实施保甲法、对百姓出城严格限定、下令铲除碑文等上面的明代年号、要求避自己名讳等事。

〇贼将刘进忠等破安岳[1]，原任兵备副使窦可进死之[2]。进士王起峨[3]，起兵拒战败，死。〇……

〇贼陷乐至[4]。……〇……

〇贼陷潼川[5]。……〇……

贼至遂宁[6]。……

贼遂至蓬溪[7]。邑人谭姓妻陈氏被获，欲污之。大骂不从，杀之。

至射洪城中[8]，人尽逃，有一老儒遽止之[9]。人告以故，老儒曰：“焉有此事？待吾问之。”登女墙，见贼卒猬集，疾声向贼云[10]：“清平世界，尔等率众围城，欲谋反乎？独不畏王法耶？”言未毕，而飞矢集喉，毙城上矣。此殆与桐城二老人相似[11]。

贼寇江南[12]。入桐城，人皆走避。一老人自扶杖出，见贼，絮语生平穷苦状，谓不能具主人礼。贼笑曰：“若苦如此，何必更住世间。”杀之。

又一老人，赴其戚属，值戚家汹汹避贼[13]。老人骂曰：“汝曹俱出，家中什物，谁与看守？不惧旁人偷窃？汝等俱去，我止于此。”未几，贼大至，焚其室，老人被杀。

【注释】

［1］安岳：今四川省资阳市安岳县。

［2］窦可进：安岳（今资阳市安岳县）人，崇祯丙辰（1616）进士，历任大同知府、云南兵备副使，后告老还乡，张献忠入侵后被抓，被剥皮而死。乾隆朝谥烈悯。（按：《蜀碧》中后文记作庚辰年进士，与王起峨同榜，查清黄廷桂《（雍正）四川通志》卷三十四〈选举〉丙辰科下记有"窦可进，安岳县人，历兵备道"，王起峨列在庚辰科下，无窦可进。清穆彰阿《（嘉庆）大清一统志》记为丙辰科进士，又有明杨嗣昌《杨文弱先生集》卷三十《节序将新疏》中有："崇祯十一年（1638）十二月二十四日……具奏窦可进解任回籍。"明人卢象升《庐公奏议》中也多次提到窦可进为官时间情况，均与庚辰不符，据改为丙辰进士。）

［3］王起峨：字如苏，安岳（今资阳市安岳县）人，崇祯庚辰（1640）进士，官观政户部，（观政：明制度，士子进士及第后并不立即授官，而是被派遣至六部九卿等衙门实习政事。户部：掌财赋户籍等事。）起义兵讨伐张献忠，战死。乾隆朝谥烈悯。

［4］乐至：今四川省资阳市乐至县。

［5］潼川：明置潼川州，直隶四川布政司。州治在郪县，即今四川省绵阳市三台县。

［6］遂宁：在今四川省遂宁市，明代为县。

［7］蓬溪：今四川省遂宁市蓬溪县。

［8］射洪：今四川省遂宁市射洪县。

［9］遽：仓猝；匆忙。

［10］此句意为：（老儒）登上女墙，看到张献忠的军队聚

集，大声向乱贼说。女墙：城墙上呈凹凸形的小墙。猬集：比喻纷然聚集。疾声：（说话）声音急促或大声。

[11] 殆：大概。桐城：今安徽省安庆市桐城县。

[12] 寇：劫掠，侵犯。江南：江苏、安徽两省的南部和浙江省一带。

[13] 此句意为：又有一个老人，去他的亲戚家，正值亲戚家乱哄哄地准备躲避贼军。汹汹：骚乱不宁的样子。

本段记写张献忠军队入侵的各个城市。

〇贼将刘进忠入保宁府，据之[1]。〇

……

保宁有张桓侯（飞）庙[2]，千年矣。初，献攻城，夜出巡垒[3]，见一黑大人踞城上[4]，手持蛇矛，足浸江中，惊怖失声。如是者三夜。献询，知为侯神，望空遥祭而去，一城获全[5]。保宁数被兵，而城中人不至澌尽者，侯之庇也[6]。

【注释】

[1] 保宁府：隶四川布政司，明代属川北分巡道。府治阆中（今四川省阆中市区），辖境相当于今阆中市区、南充市北部少部分地区、广元市及广元以南、绵阳市以东地区和巴中市部分地区。据：占有，占据。

[2] 张桓侯：张飞（？—221），字益德，幽州涿郡（今河北省保定市涿州市）人，三国时期蜀汉名将。官至车骑将军，兼任司隶校尉，封西乡侯，后被刺杀。后主刘禅时追谥为“桓侯”。

[3] 巡垒：巡查军营。垒，军营。

［4］踞：坐。

［5］此句意为：张献忠询问后知道是张飞的神灵，对着空中远远祭拜后离开，整座城得以保全。

［6］保宁多次遭受战争，而城中的人没有到全部死亡的程度，是因为桓侯（张飞）的庇佑。数：多次。被：遭受。兵：战争。澌尽：全部死亡。澌，尽，消亡。

本段写张献忠部将刘进忠攻占保宁，张献忠惧怕张飞神灵，没有进行屠杀，保宁城中的人得以保全。

○通江童子以抗贼死[1]。○

童子，通江人。贼犯境，邑令李存性守御甚严[2]，贼不能近。佯为官兵[3]，将袭城，道遇童子，绐之曰[4]："勿言我兵也。"童子佯应之且走。将及城门，大呼曰："贼至矣。"贼杀之。邑令为具葬于城西[5]，祭之以文[6]。

时，邑人王廷辅妻阎氏，闻贼入，遁深林中。被贼搜执，触树未死。骂贼，贼怒，杀之。群鸟环尸，哀鸣不散。

○贼至东乡[7]。……○

【注释】

［1］通江：今四川省巴中市通江县。

［2］李存性：字伯真。崇祯元年（1628）拔贡（科举制度中选拔贡入国子监的生员的一种），官居四川通江县令。张献忠攻陷通江，不屈，一门 39 人被杀。

［3］佯：假装。

［4］绐（dài）：欺骗。

［5］具葬：制备棺椁而安葬。具，特指棺椁。

［6］祭之以文：用文章来祭奠他。

［7］东乡：明为县，在今四川省达州市宣汉县东乡镇。

本段写通江百姓抗拒张献忠的情况。

〇剑州、梓潼等处俱陷于贼[1]。〇

贼遣兵徇梓潼[2]，诸生蒲先春妻赵氏投江死，魏元良妻赵氏投缳死[3]。

入剑州，诸生李一鸿妻被执。贼逼之，大骂，刜其腹而死[4]。贡生张公选女逃至石子岭[5]，贼追及，登石上骂贼。贼撞其齿落尽，仍骂不绝，以刃穿胸死。

入昭化[6]，生员贾允昌母李氏、任如永母吴氏，俱为贼掳，并骂贼死。

入广元[7]，诸生李犹龙抗节不降[8]，为贼所杀。

贼将马元利下顺庆[9]，守之。

【注释】

［1］剑州：属保宁府，州治为普安县（四川省广元市剑阁县），辖梓潼县。梓潼：今四川省绵阳市梓潼县。

［2］徇：巡视，巡行。

［3］投缳：自缢，上吊自杀。

［4］刜：划破。

［5］贡生：指科举时代考选府、州、县生员（秀才）送到国子监（太学）肄业的人。

［6］昭化：今四川省广元市昭化区。

［7］广元：明末及清置为县，属保宁府，在今四川省广元市。

［8］抗节：坚守节操。抗，举；支撑。

［9］下：攻克，征服。顺庆：今四川省南充市顺庆区。

本段记述剑州和梓潼及保宁府下辖的城邑被献忠部队攻占。

○原任礼部郎中李含乙[1]，起兵复广安州[2]，不克[3]，死之。○

含乙，渠县人，由进士任礼部郎中，丁忧里居[4]。贼至，破家募士，得数千人，围广安城。几复，适马元利来争，力战被执，死焉。

邑人王树极，从含乙为裨将[5]。含乙败，为贼所获，树极已溃围出，遥见之，反戈杀数人。被执，亦不屈，死。

【注释】

［1］李含乙：渠县（今四川省达州市渠县）人，崇祯七年甲戌科（1634）进士。

［2］广安州：属顺庆府，州治在渠江县（今广安市广安区），辖境为今广安市大部分地区及达州市西南部分地区。

［3］不克：不能战胜。

［4］丁忧里居：因父母的丧事回乡居住。丁忧，为父母居丧。里居，回乡居住。

［5］裨将：副将。

本段描写明臣李含乙起兵欲收复广安州，最终失败。

○贼陷西充[1]、南充[2]、营山诸邑[3]。……○……

○贼破仪陇[4]。……

○贼掠眉州[5]。

○贼陷夹江[6]，置伪官守之。○……

○贼陷嘉定[7]，改为府，以伪官任元佑守之。○

……

○入犍为[8]，举人周正、陈天佑抗节死。○

伪守任元佑促周正之官[9]，正不从，骂贼，被杀。其子成儒与少弟议以家属托其叔，曰："臣死君，子死父，其分也。"乃共奔贼营，抱父尸大哭，贼并杀之。

陈天佑夫妻同执，并拒贼，死。贼拘其二女，置舆中[10]，舁经学前[11]。二女抗声曰[12]："我陈氏女也，往与父母同死一处，断不玷我乡里。"到营门，见父母尸，踊身撞石，指贼大骂，俱遇害[13]。

……

○贼分掠荣县[14]。……○

【注释】

[1] 西充：今四川省南充市西充县。

[2] 南充：明为南充县，是顺庆府的治所，在今四川省南充市。

[3] 营山：今四川省南充市营山县。

[4] 仪陇：今四川省南充市仪陇县。

[5] 眉州：明洪武十三年升为州，直隶四川布政使司，州治在今四川省眉山市，辖境相当于今眉山市区及眉山市丹棱县、眉

山市青神县。

［6］夹江：今四川省乐山市夹江县。

［7］嘉定：明为嘉定州，直隶四川布政使司，州治在今四川省乐山市。辖境在今乐山市大部分地区、内江市西部、自贡市西部、眉山市西南的部分地区。

［8］犍为：今四川省乐山市犍为县。

［9］促：推动，催促。

［10］舆：轿子。

［11］舁（yú）：抬；扛。学：学校。

［12］抗声：高声，大声。

［13］本句意为：（二女）到了军营门口，看到了父母的尸体，就纵身撞向石头，指着贼众大骂，都被杀害了。营门：军营之门。踊身：纵身。踊，向上跳；跳跃。

［14］荣县：今四川省自贡市荣县。

本段记述了张献忠军攻占城邑，邑人不屈而死的事情。

○贼陷叙州[1]。……○……

○叙州诸属邑俱陷[2]。○

筠连人苏亮工妻毋氏为贼挟之行[3]，至鸣凤冈，坠崖死。

高县人陈征女三姑[4]，避落角硐中，硐破，投水死。

珙县举人向科[5]，原任江陵县，里居。贼入，索之，阖家殉难[6]。

庆符人张祖周[7]，闻贼至，语友人曰："百年有尽，何贪生为?"投起纯潭死。

隆昌诸生刘兹[8]，为贼所杀，执其妻卢氏，强之行。氏绐曰："必见夫尸，乃行。"及兹死所，抱尸痛哭，大骂贼，死之。

……

【注释】

［1］叙州：明为叙州府，属四川布政使司，治所在今四川省宜宾市宜宾县。

［2］属邑：下属的城邑。

［3］筠连：今四川省宜宾市筠连县。

［4］高县：今四川省宜宾市高县。

［5］珙县：今四川省宜宾市珙县。

［6］此句意为：珙县举人向科，原先在江陵县做县令，住在家里，贼众入侵，搜查他，全家人都死于这场灾难中了。江陵：今湖北省荆州市荆州区与荆州市江陵县的部分地区。里居：古指官吏告老或引退回乡居住。索：搜查。

［7］庆符：今四川省宜宾市高县庆符镇。

［8］隆昌：今四川省内江市隆昌县。

本段记述了张献忠部队攻入叙州府及各属邑的情况。

贼入纳溪[1]。……

贼入泸州[2]，绅士韩洪鼎、方旭等死之[3]。

……

泸州卫指挥使王万春，起兵拒贼败，死。

……

第三卷（待续）

【注释】

［1］纳溪：今四川省泸州市纳溪区。

［2］泸州：明时直隶四川布政使司，治所在今四川省泸州市合江县。辖江安县（今宜宾市江安县）、纳溪县（今泸州市纳溪区）。相当于今泸州市南部地区和宜宾市东部部分地区。

［3］韩洪鼎：万历中举孝廉，任泽州（今山西省晋城市）知州，乾隆朝谥节悯。

本段记述张献忠部队攻入纳溪和泸州。

（四川师范大学文学院　成都 610068）

Annotation of *SHUBI*（Record of the Slaughter in Sichuan in the end of Ming Dynasty）

Annotation：Wang Xinlu；Examination：Zhou Jixu

（College of Liberal Arts，Sichuan Normal University）

Editor's note：*SHUBI*，four volumes，the Author was Peng Zunsi in the Qing Dynasty. Peng Zunsi（1702—1758），was born in the Danleng（danleng county，Meishan city in Sichuan province now）. He was qualified the jinshi in the test in the Qianlong 2nd year，and was chose as the royal academician，and the YuanWaiLang officer of the ministry of war. *SHUBI* gives an account of the war between the end of Ming dynasty and early Qing dynasty，relates the atrocities of the holocaust，which were acted by the rebel Zhang Xianzhong and his army, and which had direct relationship with the changes of the Sichuan dialect.

SHUBI's Account was from the Chongzhen first year in Ming dynasty (1644), to Kangxi second year in Qing dynasty (1662). *SHUBI* is full of rich historical materials, including the "Mingshi", "Detailed Outline of Mingshi", "Summary of Mingshi" etc., such as the details of Zhang Xianzhong in Sichuan. Lu xun gave a review on the book: "this book related that Zhang Xianzhong brought the disaster to Sichuan. Actually, not only Sichuan people, but every Chinese people should read the book". (*Qiejie Pavilion Essays*, Talks After Disease) We choose two volums of the book, excerpt and comment, for the reader who are concerned about the history.

图书在版编目（CIP）数据

语言历史论丛．第九辑/周及徐主编；四川师范大学汉语研究所编．—成都：巴蜀书社，2016.6

ISBN 978-7-5531-0704-2

Ⅰ.①语… Ⅱ.①周…②四… Ⅲ.①语言学—文集 Ⅳ.①H0-53

中国版本图书馆 CIP 数据核字（2016）第 116504 号

语言历史论丛（第九辑） 四川师范大学汉语研究所 编

责任编辑 黄云生
出　　版 巴蜀书社
成都市槐树街 2 号 邮编 610031
总编室电话：（028）86259397
网　　址 www.bsbook.com
发　　行 巴蜀书社
发行科电话：（028）86259422 86259423
经　　销 新华书店
印　　刷 四川五洲彩印有限责任公司
电话：（028）85011398
版　　次 2016 年 6 月第 1 版
印　　次 2016 年 6 月第 1 次印刷
成品尺寸 203mm×140mm
印　　张 10.25
字　　数 280 千字
书　　号 ISBN 978-7-5531-0704-2
定　　价 28.00 元